CONTENTS

Introduction

The Rough Guide Czech phrasebook is a highly practical introduction to the contemporary language. Laid out in clear A-Z style, it uses key-word referencing to lead you straight to the words and phrases you want – so if you need to book a room, just look up 'room'. The Rough Guide gets straight to the point in every situation, in bars and shops, on trains and buses, and in hotels and banks.

The main part of the Rough Guide is a double dictionary: English-Czech then Czech-English. Before that, there's a section called **Basic Phrases** and to get you involved in two-way communication, the Rough Guide includes, in this new edition, a set of **Scenario** dialogues illustrating questions and responses in key situations such as renting a car and asking directions. You can hear these and then download them free from **www.roughguides.com/phrasebooks** for use on your computer or MP3 player.

Forming the heart of the guide, the **English-Czech** section gives easy-to-use transliterations of the Czech words wherever pronunciation might be a problem. Throughout this section, cross-references enable you to pinpoint key facts and phrases, while asterisked words indicate where further information can be found in a section at the end of the book called **How the Language Works**. This section sets out the fundamental rules of the language, with plenty of practical examples. You'll also find here other essentials like numbers, dates, telling the time and basic phrases. In the **Czech-English** dictionary, we've given you not just the phrases you'll be likely to hear (starting with a selection of slang and colloquialisms) but also many of the signs, labels, instructions and other basic words you may come across in print or in public places.

Near the back of the book too the Rough Guide offers an extensive **Menu Reader**. Consisting of food and drink sections (each starting with a list of essential terms), it's indispensable whether you're eating out, stopping for a quick drink, or browsing through a local food market.

šť'astnou cestu!
have a good trip!

Basic Phrases

yes
ano
uno

no
ne
neh

OK
dobře
dobrJeh

hello
dobrý den
dobree
(answer on phone)
haló
hullaw

good morning
dobré ráno
dobreh rahno

good evening
dobrý večer
dobree vetcher

good night
dobrou noc
dobroh nots

goodbye
nashledanou
nus-Hledunoh

please
prosím
proseem

yes, please
ano, prosím
uno

thanks
díky
dyeeki

no thanks
ne, díky
neh

thank you
děkuji vám
dyekoo-yi vahm

thank you very much
děkuji mockrát
motskraht

that's OK, don't mention it
to je v pořádku, není zač
yeh fporJahtkoo nenyee zutch

how do you do?
těší mě
tyeshee mnyeh

how are you?
jak se máte?
yuk seh mahteh

fine, thanks, and you?
děkuji, dobře, a vy?
dyekoo-yi dobrJeh a vi

nice to meet you
těší mě
tyeshee mnyeh

excuse me
(to get past)
s dovolením
sdovoleh-nyeem

(to get attention/say sorry)
prominte!
prominyehteh

(I'm) sorry
(apology)
prominte
prominyehteh

sorry?
(didn't understand)
prosím?
proseem

I see/I understand
rozumím
rohzoomeem

I don't understand
nerozumím

do you speak English?
mluvíte anglicky?
mlooveeteh unglitski

I don't speak-Czech
nemluvím-česky
nemlooveem cheski

could you say it slowly?
(to man/woman)
mohl/mohla byste to říct pomalu?
mohul/mo-hla bisteh to rJeetst

could you repeat that?
(to man/woman)
mohl/mohla byste to opakovat?
mohul/mo-hla bisteh

could you write it down?
(to man/woman)
mohl/mohla byste to napsat?
mohul/mo-hla bisteh

I'd like a ...
(said by man/woman)
chtěl/chtěla bych ...
Htyel/Htyela biH

I'd like to ...
(said by man/woman)
chtěl/chtěla bych ...
Htyel/Htyela biH

can I have a-...?
mohu dostat ...?
mohoo dostut

how much is it?
kolik to stojí?
sto-yee

cheers!
(toast) na zdraví!
zdruvee

it is-...
to je-...
yeh

where is it?
kde je to?
gudeh

is it far from here?
je to odsud daleko?
yeh to otsoot

how long does it take?
jak dlouho to trvá?
turvah

Scenarios

1. Accommodation

is there an inexpensive hotel you can recommend?
▶ můžete mi doporučit levný hotel?
[mooJeteh mi doporoolchit levnee hotel]

je mi líto, zdá se, že jsou všechny obsazeny ◀
[yeh mi leeto zdah se Jeh soh fsheHni opsuzenih]
I'm sorry, they all seem to be fully booked

can you give me the name of a good middle-range hotel?
▶ můžete mi dát tip na nějaký dobrý hotel střední kategorie?
[mOOJeteh mi daht tip na nyayukee dobree hotel strJednyee kuttegohrihyeh]

podívám se, chcete být v centru? ◀
[podyeevahm seh Hutseteh beet f tsentroo]
let me have a look; do you want to be in the centre?

if possible
▶ pokud to bude možné
[pokoot to boodeh moJneh]

bude vám vadit, když to bude kousek za městem? ◀
[boodeh vahm vudyit gudiJ to boodeh kohsek zah myestem]
do you mind being a little way out of town?

not too far out
▶ ne příliš daleko
[neh prJeelish duleko]

where is it on the map?
▶ kde je to na mapě?
[gudeh yeh to na mupyeh]

can you write the name and address down?
▶ můžete mi napsat jméno a adresu?
[mOOJeteh mi nupsut yumeno a udresoo]

I'm looking for a room in a private house
▶ hledám pokoj v privátu
[hledahm pokoy f prihvahtoo]

2. Banks

bank account	bankovní účet	[bunkovnyee OOchet]
to change money	směnit peníze	[smyenyit penyeezeh]
cheque	šek	[shek]
to deposit	uložit	[ooloJit]
euro	Euro	[eh-ooroh]
pin number	pin	[pin]
pound	libra	[librah]
to withdraw	vybrat	[vib-rut]

can you change this into crowns?
▸ můžete to směnit na koruny?
[mOOJeteh to smyenyit na korooni]

jak ty peníze chcete? ◂
[yuk ti penyeezeh Hutseteh]
how would you like the money?

---

small notes
▸ malé bankovky
[muleh bunkofki]

big notes
▸ velké bankovky
[velkeh bunkofki]

---

do you have information in English about opening an account?
▸ máte informace o tom, jak se otvírá účet, v angličtině?
[mahteh informutseh oh tom yuk seh ot-veerah OOchet v unglich-tyinyeh]

▸ ano, jaký typ účtu chcete?
[uno yukee tip OOch-too Hutseteh]
yes, what sort of account do you want?

I'd like a current account
▸ chci běžný účet
[Hutsi byeJnee OOchet]

---

váš pas, prosím ◂
[vahsh pus proseem]
your passport please

musíte mít průkaz totožnosti ◂
[mooseeteh meet prOOkus totoJnostyi]
you need some identification

---

can I use this card to draw some cash?
▸ můžu použít tuto kartu k výběru v hotovosti?
[mOOJoo poh-ooJeet tootoh kurtoo k veebyeroo v hotovos-tyi]

▸ musíte jít k pokladně
you have to go to the cashier's desk
[mooseeteh yeet k pokludnyeh]

I want to transfer this to my account at Česká spořitelna
▸ toto chci převést na svůj účet u České spořitelny
[toto Hutsi prJevehst na svOOy OOchet oo cheskeh sporJitelni]

▸ dobře, ale budeme vám muset účtovat telefon
[dobrJeh uleh boodemeh vahm mooset OOch-tovut telefon]
OK, but we'll have to charge you for the phonecall

download these scenarios as MP3s from:

3. Booking a room

shower	sprcha	[spurHa]
telephone in the room	telefon v pokoji	[telefon f pokoyi]
payphone in the lobby	telefonní automat v hale	[telefonyee owtomut v hulleh]

do you have any rooms?
▶ máte volné pokoje?
[mahteh volneh pokoyeh]

pro kolik osob? ◀
[pro kolik ossop]
for how many people?

for one/for two
▶ pro jednu osobu/pro dvě osoby
[pro yednoo ossoboo/pro dvyeh ossobi]

ano, máme volné pokoje ◀
[uno mahmeh volneh pokoyeh]
yes, we have rooms free

▶ na kolik nocí?
[na kolik notsee]
for how many nights?

just for one night
jenom na jednu noc ◀
[yenom na yednoo nots]

how much is it?
▶ kolik to stojí?
[kolik to sto-yee]

2500 korun s koupelnou a 2100 korun bez koupelny ◀
[dva tyiseetseh pyet set coroon s kohpelnoh a dva tyiseetseh sto koroon bes kohpelni]
2500 crowns with bathroom and 2100 crowns without bathroom

does that include breakfast?
▶ je v tom snídaně?
[yeh f tom snyeedunyeh]

can I see a room with bathroom?
▶ můžete mi ukázat pokoj s koupelnou?
[mOOJeteh mi ookahzut pokoy s kohpelnoh]

ok, I'll take it
▶ dobře, vezmu si to
[dobrJeh vezmoo si to]

when do I have to check out?
▶ kdy se musím odhlásit?
[gudi seh mooseem od-hlahsit]

is there anywhere I can leave luggage?
▶ mohu si tady někde nechat zavazadla?
[mohoo si tudi nyegudeh neHut zuvuzudla]

4. Car hire

automatic	automatické řazení	[owtomutitskeh rJuhzeh-nyee]
full tank	plná nádrž	[pulnah nahdruhJ]
manual	ruční řazení	[rootchnyee rJuhzeh-nyee]
rented car	pronajaté auto	[pronu-yuteh owto]

I'd like to rent a car
▸ chtěl bych si půjčit auto
[Hutyel biH si pOO-ichit owto]

na jak dlouho? ◂
[na yuk dloh-ho]
for how long?

two days
▸ dva dny
[dva duhni]

I'll take the ...
▸ vezmu si ...
[vezmoo si ...]

is that with unlimited mileage?
▸ je to bez omezení kilometrů?
[yeh to bes omezenyee kilometrOO]

ano ◂
[uno]
it is

můžete mi ukázat váš řidičský průkaz? ◂
[mOOJeteh mi ookahzut vahsh rJidyitchskee prOOkus]
can I see your driving licence, please?

a váš pas ◂
[a vahsh pus]
and your passport

is insurance included?
▸ je v tom pojištění?
[yeh f tom po-yishtyenyee]

ano, ale máte spoluúčast 3 000 korun ◂
[uno uleh mahteh spoloo-OOchust trJi tyiseetseh koroon]
yes, but you have to pay the first 3000 crowns

můžete zaplatit zálohu 3 000 korun? ◂
[mOOJeteh zuplutyit zahlohoo trJi tyiseetseh koroon]
can you leave a deposit of 3000 crowns?

and if this office is closed, where do I leave the keys?
▸ a když bude kancelář zavřená, kde mám nechat klíče?
[a gudiJ boodeh kuntselahrJ zuvrJenah gudeh mahm neHut kleetcheh]

dejte je do té krabice ◂
[dayteh yeh do teh krubitseh]
you drop them in that box

download these scenarios as MP3s from:

5. Communications

ADSL modem	ADSL modem	[ah deh es el modem]
at	zavináč	[zuvihnahtch]
dial-up modem	vytáčecí modem	[vitahtchetsee modem]
dot	tečka	[tetchka]
Internet	internet	[internet]
mobile (phone)	mobil	[mohbill]
password	heslo	[hesslo]
telephone socket adaptor	adaptér pro telefonní zásuvku	[udaptehr pro telefonyee zahsoofkoo]
wireless hotspot	hot spot	

is there an Internet café around here?
▶ je tady někde internetová kavárna?
[yeh tudi nyehgudeh internetohvah kuvarna]

can I send email from here?
▶ mohu odsud někde poslat e-mail?
[mohoo otsoot nyehgudeh poslut e-mail]

where's the at sign on the keyboard?
▶ kde je na klávesnici zavináč?
[gudeh yeh na klahvesnyitsi zuvihnahtch]

can you switch this to a UK keyboard?
▶ můžete to přepnout na anglickou klávesnici?
[mOOJeteh to prJepnoht na unglitskoh klahvesnyitsi]

can you help me log on?
▶ můžete mi pomoci se zalogovat?
[mOOJeteh mi pomotsi seh zulogovut]

I'm not getting a connection, can you help?
▶ nemůžu dostat spojení, můžete mi pomoci?
[nemOOJoo dostut spoyehnyee mOOJeteh mi pomotsi]

where can I get a top-up card for my mobile?
▶ kde můžu dostat předplacenou kartu pro mobil?
[gudeh mOOJoo dostut prJetplutsenoh kurtoo pro mohbill]

can you put me through to...?
▶ můžete mě spojit s ...?
[mOOJeteh myeh spoyit s ...]

zero nula [noola]	five pět [pyet]
one jedna [yedna]	six šest [shest]
two dva [dva]	seven sedm [sedum]
three tři [trJi]	eight osm [osum]
four čtyři [chutirJi]	nine devět [devyet]

6. Directions

hi, I'm looking for Karlův most
▸ dobrý den, hledám Karlův most
[dobree den hledahm karlOOf mosst]

bohužel, to nevím ◂
[bohooJel to neveem]
sorry, never heard of it

hi, can you tell me where Karlův most is?
▸ promiňte, kudy se dostanu na Karlův most?
[prominyehteh koodih seh dostunoo na karlOOf mosst]

já také nejsem odsud ◂
[yah tukeh naysem otsoot]
I'm a stranger here too

hi, Karlův most, do you know where it is?
▸ promiňte, Karlův most, nevíte, kde je ?
[prominyehteh karlOOf mosst neveeteh gudeh yeh]

where?
▸ kde?
[gudeh]

which direction?
▸ kudy?
[koodih]

▸ za rohem
[zah rohhem]
around the corner

▸ na druhých semaforech doleva
[na drooheeH semuforeH doleva]
left at the second traffic lights

▸ potom je to první ulice doprava
[potom yeh to purvnyee oolitseh dopruva]
then it's the first street on the right

▸ blízko
[bleeskoh]
near

▸ hned za
[hnet zah]
just after

▸ kousek dál
[kohsek dahl]
further

▸ nalevo
[nulevo]
on the left

▸ napravo
[nupruvo]
on the right

▸ naproti
[nuprotyi]
opposite

▸ odbočte!
[odbotchteh]
turn off!

▸ pořád rovně
[porJaht rovnyeh]
straight ahead

▸ před
[prJet]
in front of

▸ příští
[prJeeshtyee]
next

▸ támhle
[tahmhleh]
over there

▸ ulice
[oolitseh]
street

▸ za ....
[zah…]
past the ...

▸ zpět
[spyet]
back

download these scenarios as MP3s from:

7. Emergencies

accident	nehoda	[nehoda]
ambulance	sanitka	[sunitka]
consul	konzul	[konzool]
embassy	velvyslanectví	[velvislahnets-tvee]
fire brigade	hasiči	[hussitchi]
police	policie	[politsiyeh]

help!
▸ pomoc!
[pomots]

can you help me?
▸ můžete mi pomoci?
[mOOJeteh mi pomotsi]

please come with me! it's really very urgent
▸ prosím, pojďte se mnou! je to moc důležité
[proseem poyt^{yeh}teh seh mnoh yeh to mots dOOleJiteh]

I've lost (my keys)
▸ ztratila jsem (klíče)
[strutyila sem (kleetcheh)]

(my car) is not working
▸ pokazilo se mi (auto)
[pokuzilo seh mi (owto)]

(my purse) has been stolen
▸ ukradli mi (peněženku)
[ookrudli mi (penyeJenkoo)]

I've been mugged
▸ přepadli mě
[prJepudli myeh]

---

jak se jmenujete? ◂
[yuk seh yumenooyeteh]
what's your name?

potřebuji váš pas ◂
[potrJebooyi vahsh pus]
I need to see your passport

I'm sorry, all my papers have been stolen
▸ bohužel, ukradli mi všechny doklady
[bohooJel ookrudli mi fsheHni dokludi]

8. Friends

hi, how're you doing?
▸ ahoj, jak se máš?
[uhoy yuk seh mahsh]

a OK, a ty? ◂
[owkay a ti]
OK, and you?

---

yeah, fine
▸ jo, dobře
[yoh dobrJeh]

not bad
▸ ujde to
[ooydeh to]

---

d'you know Mark?
▸ znáš Marka?
[znahsh marka]

---

and this is Hana
▸ a to je Hana
[a to yeh hunna]

jo, my se známe ◂
[yoh mi seh znahmeh]
yeah, we know each other

---

where do you know each other from?
▸ odkud se znáte?
[otkoot seh znahteh]

---

potkali jsme se u Lukáše ◂
[potkuli smeh seh oo lookahsheh]
we met at Lukáš's place

---

that was some party, eh?
▸ to teda byla party, co?
[to tedda bila pahrti tso]

ta nejlepší ◂
[ta nay-lepshee]
the best

---

are you guys coming for a beer?
▸ půjdete na pivo?
[pOOydeteh na pivo]

jasně, jdeme ◂
[yusnyeh yudemeh]
cool, let's go

---

ne, mám se sejít s Evou ◂
[neh mahm seh seyeet s evoh]
no, I'm meeting Eva

---

see you at Lukáš's place tonight
▸ tak dnes večer u Lukáše
[tuk dnes vetcher oo lookahsheh]

ahoj ◂
[uhoy]
see you

download these scenarios as MP3s from:

9. Health

I'm not feeling very well
▶ necítím se moc dobře
[nehtsee-tyeem seh mots dobrJeh]

---

can you get a doctor?
▶ můžete zavolat doktora?
[mooJeteh zuvolut doktora]

kde to bolí? ◀
[gudeh to bolee]
where does it hurt?

---

it hurts here
▶ tady to bolí
[tudi to bolee]

▶ bolí to pořád?
[bolee to porJaht]
is the pain constant?

it's not a constant pain
nebolí to pořád ◀
[nebolee to porJaht]

---

can I make an appointment?
▶ můžu se objednat?
[mooJoo seh obyednut]

can you give me something for ...?
▶ můžete mi dát něco na ... ?
[mooJeteh mi daht nyetso na ...]

---

yes, I have insurance
ano, jsem pojištěný
[uno sem po-yishtyenee]

antibiotics	antibiotika	[untih-biotika]
antiseptic ointment	antiseptická mast	[untih-septits-kah must]
cystitis	zánět močového měchýře	[zahnyet motchoveh-ho myeHeerJeh]
dentist	zubař	[zooburJ]
diarrhoea	průjem	[prooyem]
doctor	doktor	[doktor]
hospital	nemocnice	[nemots-nyitseh]
ill	nemocný	[nemotsnee]
medicine	lék	[lehk]
painkillers	analgetika	[unul-getika]
pharmacy	lékárna	[lehkar-na]
to prescribe	předepsat	[prJedepsut]
thrush	afta	[ufta]

10. Language difficulties

a few words	několik slov	[nyekolik slof]
interpreter	tlumočník	[tloomotchnyeek]
to translate	překládat	[prJeklahdut]

vaše karta byla zamítnuta ◀
[vusheh kurta bila zumeet-noota]
your credit card has been refused

---

what, I don't understand; do you speak English?
▶ co? nerozumím; mluvíte anglicky?
[tso nerozoomeem mlooveeteh unglitski]

---

toto není platné ◀
[toto nenyee plutneh]
this isn't valid

---

could you say that again?
▶ můžete to říct znovu?
[mOOJeteh to rJeetst znovoo]

slowly
▶ pomalu
[pomuloo]

I understand very little Czech
▶ rozumím moc málo česky
[rozoomeem mots mahlo cheski]

I speak Czech very badly
▶ mluvím česky moc špatně
[mlooveem cheski mots shput-nyeh]

---

touto kartou nemůžete platit ◀
[tohto kurtoh nemOOJeteh plutyit]
you can't use this card to pay

▶ rozumíte?
[rozoomeeteh]
do you understand?

sorry, no
bohužel, nerozumím ◀
[bohooJel nerozoomeem]

---

is there someone who speaks English?
▶ mluví tady někdo anglicky?
[mloovee tudi n^yeh^gudo unglitski]

---

oh, now I understand
▶ aha, teď už rozumím
[ahah tet^yeh^ oosh rozoomeem]

is that ok now?
▶ teď je to v pořádku?
[tet^yeh^ yeh to f porJahtkoo]

11. Meeting people

hello
▶ dobrý den
[dobree den]

---

dobrý den, jmenuju se Hana ◀
[dobree den yumenooyoo seh hunna]
hello, my name's Hana

Graham, from England, Thirsk
▶ Graham, z Anglie, z Thirsk
[graham z ungli-eh z thirsk]

---

to neznám, kde to je? ◀
[to neznahm gudeh to yeh]
don't know that, where is it?

---

not far from York, in the North; and you?
▶ nedaleko Yorku, na severu, a odkud jste vy?
[neduleko yohrkoo na severoo a otkoot steh vi]

---

já jsem z Prahy; jste tady sám? ◀
[yah sem s pruhi steh tudi sahm]
I'm from Prague; here by yourself?

---

no, I'm with my wife and two kids
▶ ne, s manželkou a se dvěma dětmi
[neh s munJelkoh a seh dvyema dyet-mi]

---

what do you do?
▶ co děláte?
[tso dyelahteh]

pracuju s počítači ◀
[prutsooyoo s potcheetuchi]
I'm in computers

---

me too
▶ já také
[yah tukeh]

here's my wife now
▶ tady je moje žena
[tudi yeh mo-yeh Jena]

---

těší mě ◀
[tyeshee myeh]
nice to meet you

12. Post offices

airmail	letecky	[letetski]
post card	pohlednice	[po-hlednyitseh]
post office	pošta	[poshta]
stamp	známka	[znahmka]

what time does the post office close?
▶ kdy na poště zavírají?
[gudi na poshtyeh zuhveeruyee]

ve všední dny v pět hodin ◀
[veh fshednyee duhni f pyet hodyin]
five o'clock weekdays

---

is the post office open on Saturdays?
▶ je pošta otevřená v sobotu?
[yeh poshta otev-rJenah f sobotoo]

do dvanácti hodin ◀
[do dvunahtstyi hodyin]
until midday

I'd like to send this registered to England
▶ rád bych to poslal doporučeně do Anglie
[raht biH to poslul doporootcheh-nyeh do ungli-eh]

---

ano, bude to 300 korun ◀
[uno boodeh to trJi sta koroon]
certainly, that will cost 300 crowns

---

and also two stamps for England, please
▶ a také dvě známky do Anglie, prosím
[a tukeh dvyeh znahmki do ungli-eh proseem]

do you have some airmail stickers?
▶ máte nálepky letecky?
[mahteh nahlepki letetski]

do you have any mail for me?
▶ máte pro mě nějakou poštu?
[mahteh pro myeh nyayukoh poshtoo]

balíky	parcels
dopisy	letters
mezinárodní	international
vnitrostátní	domestic

download these scenarios as MP3s from:

13. Restaurants

bill	účet	[OOchet]
menu	jídelní lístek	[yeedel-nyee leestek]
table	stůl	[stOOl]

can we have a non-smoking table?
▸ můžeme mít nekuřácký stůl?
[mOOJemeh meet nekoorJahts-kee stOOl]

there are two of us
▸ jsme dva
[smeh dva]

there are four of us
▸ jsme čtyři
[smeh chutirJi]

what's this?
▸ co je to?
[tso yeh to]

to je druh ryby ◂
[to yeh drooH ribi]
it's a type of fish

je to místní specialita ◂
[yeh to meestnyee spetsihuhlita]
it's a local speciality

pojďte dovnitř a podívejte se ◂
[poyt[yeh]teh dov-nyitrJ a podyeevayteh seh]
come inside and I'll show you

we would like two of these, one of these, and one of those
▸ chtěli bychom tyto dva, tady tohle a tam to
[Hutyeli biHom tihto dva tudi tohleh a tum to]

▸ a na pití?
[a na pityee]
and to drink?

red wine
▸ červené víno
[cherveneh veenoh]

white wine
▸ bílé víno
[beeleh veenoh]

a beer and two orange juices
▸ pivo a dvakrát pomerančový džus
[pivo a dvakraht pomeruntchovee joos]

some more bread please
▸ ještě pečivo, prosím
[yeshtyeh petchivo proseem]

▸ jak vám to chutnalo?
[yuk vahm to Hootnulo]
how was your meal?

excellent!, very nice!
▸ skvělé!, moc dobré!
[skvyeleh mots dobreh]

▸ ještě něco?
[yeshtyeh nyetso]
anything else

just the bill thanks
▸ jenom účet, děkuji
[yenom OOchet dyekooyi]

14. Shopping

co si přejete? ◀
[tso si prJeyeteh]
can I help you?

---

can I just have a look around?
▶ můžu se tady podívat?
[mOOJoo seh tudi podyeevut]

yes, I'm looking for ...
▶ ano, hledám ...
[uno hledahm ...]

---

how much is this?
▶ kolik to stojí?
[kolik to sto-yee]

šest set šedesát korun ◀
[shest set shedesaht koroon]
six hundred and sixty crowns

OK, I think I'll have to leave it; it's a little too expensive for me
▶ myslím, že to nekoupím, je to pro mě trochu moc drahé
[misleem Jeh to nekohpeem yeh to pro myeh troHoo mots druheh]

---

a co tady to? ◀
[a tso tudi to]
how about this?

---

can I pay by credit card?
▶ můžu platit kreditní kartou?
[mOOJoo plutyit kreditnyee kurtoh]

it's too big
▶ to je moc velké
[to yeh mots velkeh]

it's too small
▶ to je moc malé
[to yeh mots maleh]

it's for my son – he's about this high
▶ je to pro syna – je asi takhle vysoký
[yeh to pro sina yeh usi tuk-hleh visokee]

▶ ještě něco?
[yeshtyeh nyetso]
will there be anything else?

that's all thanks
to je všechno, díky ◀
[to yeh fsheHno dyeeki]

---

make it six hundred crowns and I'll take it
▶ koupím to za 600 korun
[kohpeem to zah shest set koroon]

fine, I'll take it
▶ dobře, vezmu si to
[dobrJeh vezmoo si to]

akce	sale	vyměnit	to exchange
otevřeno	open	výprodej	sale
pokladna	cash desk	zavřeno	closed

download these scenarios as MP3s from:

15. Sightseeing

art gallery	galerie	[galeri-eh]
bus tour	okružní jízda autobusem	[okrooJnyee yeezda owtoboosem]
city center	střed města	[strJet myesta]
closed	zavřeno	[zuvurJenoh]
guide	průvodce	[prOOvotseh]
museum	muzeum	[moozeh-oom]
open	otevřeno	[otev-rJenoh]

I'm interested in seeing the old town
▶ chci vidět historickou část města
[Hutsi vidyet historitskoh chahst myesta]

---

are there guided tours?
▶ máte tady prohlídky s průvodcem?
[mahteh tudi prohleetki s prOOvotsem]

je mi líto, ale je to plně obsazené ◀
[yeh mi leeto uleh yeh to pulnyeh opsuzeneh]
I'm sorry, it's fully booked

---

how much would you charge to drive us around for four hours?
▶ kolik by stála projížďka na čtyři hodiny?
[kolik bih stahla pro-yeeJ-d^{yeh}uka na chutirJi hodyini]

can we book tickets for the concert here?
▶ můžeme si tady rezervovat lístky na ten koncert?
[mOOjemeh si tudi rezehr-vohvut leest-ki na ten kontsert]

▶ ano, na jaké jméno?
[uno na yukeh yumeno]
yes, in what name?

jakou máte kreditní kartu? ◀
[yukoh mahteh kredit-nyee kurtoo]
which credit card?

---

where do we get the tickets?
▶ kde dostaneme lístky?
[gudeh dostunehmeh leest-ki]

vyzvednete si je přímo u vchodu ◀
[vizved-neteh si yeh prJeemoh oo fHodoo]
just pick them up at the entrance

---

is it open on Sundays?
▶ je otevřeno v neděli?
[yeh otev-rJenoh v nedyelih]

how much is it to get in?
▶ kolik stojí lístky?
[kolik sto-yee leest-ki]

are there reductions for groups of 6?
▶ dáváte slevu na skupinu šesti lidí?
[dahvahteh slevoo na skoopinoo shestyi lidyee]

that was really impressive!
▶ to teda na mě udělalo dojem!
[to teda na myeh oodyeluloh do-yem]

16. Trains

to change trains	přestoupit	[prJestohpit]
platform	nástupiště	[nahstoopish-tyeh]
return	zpáteční jízdenka	[spahtetchnyee yeezdenka]
single	jednoduchá jízdenka	[yednodooHah yeezdenka]
station	nádraží	[nahdruJee]
stop	stanice	[stunyitseh]
ticket	jízdenka	[yeezdenka]

how much is ...?
▸ kolik stojí ...?
[kolik sto-yee ...]

a single, second class to ...
▸ jednoduchý, druhá třída, do ...
[yednodooHee droohah trJeeda do ...]

two returns, second class to ...
▸ dva zpáteční, druhá třída, do ...
[dva spahtetchnyee droohah trJeeda do ...]

for today
▸ na dnes
[na dnes]

for tomorrow
▸ na zítra
[na zeetra]

for next Tuesday
▸ na toto úterý
[na toto OOteree]

---

na Intercity je příplatek ◂
[na intersiti yeh prJeeplutek]
there's a supplement for the Intercity

chcete místenku? ◂
[Hutseteh meestenku]
do you want to make a seat reservation?

musíte přestoupit v Břeclavi ◂
[mooseeteh prJestohpit v brJetsluvi]
you have to change at Břeclav

---

is this seat free?
▸ je to místo volné?
[yeh to meesto volneh]

excuse me, which station are we at?
▸ promiňte, ve které jsme stanici?
[prominyehteh veh kuhtereh smeh stunyi-tsi]

is this where I change for Pilsen?
▸ musím tady přestoupit na Plzeň?
[mooseem tudi prJestohpit na puhlzenyeh]

English → Czech

A

a, an*
about (concerning) o (+ loc)
about 20 asi dvacet [usi]
it's about 5 o'clock je asi pět hodin [yeh]
a film about Moravia film o Moravě
above nad (+ instr) [nut]
abroad v zahraničí [zuhrunyitchee]
absolutely (I agree) určitě [oorchityeh]
accelerator plyn [plin]
accept přijmout [prJeemoht]
accident nehoda
there's been an accident stala se nehoda [stula seh]
accommodation ubytování [oobitovah-nyee]
accurate přesný [prJesnee]
ache bolest **f**
my back aches bolí mě záda [bolee mnyeh zahda]
across: across the road přes cestu [prJes tsestoo]
adapter (for voltage) adaptér [udupter]
(plug) rozdvojka [rozdvoyka]
address adresa [udresa]
what's your address? jaká je vaše adresa? [yukah yeh vusheh]
address book adresář [udresarJ]
admission charge vstupné **n** [fstoopneh]
adult (man/woman) dospělý [dos-pyelee]/dospělá
advance: in advance předem [prJedem]
aeroplane letadlo [letudlo]
after po (+ loc)
after you až po vás [ush]
after lunch po obědě
afternoon odpoledne **n** [otpoledneh]
in the afternoon odpoledne
this afternoon dnes odpoledne
aftershave voda po holení [holenyee]
aftersun cream krém po opalování [opalovah-nyee]
afterwards potom
again znovu [znovoo]
against proti [protyi]
age věk [vyek]
ago: a week ago před týdnem [prJet]
three days ago před třemi dny
an hour ago před hodinou
agree: I agree souhlasím [soh-hluseem]
Aids Aids
air vzduch [vzdooH]
by air letadlem [letudlem]
air-conditioning klimatizace **f** [klimutizatseh]
airmail: by airmail letecky [letetski]
airmail envelope letecká

obálka [letetskah obahlka]
airport letiště **n** [letyish-tyeh]
to the airport, please na letiště, prosím
airport bus autobus na letiště [owtoboos]
aisle seat sedadlo v chodbičce [sedudlo fHodbitch-tseh]
alarm clock budík [boo-dyeek]
alcohol alkohol [ulkohol]
alcoholic (adj) alkoholický [ulkoholitskee]
all: all the boys všichni chlapci [fshiHnyi]
all the girls všechny dívky [fsheHni]
all of it to všechno
all of them ti všichni
that's all, thanks to je všechno, děkuji [yeh – dyekoo-yi]
allergic: I'm allergic to ... jsem alergický na ... [sem alergitskee]
allowed: is it allowed? je to dovoleno? [yeh]
all right dobře [dobrJeh]
I'm all right jsem v pořádku [sem fporJahtkoo]
are you all right? jste v pořádku? [steh]
almond mandle **f** [mundleh]
almost skoro
alone sám **m** [sahm], sama **f** [suma]
alphabet abeceda [abetseda]

a ah	ch Hah	q kveh	x iks
b beh	i ee	r er	y ipsilon
c tseh	j yeh	ř erJ	z zet
č cheh	k kah	s es	ž Jet
d deh	l el	š esh	
d' dyeh	m em	t teh	
e eh	n en	t' tyeh	
f ef	ň enyeh	u oo	
g geh	o aw	v veh	
h hah	p peh	w dvo-yiteh veh	

already už [oosh]
also také [tukeh]
although ačkoliv [utchkolif]
altogether celkem [tselkem]
always vždy [vuJdi]
am*: I am já jsem [yah sem]
a.m.: at seven a.m. v sedm hodin ráno [rahno]
amazing (surprising) zvláštní [zvlahsht-nyee]
(very good) fantastické [fantastitskeh]
ambulance sanitka [sunitka]
call an ambulance! volejte sanitku! [volayteh sunitkoo]
America Amerika [umerika]
American americký [umeritskee]
I'm American (man/woman) jsem Američan/Američanka [sem umerichun]
among mezi (+ instr)
amount množství [mnoJustvee]
amp: a 13-amp fuse pojistka na třináct ampérů [po-yistka – umperOO]
and a
angry rozzlobený [rozlobenee]

animal zvíře **n** [zveerJeh]
ankle kotník [kotnyeek]
anniversary (wedding) výročí [veerotchee]
annoy: this man's annoying me ten člověk mě zlobí [chlovyek mnyeh zlobee]
annoying nepříjemný [neprJeeyemnee]
another (different) jiný [yinee]
(one more) ještě jeden [yeshtyeh yeden]
can we have another room? můžeme dostat jiný pokoj? [mooJemeh dostut]
another beer, please ještě jedno pivo [yedno]
antibiotics antibiotikum **n** [unti–]
antifreeze nemrznoucí směs **f** [nemurz-nohtsee smnyes]
antihistamine antihistamin [untihistumin]
antique starožitnost **f** [staroJitnost]
antiseptic antiseptikum **n** [unti–]
any: have you got any bread/tomatoes? máte nějaký chleba/nějaká rajčata? [mahteh nyeh-yukee – nyeh-yukah]
do you have any change? máte drobné?
sorry, I don't have any bohužel, nemám [bo-hooJel nemahm]
anybody někdo [nyegdo]
(in negative sentence) nikdo [nyigdo]
does anybody speak English? mluví někdo anglicky? [mloovee – unglitski]
there wasn't anybody there nikdo tam nebyl [tum nebil]
anything něco [nyetso]
(in negative sentence) nic [nyits]

dialogues

anything else? ještě něco? [yeshtyeh]
nothing else, thanks už ne, děkuji [oosh neh dyekoo-yi]

would you like anything to drink? dáte si něco k pití? [dahteh – kupityee]
I don't want anything, thanks ne, nechci nic, děkuji [neh neHutsi]

apart from kromě [kromnyeh]
apartment byt [bit]
appendicitis zánět slepého střeva [zahnyet – strJeva]
appetizer předkrm [prJetkurm]
aperitif aperitiv [uperitif]
apology omluva [omloova]
apple jablko [yabluko]
appointment schůzka [sHooska]

dialogue

good afternoon, sir, how can I help you? dobrý den, pane, mohu vám pomoci? [dobree den puneh mohoo vahm pomotsi]

I'd like to make an appointment chci si domluvit schůzku [Hutsi si domloovit suHOOskoo]
what time would you like? v kolik hodin? [fkolik ho-dyin]
three o'clock ve tři hodiny [veh – ho-dyini]
I'm afraid that's not possible, is four o'clock all right? obávám se, že to nebude možné, hodí se vám to ve čtyři hodiny? [obahvahm seh Jeto neboodeh moJneh ho-dyee seh vahm]
yes, that will be fine ano, to bude výborné [uno to boodeh veeborneh]
what was the name? jak se, prosím, jmenujete? [yuk seh proseem yumenoo-yeteh]

apricot meruňka [meroonyehka]
April duben [dooben]
are*: we are my jsme [mismeh]
you are vy jste [visteh]
they are oni jsou [onyi soh]
area oblast f
area code směrové číslo [smnyeroveh cheeslo]
arm paže f [puJeh]
arrange: will you arrange it for us? zařídíte to pro nás? [zarJee-dyeeteh pro nahs]
arrival příjezd [prJee-yest]
arrive přijet [prJi-yet]
when do we arrive? kdy tam přijedeme? [gudi tum prJi-yedemeh]
has my fax arrived yet? už přišel můj fax? [oosh prJishel mOO-i]
we arrived today přijeli jsme dnes [prJi-yeli smeh]
art umění [oo-mnyenyee]
art gallery galerie f [guleri-eh]
artist (man/woman) umělec [oo-mnyelets]/umělkyně [oo-mnyelki-nyeh]
as: as big as velký jako [velkee yuko]
as soon as possible co nejdříve [tso naydrJeeveh]
ashtray popelník [popel-nyeek]
ask žádat [Jahdut]/požádat
I didn't ask for this (said by man/woman) to jsem nechtěl/nechtěla [sem neHutyel]
could you ask him to ...? (to man/woman) mohl/mohla byste ho požádat, aby ...? [mohul/mo-hla bisteh – ubi]
asleep: she's asleep ona spí [spee]
aspirin aspirin [uspirin]
asthma astma n [ustma]
astonishing udivující [oo-dyivoo-yeetsee]
at: at the hotel v hotelu
at the station na nádraží
at six o'clock v šest hodin
at Jan's u Jana [oo yuna]
athletics atletika
attractive atraktivní [utruktiv-nyee]
August srpen [surpen]

Ap

aunt teta
Austerlitz Slavkov [sluvkof]
Australia Austrálie **f** [owstrahli-eh]
Australian australský [owstrulskee]
I'm Australian (man/woman) jsem Australan/Australanka [sem owstrulun]
Austria Rakousko [rukohsko]
Austrian (adj) rakouský [rukohskee]
automatic automatický [owtomutitskee]
automatic teller bankovní automat [bunkov-nyee owtomat]
autumn podzim
in the autumn na podzim
average (not good) obyčejný [obitchaynee]
(ordinary) průměrný [prOOmnyernee]
on average v průměru [prOOmnyeroo]
awake: is he awake? je vzhůru? [yeh vuzhOOroo]
away: go away! jděte pryč! [yudyeteh pritch]
is it far away? je to daleko? [yeh to duleko]
awful hrozný [hroznee]
axle náprava [nahpruva]

B

baby děťátko [dyetyahtko]
baby food kojenecká výživa [ko-yenetskah veeJiva]
baby's bottle kojenecká láhev **f** [lah-hef]
baby-sitter paní na hlídání **f** [punyee na hleedah-nyee]
back (of body) záda **npl** [zahda]
(back part) zadní část **f** [zudnyee chahst]
at the back vzadu [vzudoo]
can I have my money back? mohu dostat zpátky peníze? [mohoo dostut spahtki penyeezeh]
to come/go back vrátit se [vrahtyit seh]
backache bolest zad **f** [zud]
bacon anglická slanina [unglitskah slunyina]
bad špatný [shputnee]
a bad headache silné bolesti hlavy [silneh bolestyi hluvi]
badly špatně [shput-nyeh]
bag taška [tushka]
(handbag) kabelka [kubelka]
(suitcase) kufr [koofr]
baggage zavazadla **npl** [zuvuzudla]
baggage check (US) úschovna zavazadel [OOsHovna zuvuzudel]
baggage claim výdej zavazadel [veeday]
bagpipes dudy **fpl** [doodi]
bakery pekárna
balcony balkón [bulkawn]
a room with a balcony pokoj s balkónem [pokoy]
bald plešatý [pleshutee]
ball (large) balón [balawn]
(small) míček [meetchek]
ballet balet [bulet]
ballpoint pen kuličková tužka

[koolitch-kovah tooshka]
banana banán [banahn]
band (musical) skupina [skoopina]
bandage obvaz [obvus]
Bandaids® náplasti **fpl** [nahplustyi]
bank (money) banka [bunka]
bank account bankovní konto [bunkov-nyee]
bar bar
a bar of chocolate tabulka čokolády [tuboolka chokolahdi]
barber's holičství [holitchstvee]
basket koš [kosh]
(in shop) košík [kosheek]
bath koupel **f** [kohpel]
can I have a bath? mohu se vykoupat? [mohoo seh vikohpat]
bathroom koupelna [kohpelna]
with a private bathroom s vlastní koupelnou [svlast-nyee kohpelnoh]
bath towel ručník [rootch-nyeek]
battery baterie **f** [bateri-eh]
be* být [beet]
beans fazole **fpl** [fuzoleh]
broad beans boby **mpl** [bobi]
beard bradka [brutka]
beautiful krásný [krahsnee]
because protože [protoJeh]
because of ... kvůli (+ dat) ... [kvooli]
bed postel **f**
I'm going to bed now jdu spát [doo spaht]
bed and breakfast nocleh se snídaní [notsleH seh snyeedun-yee]
bedroom ložnice **f** [loJ-nyitseh]
beef hovězí [hovyezee]
beer pivo
two beers, please dvě piva, prosím
before před (+ instr) [prJet]
begin: when does it begin? kdy to začíná? [gudi to zutcheenah]
beginner (man/woman) začátečník [zutchahtetch-nyeek]/začátečnice [–nyitseh]
beginning: at the beginning na začátku [zutchahtkoo]
behind za (+ instr)
behind me za mnou [mnoh]
beige béžový [beJovee]
believe věřit [vyerJit]
below pod (+ instr) [pot]
belt pásek [pahsek]
bend (in road) zatáčka [zutahtchka]
beside: beside the ... vedle (+ gen) ... [vedleh]
best nejlepší [naylepshee]
better lepší
are you feeling better? cítíš se lépe? [tsee-tyeesh seh lepeh]
between mezi (+ instr)
beyond za (+ instr)
bicycle kolo
big velký [velkee]
too big příliš velký [prJeelish]
it's not big enough není to dost velké [nenyee – velkeh]
bike kolo
(motorbike) motorka
bikini bikiny **fpl** [bikini]

bill účet [OOtchet]
(US) bankovka [bunkovka]
could I have the bill, please? mohu dostat účet, prosím? [mohoo dostut]
bin popelnice **f** [popel-nyitseh]
binding (ski) lyžařské vázání [liJarJskeh vahzah-nyee]
bird pták [ptahk]
birthday narozeniny **fpl** [narozenyini]
happy birthday! všechno nejlepší k narozeninám! [fsheHno naylepshee]
biscuit sušenka [sooshenka]
bit: a little bit trochu [troHoo]
a big bit velký kus [velkee koos]
a bit of ... kousek (+ gen) ... [kohsek]
a bit expensive trochu drahé [draheh]
bite (noun: by insect) štípnutí [shtyeepnoo-tyee]
(by dog) kousnutí [kohsnoo-tyee]
bitter (taste etc) hořký [horJkee]
black černý [chernee]
blanket deka
bleach (for toilet) odbarvovač [odbarvovutch]
bless you! požehnej Pánbůh! [poJehunay pahnbOOH]
blind slepý [slepee]
blinds okenice **fpl** [okenitseh]
blister puchýř [puHeerJ]
blocked ucpaný [ootspunee]
block of flats činžovní dům [chinJov-nyee dOOm]
blond (adj) světlovlasý [svyetlovlusee]
blood krev **f** [kref]
high blood pressure vysoký krevní tlak [visokee krev-nyee tluk]
blouse halenka [hulenka]
blow-dry foukaná [fohkunah]
I'd like a cut and blow-dry prosím ostříhat a vyfoukat [ostrJeehut a vifohkat]
blue modrý [modree]
blusher růž **f** [rOOsh]
boarding house penzión [penzyawn]
boarding pass palubní vstupenka [paloob-nyee fstoopenka]
boat (small) člun [chloon]
(for passengers) loď **f** [lod[yeh]]
body tělo [tyelo]
Bohemia Čechy **fpl** [cheHi]
Bohemian (adj) český [cheskee]
boil (verb) vařit [varJit]/uvařit [oovarJit]
boiled egg vařené vejce **n** [varJeneh vaytseh]
boiler bojler [boyler]
bone kost **f**
bonnet (car) kapota [kupota]
book (noun) kniha [kunyiha]
(verb) rezervovat [reservovut]
can I book a seat? mohu si rezervovat místo? [mohoo – meesto]

dialogue

I'd like to book a table for two (said by man/woman)

chtěl/chtěla bych si zamluvit stůl pro dva [Hutyel – biHsi zamloovit stOOl]
what time would you like it booked for? na kolik hodin si ho chcete zamluvit? [ho-dyin – Hutseteh zamloovit]
half past seven na půl osmé [pOOl osmeh]
that's fine dobře [dobrJeh]
and your name? na jaké jméno? [yukeh yumeno]

bookshop knihkupectví [kuniH-koopets-tvee]
bookstore knihkupectví
boot (footwear) bota
(of car) zavazadlový prostor [zuvuzudlovee], kufr [koofr]
border (of country) hranice **f** [hrunyitseh]
bored: I'm bored nudím se [noodyeem seh]
boring nudný [noodnee]
born: I was born in Manchester (said by man/woman) narodil/narodila jsem se v Manchesteru [narodyil – sem seh]
I was born in 1963 (said by man/woman) narodil/narodila jsem se v roce tisíc devět set šedesát tři [rotseh]
borrow půjčit si [pOO-ichit]
may I borrow ...? mohu si půjčit ...? [mohoo]
both oba
bother: sorry to bother you promiňte, že vás obtěžuji [promin^{yeh}teh Jeh vahs op-tyeJoo-yi]
bottle láhev **f** [lah-hef]
a bottle of red wine láhev červeného vína [cherveneho veena]
bottle-opener otvírák [otveerahk]
bottom (of person) zadek [zudek]
at the bottom of ... (road etc) na konci ... [kontsi]
(hill) na úpatí ... [OOpatyee]
box krabice **f** [krubitseh]
box office pokladna [pokludna]
boy chlapec [Hlupets]
boyfriend přítel [prJeetel]
bra podprsenka [potprsenka]
bracelet náramek [narumek]
brake brzda [burzda]
brandy koňak [konyuk]
bread chléb [Hlep]
white bread bílý chléb [beelee]
brown bread černý chléb [chernee]
wholemeal bread celozrnný chléb [tselozurnnee]
break (verb: something) rozbít [rozbeet]
(arm etc) zlomit
I've broken the ... (said by man/woman) rozbil/rozbila jsem .... [sem]
I think I've broken my wrist (said by man/woman) zlomil/zlomila jsem si zápěstí [zahpyes-tyee]
break down: I've broken

down mám poruchu [mahm porooHoo]
breakdown (car) porucha [porooHa]
breakdown service havarijní služba [huvureenyee slooJba]
breakfast snídaně **f** [snyeedunyeh]
break-in: I've had a break-in vloupali se ke mně [vlohpali seh keh mnyeh]
breast prs [purs]
breathe dýchat [deeHut]
breeze vánek [vahnek]
bridge (over river) most [mosst]
brief stručný [strootchnee]
briefcase aktovka [uktofka]
bright (light etc) jasný [yusnee]
bright red jasně červený [jusnyeh]
brilliant (idea, person) skvělý [skvyelee]
bring přinést [prJinest]
I'll bring it back later přinesu to zpět později [prJinesoo to spyet pozdyay-yi]
Britain Velká Británie **f** [velkah britahni-eh]
British britský [britskee]
I'm British jsem z Británie [sem zbritahni-eh]
brochure brožura [broJoora]
broken rozbitý [rozbitee]
(bone) zlomený [zlomenee]
it's broken je to rozbité [yeh to rozbiteh]
bronchitis bronchitida [bronHitida]
brooch brož **f** [brosh]
broom koště **n** [kosh-tyeh]
brother bratr [brutr]
brother-in-law švagr [shvagr]
brown hnědý [hnyedee]
bruise modřina [modrJina]
brush (for hair, cleaning) kartáč [kurtahtch]
(artist's) štětec [shutyetets]
Budweis (place) České Budějovice [cheskeh boodyeh-yovitseh]
bucket kýbl [keebl]
buffet car jídelní vůz [yeedel-nyee voos]
buggy (for child) kočárek [kotcharek]
building budova [boodova]
bulb (light bulb) žárovka [Jarofka]
bumper nárazník [naruz-nyeek]
bunk lůžko [looshko]
bureau de change směnárna [smnyenarna]
burglary vloupání [vlohpah-nyee]
burn (noun) spálenina [spahlenyina]
(verb: of fire) hořet [horJet]
(sensation) pálit [pahlit]/spálit
burnt: this is burnt to je spálené [yeh spahleneh]
burst: a burst pipe prasklá trubka [prusklah troopka]
bus autobus [owtoboos]
what number bus is it to ...? který autobus jede do ...? [kuteree – yedeh]
when is the next bus to ...? kdy jede příští autobus

do ...? [gudi yedeh prJeesh-tyee]
what time is the last bus? kdy jede poslední autobus? [posled-nyee]
could you let me know when we get there? dáte mi vědět, až tam budeme? [dahteh mi vyedyet ush tum boodemeh]

dialogue

> **does this bus go to ...?** jede tento autobus do ...?
> **no, you need a number ...** ne, musíte jet autobusem číslo ... [neh mooseeteh yet – cheeslo]

business obchod [opHot]
bus station autobusové nádraží [owtoboosoveh nahdraJee]
bus stop autobusová zastávka [–ovah zustahfka]
bust hruď *f* [hrootyeh]
busy (restaurant etc) rušný [rooshnee]
I am busy tomorrow zítra mám napilno [zeetra mahm nupilno]
but ale [aleh]
butcher's řeznictví [rJez-nyits-tvee]
butter máslo [mahslo]
button knoflík [kunofleek]
buy kupovat [koopovut]/koupit [kohpit]
where can I buy ...? kde mohu koupit ...? [gudeh mohoo]
by: by bus/car autobusem/autem
written by ... napsáno (+ instr) ... [nupsahno]
by the window u okna [oo]
by the sea u moře
by Thursday do čtvrtka
bye nashle [nusHleh]

C

cabbage zelí [zelee]
cable car lanovka [lunofka]
café kavárna [kuvarna]
cagoule pláštěnka [plahsh-tyenka]
cake dort
cake shop cukrárna [tsookrarna]
call říkat [rJeekut]/říct [rJeetst] (+ dat)
(to phone) telefonovat [telefonovut] (+ dat)
what's it called? jak se tomu říká? [yuk seh tomoo rJeekah]
he/she is called ... jmenuje se ... [yumenoo-yeh seh]
please call the doctor zavolejte doktora, prosím [zuvolayteh]
please give me a call at 7.30 a.m. tomorrow zatelefonujte mi, prosím, zítra v půl osmé ráno [zutelefonoo-iteh]
please ask him to call me řekněte mu, prosím, aby mi zatelefonoval [rJeknyeteh moo

– abi mi zutelefonovul]
call back: I'll call back later přijdu později [prJeedoo pozdyay-yi]
(phone back) zatelefonuji později [zutelefonoo-yi]
call round: I'll call round tomorrow přijdu zítra [prJee-doo]
camcorder videokamera [videh-o-kumera]
camera fotoaparát [foto-upuraht]
camera shop fotografické potřeby **fpl** [fotogrufitskeh potrJebi]
camp kempovat [kempovut]
can we camp here? můžeme tady stanovat? [mOOJemeh tudi stanovut]
camping gas butan [bootun]
campsite tábořiště **n** [tahborJish-tyeh]
(more luxurious) autokempink [owto–]
can konzerva
a can of beer plechovka piva [pleHofka]
can: can you ...? můžeš ...? [mOOzhesh]
can I have ...? mohu dostat ...? [mohoo dostut]
I can't ... nemohu ...
Canada Kanada [kunuda]
Canadian kanadský [kunutskee]
I'm Canadian (man/woman) jsem Kanad'an/Kanad'anka [sem kunudyun]
canal kanál [kunahl]
cancel rušit [rooshit]/zrušit
candies bonbóny [bonbawni]
candle svíčka [sveetchka]
canoe kanoe **f** [kano-eh]
canoeing jízda na kanoi [yeezda na kano-i]
can-opener otvírák konzerv [otveerahk konzerf]
cap (hat) čepice **f** [chepitseh]
(of bottle) zátka [zahtka]
car auto [owto]
by car autem
caravan karavan [kuruvun]
caravan site kemp pro přívěsy [prJee-vyesi]
carburettor karburátor [kurboorahtor]
card (birthday etc) blahopřání [bluhoprJah-nyee]
(business) navštívenka [nufsh-tyeevenka]
here's my (business) card zde je má navštívenka [zdeh yeh mah]
cardigan pletená zapínací vesta [pletenah zapeenatsee]
cardphone telefon na kartu [kurtoo]
careful opatrný [oputurnee]
be careful! bud'te opatrný! [boodyehteh]
caretaker (man/woman) správce **m** [sprahftseh]/správcová
car hire pronájem automobilů [pronī-em owtomobilOO]
car park parkoviště **n** [purkovish-tyeh]
carpet koberec [koberets]

carriage (of train) vagón [vagawn]
carrier bag nákupní taška [nahkoop-nyee tushka]
carrot mrkev **f** [murkef]
carry nést
carry-cot taška na přenášení dítěte [tushka na prJenahshenyee dyee-tyeteh]
carton krabice **f** [krubitseh]
carwash umývárna automobilů [oomeevarna owtomobilOO]
case (suitcase) kufr [koofr]
cash hotové peníze **mpl** [hotoveh penyeezeh]
(verb) proměnit [pro-mnyenyit]
will you cash this for me? proměníte mi to? [pro-mnyenyeeteh]
cash desk pokladna [pokludna]
cash dispenser bankovní automat [bunkov-nyee owtomut]
cashier pokladní **m/f** [poklud-nyee]
cassette kazeta [kuzeta]
cassette recorder kazetový magnetofon [kuzetovee mug–]
castle zámek [zahmek]
casualty department úrazová ambulance **f** [OOruzovah umbooluntseh]
cat kočka [kotchka]
catch chytnout [Hitnoht]
where do we catch the bus to ...? kde chytneme autobus do ...? [gudeh Hitnemeh]
cathedral katedrála [kutedrahla]
Catholic (adj) katolický [kutolitskee]
cauliflower květák [kvyetahk]
cave jeskyně **f** [yeski-nyeh]
ceiling strop
celery celer [tseler]
cellar (for wine) vinný sklep [vinee]
cemetery hřbitov [hurJbitof]
centigrade* stostupňový [stostoop-nyovee]
centimetre* centimetr [tsentimetr]
central centrální [tsentrahl-nyee]
central heating ústřední topení [OOstrJed-nyee topenyee]
centre střed [strJet]
how do we get to the city centre? jak se dostaneme do středu města? [yuk seh dostanemeh do strJedoo mnyesta]
cereal müsli [misli], vločky **fpl** [vlotchki]
certainly určitě [oortchi-tyeh]
certainly not určitě ne [neh]
chair židle **f** [Jidleh]
champagne šampaňské **n** [shumpanyehskeh]
change (noun: money) drobné [drobneh]
(verb: money) proměnit [pro-mnyenyit]
(trains) přesedat [prJesedat]
(clothes) převlékat se [prJevlekut seh]/převléknout se [prJevleknoht]
can I change this for ...? mohu si toto proměnit za ...? [mohoo]

I don't have any change nemám drobné [nemahm]
can you give me change for a hundred crown note? můžete mi dát drobné za sto korun? [mOOJeteh mi daht – koroon]

dialogue

do we have to change (trains)? musíme přesedat? [mooseemeh prJesedut]
yes, change at Brno/no, it's a direct train ano, přesedáte v Brně/ne, je to přímý spoj [uno prJesedahteh v brunyeh/neh yeh to prJeemee spoy]

changed: to get changed převléci se [prJevletsi seh]
chapel kaple f [kupleh]
charge poplatek [poplutek]
(verb) účtovat [OOtchtovut]
cheap levný [levnee]
do you have anything cheaper? máte něco levnějšího? [mahteh nyetso lev-nyaysheeho]
check (US: noun) šek [shek]
see cheque
(US: bill) účet [OOtchet]
see bill
(verb) kontrolovat [kontrolovut]/zkontrolovat
could you check the ..., please? (to man/woman) mohl/mohla byste zkontrolovat ..., prosím? [mohul/mo-hla bisteh]
checkbook šeková knížka [shekovah kunyeeJka]
check in (verb) dostavit se k odbavení [dostuvit seh k odbuvenyee]
where do we have to check in? kam se máme dostavit k odbavení? [kumseh mahmeh]
check-in odbavení [odbuvenyee]
cheek tvář f [tvahrJ]
cheerio! ahoj! [uhoy]
cheers! (toast) na zdraví! [zdruvee]
cheese sýr [seer]
chemist's lékárna
cheque šek [shek]
do you take cheques? berete šeky? [bereteh sheki]
cheque book šeková knížka [shekovah kunyeeshkah]
cheque card bankovní průkaz majitele konta n [bunkov-nyee prOOkas muh-yiteleh]
cherry třešeň f [trJeshen[yeh]]
chess šachy mpl [shaHi]
chest (body) hrud' f [hroot[yeh]]
chewing gum žvýkačka [Jveekutchka]
chicken (bird) kuře n [koorJeh]
(meat) kuřecí maso [koorJetsee muso]
chickenpox plané neštovice fpl [planeh neshtovitseh]
child dítě n [dyeetyeh]
child minder paní k dětem f [punyee gudyetem]
children děti [dyetyi]
children's pool dětský bazén [dyetskee buzen]

children's portion dětská porce **f** [dyetskah portseh]
chin brada [bruda]
china porcelán [portselahn]
Chinese (adj) čínský [cheenskee]
chips hranolky **mpl** [hrunolki]
(US) lupínky **mpl** [loopeenki]
chocolate čokoláda [chokolahda]
milk chocolate mléčná čokoláda [mletchnah]
plain chocolate hořká čokoláda [horJkah]
a hot chocolate (horká) čokoláda
choose vybírat [vibeerut]/vybrat [vibrut]
Christian name křestní jméno [krJest-nyee yumeno]
Christmas Vánoce **mpl** [vahnotseh]
Christmas Eve Štědrý večer [shtyedree vetcher]
Merry Christmas! Veselé Vánoce! [veseleh]
church kostel
cider kvašený jablečný mošt [kvushenee yubletchnee mosht]

cigar doutník [doht-nyeek]
cigarette cigareta [tsigureta]
cigarette lighter zapalovač [zupulovutch]
cinema kino
circle kruh [krooH]
city město [mnyesto]
city centre střed města [strJet mnyesta]
clean (adj) čistý [chistee]
can you clean these for me? můžete mi to vyčistit? [mOOJeteh – vitchis-tyit]
cleaning solution (for contact lenses) čisticí roztok na kontaktní čočky [chis-tyitsee – kontaktnyee chotchki]
cleansing lotion pleťový čisticí krém [pletyovee chis-tyitsee]
clear jasný [yusnee]
(obvious) jasné [yusneh]
clever chytrý [Hitree]
cliff útes [OOtes]
climbing horolezectví [horolezets-tvee]
cling film fólie **f** [fawli-eh]
clinic klinika
cloakroom šatna [shutna]
clock hodiny **fpl** [ho-dyini]
close zavírat [zuveerut]/zavřít [zuvurJeet]

dialogue

what time do you close? kdy zavíráte? [gudi zaveerahteh]
we close at 8 p.m. on weekdays and 6 p.m. on Saturdays ve všední dny v osm hodin a v sobotu v šest hodin [veh fshed-nyee dni – fsobotoo]
do you close for lunch? zavíráte v poledne? [zuveerahteh fpoledneh]
yes, between 1 and 2 p.m. ano, mezi jednou a druhou [uno]

closed zavřeno [zavurJeno]
cloth (fabric) látka [lahtka]
(for cleaning etc) hadr [hudr]
clothes šaty **mpl** [shuti]
clothes line šňůra na prádlo [shnyOOra na prahdlo]
clothes peg kolík na prádlo [koleek]
cloud mrak [mruk]
cloudy zamračeno [zamrutcheno]
clutch (noun: car) spojka [spoyka]
coach (bus) autobus [owtoboos]
(on train) vagón [vagawn]
coach station autobusové nádraží [owtoboosoveh nahdruJee]
coach trip výlet autobusem [veelet]
coat (long coat) kabát [kubaht]
(jacket) bunda [boonda]
coathanger ramínko na šaty [rumeenko na shuti]
cockroach šváb [shvahp]
cocoa kakao [kuka-o]
code (when dialling) směrové číslo [smnyeroveh cheeslo]
what's the (dialling) code for Brno? jaké je směrové číslo pro Brno? [yakeh yeh – burno]
coffee káva [kahva]
two coffees, please dvě kávy, prosím [kahvi]
coin mince **f** [mintseh]
Coke® kokakola
cold (adj: weather, food etc) studený [stoodenee]
I'm cold je mi zima [yeh]
I have a cold jsem nachlazený [sem nuh-Hluzenee]
collapse: he's collapsed je zničený [yeh znyichenee]
collar límec [leemets]
collect sbírat [zbeerut]/sebrat [sebrut]
I've come to collect ... sbírám ... [zbeerahm]
collect call hovor na účet volaného [OOtchet]
college fakulta [fukoolta]
colour barva [burva]
do you have this in other colours? máte to v jiné barvě? [mahteh – yineh burvyeh]
colour film barevný film [burevnee]
comb (noun) hřeben [hrJeben]
come přijít [prJi-yeet]

dialogue

where do you come from?
odkud jste? [otkoot steh]
I come from Edinburgh
jsem z Edinburgu [sem]

come back vrátit se [vrahtyit seh]
I'll come back tomorrow vrátím se zítra [vrah-tyeem]
come in vstoupit [fstohpit]
comfortable pohodlný [pohodlnee]
compact disc kompaktní disk [kompakt-nyee]
company (business) společnost **f** [spoletchnost]

compartment (on train) oddělení [od-dyelenyee]
compass kompas [kompus]
complain stěžovat si [styeJovut]
complaint stížnost **f** [styeeJnost]
I have a complaint mám stížnost [mahm]
completely úplně [OOpul-nyeh]
computer počítač [potcheetutch]
concert koncert [kontsert]
concussion otřes mozku [otrJes moskoo]
conditioner (for hair) vlasový regenerátor [vlusovee regenerahtor]
condom prezervativ [–vutif], kondom
conference konference **f** [konferentseh]
confirm potvrdit [potvurdyit]
congratulations! blahopřeji! [bluhoprJay-i]
connecting flight letové spojení [letoveh spo-yenyee]
connection spoj [spoy]
conscious při vědomí [prJi vyedomee]
constipation zácpa [zahtspa]
consulate konzulát [konzoolaht]
contact kontaktovat [kontuktovut]
contact lenses kontaktní čočky **fpl** [kontaktnyee chotchki]
contraceptive antikoncepční prostředek [untikontseptch-nyee prostrJedek]
convenient (time, location) vhodný [vhodnee]
that's not convenient to se nehodí [seh nehodyee]
cook (verb) vařit/uvařit [oovarJit]
not cooked nedovařený [nedovurJenee]
cooker vařič [vurJitch]
cookie sušenka [sooshenka]
cooking utensils kuchařské náčiní **n sing** [kooHarJskeh nahtchi-nyee]
cool chladný [Hludnee]
cork korková zátka [–ovah zahtka], špunt [shpunt]
corkscrew vývrtka [veevurtka]
corner: on the corner na rohu [rohoo]
in the corner v rohu
cornflakes pražené kukuřičné vločky **fpl** [praJeneh kookoorJitchneh vlotchki]
correct (right) správný [sprahvnee]
corridor chodba [Hodba]
cosmetics kosmetika
cost stát [staht]
how much does it cost? kolik to stojí? [sto-yee]
cot dětská postýlka [dyetskah posteelka]
cotton bavlna [buvulna]
cotton wool vata [vuta]
couch (sofa) pohovka [pohofka]
couchette lehátkový vůz [lehahtkovee vOOs]
cough (noun) kašel [kushel]
cough medicine lék na kašel

could: could you ...? (to man/woman) mohl/mohla byste ...? [mohul/mo-hla bisteh]
could I have ...? (said by man/woman) mohl/mohla bych dostat ...? [biH dostut]
I couldn't ... (said by man/woman) nemohl/nemohla bych ...
country (nation) země **f** [zemnyeh]
(countryside) venkov [venkof]
countryside krajina [krī-ina]
couple (two people) pár, dvojice **f** [dvo-yitseh]
a couple of ... několik (+ gen) ... [nyekolik]
courier kurýr [kooreer]
course (main course etc) chod [Hot]
of course samozřejmě [sumozrJay-mnyeh]
of course not samozřejmě ne [neh]
cousin (male/female) bratranec [brutrunets]/sestřenice **f** [sestrJenyitseh]
cow kráva [krahva]
crab krab [krub]
crackers (biscuits) krekery **fpl**
crash (noun) srážka [srahshka]
I've had a crash srazil jsem se [sem seh]
crazy bláznivý [blahz-nyivee]
cream (on milk, in cake) smetana [smetuna]
(lotion) krém
(colour) smetanový [smetunovee]
creche jesle **fpl** [yesleh]
credit card platební karta [plutebnyee]

dialogue

can I pay by credit card? mohu platit platební kartou? [mohoo plutyit plutebnyee kartoh]
which card do you want to use? kterou kartou chcete platit? [kuteroh kartoh Hutseteh]
yes, sir ano, pane [uno puneh]
what's the number? jaké máte číslo? [yakeh mahteh cheeslo]
and the expiry date? do kdy platí? [dog-di plutyee]

crisps lupínky **mpl** [loopeenki]
crockery nádobí [nahdobee]
crossroads křižovatka [krJiJovutka]
crowd dav [daf]
crowded plný lidí [pulnee lidyee]
crown (on tooth) korunka [koroonka]
(currency) koruna [koroona]
crutches berle **fpl** [berleh]
cry plakat [plukut]
crystal křišťálové sklo [krJish-tyahloveh]
cucumber okurka [okoorka]
cup šálek [shahlek]
a cup of ..., please šálek ...,

prosím
cupboard skříň s policemi **f** [skrJeen^yeh s politsemi]
cure léčení [letchenyee]
curly kudrnatý [koodurnutee]
current proud [proht]
curtain (at window) záclona [zahtslona]
(in theatre) opona
cushion polštář [polshtarJ]
custom zvyk [zvik]
Customs clo [tslo]
cut (verb) říznout [rJeeznoht]
I've cut myself (said by man/woman) říznul/říznula jsem se [rJeeznool – sem seh]
cut glass broušené sklo [brohsheneh]
cutlery příbor [prJeebor]
cycling cyklistika [tsiklistika]
cyclist (man/woman) cyklista **m**/cyklistka
Czech (adj) český [cheskee]
(language) čeština [chesh-tyina]
(man) Čech [cheH]
(woman) Češka [cheshka]
the Czechs Češi [cheshi]
Czech Republic Česká republika [cheskah]

D

dad tatínek [tutyeenek]
daily (adj) denní [denyee]
damage (verb) poškodit [poshkodyit]
I'm sorry, I've damaged this (said by man/woman) je mi to líto, že jsem to poškodil/poškodila [yeh – leeto Jeh sem]
damaged poškozený [poshkozenee]
damn! hrome! [hromeh]
damp (adj) vlhký [vulH-kee]
dance (noun) tanec [tunets]
(verb) tancovat [tuntsovat]
would you like to dance? smím prosit? [smeem]
dangerous nebezpečný [nebespetchnee]
Danish dánský [dahnskee]
dark (adj: colour) tmavý [tmuvee]
(hair) tmavovlasý [tmuvovlasee]
it's getting dark stmívá se [stmeevah seh]
date*: what's the date today? kolikátého je dnes? [kolikahteho yeh]
let's make a date for next Monday domluvme si schůzku na pondělí [domloovmeh si suHOOskoo na pondyelee]
dates (fruit) datle **fpl** [dutleh]
daughter dcera [dutsera]
daughter-in-law snacha [snaHa]
dawn (noun) úsvit [OOsvit]
at dawn za úsvitu [OOsvitoo]
day den
the day after den poté [poteh]
the day after tomorrow pozítří [pozeetrJee]
the day before den předtím [prJet-tyeem]
the day before yesterday předevčírem [prJedef-cheerem]

every day každý den [kuJdee]
all day celý den [tselee]
in two days' time za dva dny [duni]
have a nice day! přeji vám příjemný den! [prJayi vahm prJee-yemnee]
day trip celodenní výlet [tselodenyee veelet]
dead mrtvý [murtvee]
deaf hluchý[hlooHee]
deal (business) obchod [opHot]
it's a deal! ujednáno! [oo-yednahno]
death smrt **f** [smurt]
decaffeinated coffee bez kofeinu [bes kofaynoo]
December prosinec [prosinets]
decide rozhodnout se [rozhodnoht seh]
we haven't decided yet ještě jsme se nerozhodli [yeshtyeh smeh seh]
decision rozhodnutí [rozhodnoo-tyee]
deckchair lodní lehátko [lod-nyee lehahtko]
deduct odečíst [odecheest]
deep hluboký [hloobokee]
definitely určitě [oorchityeh]
definitely not určitě ne [neh]
degree (qualification) akademická hodnost **f** [ukudemitskah]
delay (noun) zpoždění [spoJ-dyenyee]
deliberately záměrně [zahmnyer-nyeh]
delicatessen lahůdky **fpl** [lah-hOOtki]
delicious lahodný [lahodnee]
deliver dodávat [dodahvut]
delivery (of mail) donáška pošty [donahshka poshti]
Denmark Dánsko [dahnsko]
dental floss zubní nit' **f** [zoob-nyee nit^{yeh}]
dentist (man/woman) zubní lékař [zoob-nyee lekurJ]/zubní lékařka

dialogue

it's this one here je to tady ten [yeh to tudi]
this one? tenhle? [ten-hleh]
no that one ne, tady ten [neh]
here? tady?
yes ano [uno]

dentures zubní protéza [zoobnyee]
deodorant deodorant [deh-odorunt]
department oddělení [od-dyelenyee]
department store obchodní dům [opHod-nyee dOOm]
departure odjezd [od-yest]
departure lounge čekárna [chekarna]
depend: it depends to záleží [zahleJee]
it depends on ... to záleží na ...
deposit (as security) zástava

[zahstuva]
(as part payment) záloha
description popis
dessert dezert
destination cíl [tseel]
develop rozvinout [rozvinoht]

dialogue

> **could you develop these films?** mohli byste vyvolat tyto filmy? [mohuli bisteh vivolut tito filmi]
> **when will they be ready?** kdy to bude hotové? [gudi-to boodeh hotoveh]
> **tomorrow afternoon** zítra odpoledne
> **how much is the same day service?** kolik by stálo vyvolání dnes? [bi – vivolah-nyee]

diabetic (man/woman) diabetik/ diabetička [diabetitchka]
diabetic foods potraviny pro diabetiky
dial volit číslo [cheeslo]
dialling code směrové číslo [smnyeroveh cheeslo]
diamond diamant [di-amunt]
diaper plenka
diarrhoea průjem [prOO-yem]
diary (business etc) diář [di-arJ]
(for personal experiences) deník [denyeek]
dictionary slovník [slov-nyeek]
didn't see **not**
die umírat/zemřít [zemrJeet]
diesel (fuel) motorová nafta [–ovah nufta]
diet dieta [di-eta]
I'm on a diet držím dietu [dr-Jeem di-yetoo]
I have to follow a special diet musím držet speciální dietu [mooseem drJet spetsi-ahlnyee]
difference rozdíl [rozdyeel]
what's the difference? jaký je v tom rozdíl? [yakee yeh]
different jiný [yinee]
this one is different tento je jiný [yeh]
a different table jiný stůl [stOOl]
difficult obtížný [op-tyeeJnee]
difficulty potíž **f** [po-tyeesh]
dinghy malý člun [mulee chlun]
dining room jídelna [yeedelna]
dinner (evening meal) večeře **f** [vetcherJeh]
to have dinner večeřet [vetcherJet]
direct (adj) přímý [prJeemee]
is there a direct train? je tam přímý spoj? [yeh tum]
direction směr [smnyer]
which direction is it? jakým je to směrem? [yukeem yeh to smnyerem]
is it in this direction? je to tímto směrem? [yeh to tyeemto]
directory enquiries telefonní informace [telefon-nyee informatseh]
dirt špína [shpeena]
dirty špinavý [shpinavee]

disabled invalidní [invulid-nyee]
is there access for the disabled? dostanou se tam invalidé? [dostunoh seh tum invulideh]
disappear zmizet
it's disappeared zmizelo to
disappointed zklamaný [sklumunee]
disappointing zklamání [sklumah-nyee]
disaster katastrofa [kutustrofa]
disco diskotéka
discount sleva
is there a discount? je na to sleva? [yeh]
disease nemoc **f** [nemots]
disgusting nechutný [neHootnee]
dish (meal) jídlo [yeedlo]
(bowl) miska
dishcloth utěrka [ootyerka]
disinfectant (noun) dezinfekční prostředek [dezinfektch-nyee prostrJedek]
disk (for computer) disketa
disposable diapers plenky na jedno použití **fpl** [plenki na yedno pohJi-tyee]
disposable nappies plenky na jedno použití
distance vzdálenost **f** [vuzdahlenost]
in the distance v dálce [dahltseh]
distilled water destilovaná voda [–vanah]
district obvod [obvot]
disturb rušit [rooshit]/vyrušit [virooshit]
diversion (detour) odbočka [odbotchka]
diving board skákací prkno [skahkutsee purkno]
divorced rozvedený [rozvedenee]
dizzy: I feel dizzy točí se mi hlava [totchee seh mi hluva]
do dělat [dyelut]/udělat [oodyelut]
what shall we do? co budeme dělat? [tso boodemeh]
how do you do it? jak to děláte? [yak to dyelahteh]
will you do it for me? uděláte to pro mě? [oo-dyelahteh – mnyeh]

dialogues

how do you do? těší mě [tyeshee mnyeh]
nice to meet you těší mě
what do you do? (work) kde pracujete? [gudeh pratsoo-yeteh]
I'm a teacher, and you? (said by man/woman) já jsem učitel/učitelka, a vy? [yah sem – vi]
I'm a student (said by man/woman) já jsem student/studentka
what are you doing this evening? co děláte dnes večer? [tso]
we're going out for a drink, do you want to join us? jdeme na skleničku,

chcete jít s námi? [demeh na sklenyitchkoo Hutseteh yeet snahmi]
do you want cream? chcete smetanu? [Hutseteh]
I do, but she doesn't já ano, ale ona ne [yah uno uleh ona neh]

doctor (man/woman) doktor/doktorka
we need a doctor potřebujeme doktora [potrJeboo-yemeh]
please call a doctor zavolejte doktora, prosím [zuvolayteh]

dialogue

where does it hurt? kde to bolí? [gudeh to bolee]
right here tady [tudi]
does that hurt more? bolí to teď víc? [tedyeh veets]
yes ano [uno]
take this prescription to a chemist tady máte recept pro lékárnu [mahteh retsept]

document doklad [doklut]
dog pes
doll panenka [punenka]
domestic flight vnitrostátní let [vunyitrostaht-nyee]
don't: don't do that! nedělejte to! [neh-dyelayteh]
see not
door dveře **fpl** [dverJeh]
doorman vrátný [vrahtnee]
double dvojitý [dvo-yitee]
double bed manželská postel **f** [munJelskah]
double room pokoj pro dvě osoby [pokoy pro dvyeh osobi]
doughnut kobliha
down dolů [doloo]
down here tady [tudi]
put it down over there položte to tamhle [poloshteh to tamhleh]
it's down there on the right je to tamhle napravo [yeh]
it's further down the road je to dál po cestě [dahl po tses-tyeh]
downhill skiing sjezdové lyžování [syezdoveh lizhovah-nyee]
downmarket (restaurant etc) nižší kategorie [nyishee kategori-eh]
downstairs v přízemí [fprJeezemee]
dozen tucet [tootset]
half a dozen půl tuctu [pool tootstoo]
drain (in sink) odtok
(in street) kanalizace **f** [kanalizatseh]
draught beer točené pivo, čepované pivo [totcheneh –tchepovuneh]
draughty: it's draughty je tu průvan [yeh too proovan]
drawer zásuvka [zahsoofka]
drawing kresba
dreadful hrozný [hroznee]
dream (noun) sen

dress (noun) šaty **mpl** [shuti]
dressed: to get dressed obléct se [obletst seh]
dressing (for cut) obvaz [obvus]
salad dressing obloha
dressing gown župan [Joopan]
drink (noun) nápoj [nahpoy]
(verb) pít [peet]/napít
a cold drink studený nápoj [stoodenee]
can I get you a drink? dáte si něco k pití? [dahteh si nyetso kupityee]
what would you like (to drink)? co si dáte? [tso]
no thanks, I don't drink ne, děkuji, nepiju [neh dyekoo-yi nepi-yoo]
I'll just have a drink of water jenom trochu vody [yenom troHoo vodi]
drinking water pitná voda [pitnah]
is this drinking water? je to pitná voda? [yeh]
drive řídit [rJeedyit]
we drove here přijeli jsme sem autem [prJi-yeli smeh sem owtem]
I'll drive you home odvezu vás domů [odvezoo vahs domOO]
driver (man/woman) řidič [rJidyitch]/řidička
driving licence řidičský průkaz [rJiditch-skee prOOkus]
drop: just a drop, please (of drink) jenom kapku, prosím [yenom kupkoo]
drug lék
drugs (narcotics) droga
drunk (adj) opilý [opilee]
drunken driving řízení pod vlivem alkoholu [rJeezenyee pot – alkoholoo]
dry (adj) suchý [sooHee]
dry-cleaner chemická čistírna [Hemitskah chis-tyeerna]
duck kachna [kaHna]
due: he was due to arrive yesterday měl přijet včera [mnyel prJi-yet ftchera]
when is the train due? kdy má přijet vlak? [gudi mah prJi-yet vluk]
dull (pain) tupý [toopee]
it's dull (weather) oblačno [oblutchno]
dummy (baby's) dudlík [doodleek]
during během [byehem]
dust prach [pruH]
dusty zaprášený [zuprahshenee]
dustbin popelnice **f** [popel-nyitseh]
duty-free (goods) bezcelný [bestselnee]
duty-free shop duty free shop
duvet peřina [perJina]

E

each každý [kuJdee]
how much are they each? kolik stojí jeden? [sto-yee yeden]
ear ucho [oo-Ho]
earache: I have earache bolí

mě ucho [bolee mnyeh]
early časně [chusnyeh]
early in the morning časně ráno [rahno]
I called by earlier (said by man/woman) byl/byla jsem tu už dříve [bil/bila sem too oosh drJeeveh]
earring náušnice [nah-oosh-nyitseh]
east východ [veeHod]
in the east na východě [veeHo-dyeh]
Easter Velikonoce **fpl** [velikonotseh]
easy snadný [snudnee]
eat jíst [yeest]
we've already eaten, thanks už jsme jedli, děkujeme [oosh smeh yedli dyekoo-yemeh]
I don't eat ... nejím ...
eau de toilette toaletní voda [to-alet-nyee]
economy class turistickou třídou [tooreestitskoh trJeedoh]
egg vejce **n** [vaytseh]
either: either ... or ... buď ... nebo ... [bootyeh]
either of them kterýkoliv z nich [kutereekolif znyiH]
elastic (noun) prádlová guma [prahdlovah gooma]
elastic band gumička [goomitchka]
elbow loket
electric elektrický [elektritskee]
electrical appliances elektrické spotřebiče [elektritskeh spotrJebitcheh]
electric fire elektrický krb [kurb]
electrician elektrikář [elektrikarJ]
electricity elektřina [elektrJina]
elevator výtah [veetuH]
else: something else něco jiného [nyetso yineho]
somewhere else někde jinde [nyegdeh yindeh]

dialogue

would you like anything else? dáte si ještě něco? [dahteh si yeshtyeh]
no, nothing else, thanks ne, už ne, díky [neh oosh neh dyeeki]

e-mail e-mail
embassy ambasáda [umbusahda], velvyslanectví [velvislunetstvee]
embroidery výšivka [veeshifka]
emergency naléhavý případ [nulehavee prJeepat]
this is an emergency! je to naléhavé! [yeh to nulehaveh]
emergency exit nouzový východ [nohzovee veeHot]
empty prázdný [prahzdnee]
end (noun) konec [konets]
at the end of the street na konci ulice [nah kontsi oolitseh]
(verb) končit/ukončit [ookontchit]
when does it end? kdy to končí? [gudi to kontchee]

engaged (toilet, telephone) obsazeno [opsuzeno]
(to be married) zasnoubený [zusnohbenee]
engine (car) motor
England Anglie **f** [ungli-eh]
English anglický [unglitskee]
I'm English (man/woman) jsem Angličan/Angličanka [sem unglitchun/unglitchunka]
do you speak English? mluvíte anglicky? [mlooveeteh]
enjoy: to enjoy oneself bavit se [buvit seh]

dialogue

how did you like the film? jak se vám ten film líbil? [yuk seh vahm – leebil]
I enjoyed it very much; did you enjoy it? líbil se mi moc, a vám? [seh mi mots]

enjoyable příjemný [prJee-yemnee]
enlargement (of photo) zvětšenina [zvyetshenyina]
enormous obrovský [obrofskee]
enough dost
there's not enough to nestačí [nestutchee]
it's not big enough není to dost velké [nenyee – velkeh]
that's enough to stačí [to stutchee]
entrance vchod [fHot]
envelope obálka [obahlka]
epileptic epileptický [epileptitskee]
equipment vybavení [vibuvenyee]
error chyba [Hiba]
especially zejména [zaymena]
essential nezbytný [nezbitnee]
it is essential that ... je nezbytné, aby ... [yeh nezbitneh abi]
EU Evropská unie **f** [evropskah ooni-eh]
euro euro [ehooroh]
Eurocheque eurošek [eh-ooroshek]
Eurocheque card platební karta Eurocheque [plutebnyee kurta]
Europe Evropa
European evropský [evropskee]
even: even the ... dokonce ... [dokontseh]
even more ještě více [yeshtyeh veetseh]
even if ... dokonce i když ... [gudiJ]
evening večer [vetcher]
good evening dobrý večer [dobree]
this evening dnes večer
in the evening večer
evening meal večeře **f** [vetcherJeh]
eventually nakonec [nakonets]
ever vždy [vuJdi]

dialogue

have you ever been to Karlovy Vary? už jste někdy byl/byla v Karlových Varech? [oosh steh nyegdi bil/bila fkurloveeH vureH]
yes, I was there two years ago ano, byl/byla jsem tam před dvěma roky [uno – sem tum prJet]

every každý [kuJdee]
every day každý den
everyone každý člověk [chlo-vyek]
everything všechno [fsheHno]
everywhere všude [fshoodeh]
exactly! přesně! [prJes-nyeh]
exam zkouška [skohshka]
example příklad [prJeeklut]
for example například [nuprJeeklut]
excellent skvělý [skvyelee]
excellent! skvělé! [skvyeleh]
except kromě [kromnyeh]
excess baggage nadváha [nudvah-ha]
exchange rate devizový kurz [devizovee koors]
exciting vzrušující [vuzrooshoo-yeetsee]
excuse me (to get past) s dovolením [sdovoleh-nyeem] (to get attention/say sorry) promiňte! [prominyehteh]
exhaust (pipe) výfuk [veefuk]
exhausted (tired) vyčerpaný [vitcherpunee]
exhibition výstava [veestuva]
exit východ [veeHot]
where's the nearest exit? kde je nejbližší východ? [gudeh yeh nayblishee]
expect čekat [chekut]
expensive drahý [druhee]
experienced zkušený [skooshenee]
explain vysvětlit [vis-vyetlit]/ vysvětlovat [vis-vyetlovut]
can you explain that? můžete to vysvětlit? [mOOJeteh]
express expres
extension linka
extension 221, please linku dvěstě dvacet jedna, prosím [linkoo – proseem]
extension lead prodlužovačka [prodlooJovutchka]
extra: can we have an extra one? můžeme dostat jeden navíc? [mOOJemeh dostut yeden naveets]
do you charge extra for that? platí se to zvlášť? [plutyee seh to zvlahshtyeh]
extraordinary zvláštní [zvlahsht-nyee]
extremely extrémně [extremnyeh]
eye oko
will you keep an eye on my suitcase for me? pohlídáte mi kufr? [pohleedahteh]
eyebrow pencil tužka na obočí [tooshka na obotchee]

eye drops oční kapky [otchnyee kupki]
eyeglasses (US) brýle **fpl** [breeleh]
eyeliner oční linky [otchnyee linki]
eye shadow oční stín [styeen]

F

face tvář **f** [tvarJ]
factory továrna
Fahrenheit* Fahrenhaita [fa-hrenhīta]
faint omdlívat [omdleevut]/ omdlít
she's fainted omdlela
I feel faint je mi slabo [yeh mi slubo]
fair (funfair) pouť **f** [pohtyeh]
(trade) veletrh [veleturH]
(adj) spravedlivý [spruvedlivee]
fairly docela [dotsela]
fake padělek [pudyelek]
fall (US) podzim
see **autumn**
fall upadnout [oopudnoht]
she's had a fall upadla
false falešný [faleshnee]
family rodina [ro-dyina]
famous slavný [sluvnee]
fan (electrical) ventilátor
(hand held) vějíř [vyeh-yeerJ]
(sports: man/woman) fanoušek [funohshek]/fanynka [funinka]
fan belt řemen ventilátoru [rJemen ventilahtoroo]
fantastic fantastický [fantastitskee]
far daleko [duleko]

dialogue

is it far from here? je to odsud daleko? [yeh to otsoot]
no, not very far ne, není to daleko [neh nenyee]
well how far? jak daleko? [yuk]
it's about 20 kilometres je to asi 20 kilometrů [yeh to usi dvutset kilometrOO]

fare jízdné **n** [yeezdneh]
farm statek [stutek]
fashionable módní [mawdnyee]
fast rychlý [riHlee]
fat (person) tlustý [tloostee]
(on meat) sádlo [sahdlo]
father otec [otets]
father-in-law tchán [tuHahn]
faucet kohoutek [kohohtek]
fault: sorry, it was my fault promiňte, to byla moje chyba [prominyehteh to bila moyeh Hiba]
it's not my fault to není moje chyba [nenyee]
faulty pokažený [pokuJenee]
favourite oblíbený [obleebenee]
fax (noun) fax [fuks]
(verb: to someone) poslat fax (+ dat) [poslut]
February únor [OOnor]
feel cítit [tsee-tyit]
I feel hot je mi horko [yeh]

I feel well cítím se dobře [tsee-tyeem seh dobrJeh]
I feel unwell necítím se dobře [netsee-tyeem]
I feel like ... chce se mi ... [Hutseh]
I feel like going for a walk (said by man/woman) šel/šla bych se projít [shel/shla biH seh pro-yeet]
how are you feeling? jak se cítíte? [yak seh tsee-tyeeteh]
I'm feeling better cítím se lépe [lepeh]
felt-tip (pen) fix
fence plot
fender nárazník [naruznyeek]
ferry trajekt [tra-yekt]
(small) přívoz [prJeevos]
festival festival [festivul], slavnost [sluvnost]
fetch sehnat [sehunut]
I'll fetch him seženu ho [seJenoo]
will you come and fetch me later? přijdete pro mě později? [prJeedeteh pro mnyeh pozdyay-yi]
feverish horečnatý [horetchnutee]
few: a few několik [nyekolik]
a few days několik dní
few tourists málo turistů [mahlo]
fiancé snoubenec [snohbenets]
fiancée snoubenka
field pole **n** [poleh]
fight (noun) rvačka [rvutchka]
figs fíky **fpl** [feeki]
fill naplnit [napulnyit]
fill in vyplnit [vipulnyit]
do I have to fill this in? musím to vyplnit? [mooseem]
fill up naplnit
fill it up, please plnou nádrž, prosím [pulno nahdrJ]
filling (in cake) náplň **f** [nahpulnyeh]
(in tooth) plomba
film film

dialogue

do you have this kind of film? máte tyto filmy? [mahteh tito filmi]
yes, how many exposures? ano, na kolik snímků? [uno – snyeemkoo]
24/36 dvacet čtyři/třicet šest

film processing vyvolání filmu [vivolahnyee filmoo]
filter coffee překapávaná káva [prJekupahvunah kahva]
filter papers filtry **mpl** [filtri]
filthy špinavý [shpinavee]
find najít [na-yeet]
I can't find it nemohu to najít [nemohoo]
I've found it (said by man/woman) našel/našla jsem to [nashel/nashla sem]
find out zjistit [zyis-tyit]
could you find out for me? (to man/woman) mohl/mohla byste mi to zjistit? [mohul/mo-

hla bisteh]
fine (weather) pěkný [pyeknee]
(punishment) pokuta [pokoota]

dialogues

how are you? jak se máte? [yuk seh mahteh]
I'm fine thanks dobře, děkuji [dobrJeh dyekoo-yi]
– and you? – a vy? [vi]

is that OK? je to v pořádku? [yeh to fporJahtkoo]
that's fine thanks je to dobré, děkuji [dobreh dyekoo-yi]

finger prst [purst]
finish končit [kontchit]
I haven't finished yet (said by man/woman) ještě jsem neskončil/neskončila [yeshtyeh sem neskontchil]
when does it finish? kdy to končí? [gudi to kontchee]
fire: fire! hoří! [horJee]
can we light a fire here? můžeme tady rozdělat oheň? [mOOJemeh tudi rozdyelut ohenyeh]
it's on fire hoří to
fire alarm požární poplach [poJarnyee poplaH]
fire brigade požární sbor
fire escape nouzový východ [nohzovee veeHot]
fire extinguisher hasicí přístroj [husitsee prJeestroy]
first první [purvnyee]
(firstly) za prvé [purveh]
I was first (said by man/woman) byl/byla jsem první [bil/bila sem]
at first napřed [nuprJet]
the first time poprvé [popurveh]
first on the left první nalevo
first aid první pomoc **f** [purvnyee pomots]
first aid kit lékarnička [lekar-nyitchka]
first class (travel etc) první třídou [purvnyee trJeedoh]
first floor první poschodí [posHodyee]
(US) přízemí [prJeezemee]
first name jméno [yumeno]
fish (noun) ryba [riba]
fishmonger's rybárna
fit (attack) záchvat [zah-Hvut]
it doesn't fit me to mně nesedí [mnyeh nesedyee]
fitting room zkušebna [skooshebna]
fix (repair) spravit [spruvit]
(arrange) zařídit [zarJee-dyit]
can you fix this? můžete to spravit? [mOOJeteh]
fizzy šumivý [shoomivee]
flag prapor [prupor]
flannel flanel [flunel]
flash (for camera) blesk
flat (noun: apartment) byt [bit]
(adj) plochý [ploHee]
flat tyre prázdná pneumatika [prahzdnah pneh-oomutika]
I've got a flat tyre mám

prázdnou pneumatiku [mahm prahzdnoh pneh-oomutikoo]
flavour příchuť **f** [prJeeHoot^yeh]
flea blecha [bleHa]
flight let
flight number číslo letu [cheeslo leetoo]
flood povodeň **f** [povoden^yeh]
floor (of room) podlaha [podluha]
(storey) poschodí [posHodyee]
on the floor na podlaze [podlazeh]
florist's květinářství [kuvyeh-tyinarJ-stvee]
flour mouka [mohka]
flower květina [kvyetyina]
flu chřipka [HrJipka]
fluent: he speaks fluent Czech mluví plynně česky [mloovee plin-nyeh cheski]
fly (noun) moucha [moh-Ha]
(verb) letát [letaht]/letět [letyet]
fly in přiletět [prJiletyet]
fly out odletět [odletyet]
fog mlha [mulha]
foggy: it's foggy je mlha [yeh]
folk dancing lidové tance **mpl** [lidoveh tuntseh]
folk music lidová hudba [lidovah hoodba]
follow sledovat [sledovut]
follow me následujte mě [nahsledoo-iteh mnyeh]
food jídlo [yeedlo]
food poisoning otrava jídlem [otruva]
food shop/store obchod s potravinami [opHot spotruvinumi]
foot* chodidlo [Hodidlo]
on foot pěšky [pyeshki]
football (game) fotbal [fotbul]
(ball) fotbalový míč [fotbulovee meech]
football match fotbalový zápas [zahpus]
for pro (+ acc)
do you have something for ...? (headache/diarrhoea etc) máte něco na ...? [mahteh nyetso]

dialogues

who's the goulash for? pro koho bude guláš? [boodeh]
that's for me to je pro mě [yeh pro mnyeh]
and this one? a tohle? [tohleh]
that's for her to je pro ni [nyi]

where do I get the bus for Dejvice? odkud jede autobus do Dejvic? [otkoot yedeh – dayvits]
the bus for Dejvice leaves from the square autobus do Dejvic jede z náměstí

how long have you been here for? jak jste tady dlouho? [yuk steh tudi dloh-ho]
I've been here for two days, how about you? jsem tady dva dny, a vy?

[sem tudi – vi]
I've been here for a week já jsem tady týden [yah sem – teeden]

forehead čelo [chelo]
foreign cizí [tsizee]
foreigner (man/woman) cizinec [tsizinets]/cizinka
forest les
forget zapomenout [zupomenoht]
I forget zapomínám [zupomeenahm]
I've forgotten (said by man/woman) zapomněl/zapomněla jsem [zupomnyel – sem]
fork (for eating) vidlička [vidlitchka]
(in road) rozcestí [rostses-tyee]
form (document) formulář [formoolarJ]
formal (dress) večerní oblek [vetchernyee]
fortnight čtrnáct dní [chturnahtst dunyee]
fortunately naštěstí [nashtyes-tyee]
forward: could you forward my mail? posílejte prosím poštu na mou novou adresu [poseelayteh proseem poshtoo na moh novoh udresoo]
forwarding address budoucí adresa [boodohtsee]
foundation cream podkladový krém [pokludovee]
fountain fontána [fontahna]
foyer (of hotel) hala [hula]
(theatre) foyer **n**
fracture (noun) zlomenina [zlomenyina]
France Francie **f** [frantsi-eh]
free svobodný [svobodnee]
(no charge) bezplatný [besplutnee]
is it free (of charge)? je to bezplatné? [jeh to besplutneh]
freeway dálnice **f** [dahlnyitseh]
freezer mraznička [mruznyitchka]
French francouzský [fruntsohskee]
French fries hranolky **mpl** [hrunolki]
frequent častý [chustee]
how frequent is the bus to Olomouc? jak často jezdí autobus do Olomouce? [yuk chusto yezdyee – olomohtseh]
fresh čerstvý [cherstvee]
fresh orange čerstvý pomeranč [pomerantch]
Friday pátek [pahtek]
fridge lednička [lednyitchka]
fried smažený [smaJenee]
fried egg smažené vejce **n** [–neh vaytseh]
friend přítel [prJeetel]/přítelkyně [prJeetelki-nyeh] **f**
friendly přátelský [prJahtelskee]
from z, od [ot]
when does the next train from Prague arrive? kdy přijede další vlak z Prahy? [gudi prJi-yedeh dalshee vluk

spruhi]
from Monday to Friday od pondělí do pátku [ot pon-dyelee do pahtkoo]
from next Thursday od příštího čtvrtka [prJeesh-tyeeho]

dialogue

where are you from?
odkud jste? [otkoot steh]
I'm from Slough jsem ze Slough [sem zeh]

front předek [prJedek]
in front of před (+ instr) [prJet]
in front/at the front vpředu [fprJedoo]
in front of the hotel před hotelem
frost mráz [mrahs]
frozen mražený [mraJenee]
frozen food mražené potraviny **fpl** [mraJeneh potravini]
fruit ovoce **n** [ovotseh]
fruit juice ovocný džus [ovotsnee joos]
fry smažit [smaJit]
frying pan pánev **f** [pahnef]
full plný [pulnee]
it's full je plný [yeh]
I'm full jsem najedený [sem nī-yedenee]
full board plná penze **f** [pulnah penzeh]
fun: it was fun byla to legrace [bila to legrutseh]
to have fun bavit se [buvit seh]
funeral pohřeb [po-hrJep]
funny (strange) divný [dyivnee] (amusing) legrační [legrutch-nyee]
furniture nábytek [nahbitek]
further dále [dahleh]
it's further down the road je to dál po cestě [yeh – tses-tyeh]

dialogue

how much further is it to Olomouc? jak daleko je to ještě do Olomouce? [yuk – yeh to yeshtyeh do olomohtseh]
about 5 kilometres asi pět kilometrů [usi pyet kilometroo]

fuse (noun) pojistka [po-yistka]
the lights have fused vybily se pojistky [vibili seh po-yistki]
fuse box pojistky
fuse wire pojistkový drát [po-yistkovee draht]
future budoucnost **f** [boodohtsnost]
in future v budoucnosti

G

gallon*
game hra
(meat) zvěřina [zvyerJina]
garage (for fuel) čerpací stanice [cherputsee stunyitseh]

(for repairs) opravna automobilů [opruvna owtomobilOO]
(for parking) garáž **f** [garahJ]
garden zahrada [zuhruda]
garlic česnek [chesnek]
gas plyn [plin]
(US) benzín [benzeen]
gas cylinder (camping gas) bomba na plyn
gasoline (US) benzín [benzeen]
gas permeable lenses gelové kontaktní čočky [geloveh kontaktnyee chotchki]
gas station benzínová stanice **f** [benzeenovah stunyitseh]
gate vrata [vruta]
(at airport) východ [veeHot]
gay homosexuál
gears rychlosti [riHlostyi]
gearbox převodovka [prJeh-vodofka]
gear lever řadící páka [rJudyeetsee pahka]
general (adj) obecný [obetsnee]
gents' (toilet) páni [pahnyi], muži [mooJi]
genuine (antique etc) originální [originahlnyee]
German německý [nyemetskee]
German measles zarděnky **fpl** [zardyenki]
Germany Německo [nyemetsko]
get (fetch) přinášet [prJinahshet]/přinést [prJinest]
will you get me another one, please? přinesete mi ještě jeden, prosím [prJineseteh mi yeshtyeh yeden]
how do I get to ...? jak se dostanu do (+ gen) ...? [yuk seh dostunoo]
do you know where I can get them? nevíte, kde je mohu sehnat? [neveeteh gudeh yeh mohoo sehnut]

dialogue

can I get you a drink? mohu vám objednat něco k pití? [vahm obyednut nyetso kupityee]
no, I'll get this one, what would you like? ne, já to objednám, co si dáte? [neh yah to obyednahm tso si dahteh]
a glass of red wine sklenici červeného vína [sklenyitsi cherveneho veena]

get back (return) vrátit se [vrah-tyit seh]
get in (arrive) přijet [prJi-yet]
get off vystoupit [vistohpit]
where do I get off? kde musím vystoupit? [gudeh mooseem]
get on (to train etc) nastoupit [nustohpit]
get out (of car etc) vystoupit [vistohpit]
get out! vypadněte! [vipud-nyeteh]
get up (in the morning) vstávat [fstahvut]/vstát [fstaht]
gift dárek

gift shop dárkový obchod [darkovee opHot]
gin gin [jin]
a gin and tonic, please gin a tonic, prosím
girl dívka [dyeefka]
girlfriend přítelkyně **f** [prJeetelki-nyeh]
give dávat [dahvut]/dát
can you give me some change? můžete mi dát drobné? [mOOJeteh – drobneh]
I gave it to him (said by man/woman) dal/dala jsem mu to [dula sem moo]
will you give this to ...? dáte to (+ dat) ...? [dahteh]

dialogue

how much do you want for this? kolik chcete za tohle? [Hutseteh za tohleh]
300 crowns tři sta korun [koroon]
I'll give you 250 crowns dám vám dvě stě padesát korun [dahm vahm]

give back vracet [vrutset]/vrátit [vrah-tyit] (+ dat)
glad: I'm glad (said by man/woman) jsem rád/ráda [sem raht/rahda]
glass (material) sklo
(tumbler) sklenice [sklenyitseh]
a glass of wine sklenice vína
glasses (spectacles) brýle **fpl** [breeleh]
glassware sklo
gloves rukavice **fpl** [rookavitseh]
glue (noun) lepidlo
go chodit [Hodit]/jít [yeet]
we'd like to go to the old Jewish cemetery rádi bychom šli na starý židovský hřbitov [rahdyi biHom shli na staree Jidofskee hurJbitof]
where are you going? kam jdete? [deteh]
where does this bus go? kam jede tento? [kum yedeh]
let's go! pojďme! [poyd^{yeh}dumeh]
she's gone (left) šla pryč [shla pritch]
where has he gone? kam šel? [shel]
I went there last week (said by man/woman) šel/šla jsem tam minulý týden [sem tum]
hamburger to go (to take away) prodej hamburgerů přes ulici [proday – prJes oolitsi]
go away odejít [oday-eet]
go away! jděte pryč! [dyeteh pritch]
go back (return) vrátit se [vrahtyit seh]
go down (the stairs etc) sejít [seh-yeet]
go in vejít [veh-yeet]
go out (in the evening) jít ven [yeet]
do you want to go out tonight? chcete dnes večer jít ven? [Hutseteh]
go through projít [pro-yeet]

go up (the stairs etc) jít nahoru [yeet nahoroo]
goat koza
God Bůh [bOOH]
goggles potápěčské brýle fpl [potah-pyetchskeh breeleh]
gold zlato [zluto]
golf golf
golf course golfové hřiště [golfoveh hrJish-tyeh]
good dobrý [dobree]
good! dobře! [dobrJeh]
it's no good to není dobré [nenyee dobreh]
goodbye nashledanou [nus-Hledunoh]
good evening dobrý večer [dobree vetcher]
Good Friday Velký pátek [velkee pahtek]
good morning dobré ráno [dobreh rahno]
good night dobrou noc [dobroh nots]
goose husa [hoosa]
got: we've got to leave at six a.m. musíme odjet v šest ráno [mooseemeh odyet]
have you got any ...? máte...? [mahteh]
government vláda [vlahda]
gradually postupně [postoop-nyeh]
grammar gramatika [grumutika]
gram* gram [grum]
granddaughter vnučka [vnootchka]
grandfather dědeček [dyedetchek]
grandmother babička [bubitchka]
grandson vnuk [vnook]
grapefruit grapefruit
grapefruit juice grapefruitový džus [–tovee joos]
grapes hrozny mpl [hrozni]
grass tráva [trahva]
grateful vděčný [vdyetchnee]
gravy omáčka [omahtchka]
great (excellent) skvělý [skvyelee]
that's great! to je skvělé! [yeh skvyeleh]
a great success velký úspěch [velkee OOspyeH]
Great Britain Velká Británie [velkah britahni-eh]
greedy nenasytný [nenusitnee]
green zelený [zelenee]
green card (car insurance) zelená karta [zelenah kurta]
greengrocer's obchod se zeleninou a ovocem [opHot seh zelenyinoh a ovotsem]
grey šedý [shedee]
grill (noun) gril
grilled grilovaný [grilovanee]
grocer's obchod s potravinami [opHot spotruvinami]
ground země f [zemnyeh]
on the ground na zemi
ground floor přízemí [prJeezemee]
group skupina [skoopina]
guarantee (noun) záruka [zarooka]
is it guaranteed? je to v záruce? [yeh to vzarootseh]

guest host **m/f** [hosst]
guesthouse penzión [penzi-awn]
guide (man/woman) průvodce **m** [prOOvotseh]/průvodkyně **f** [prOOvotki-nyeh]
guidebook průvodce **m**
guided tour turistický zájezd [tooreestitskee zah-yest]
guitar kytara [kitara]
gums (in mouth) dásně **fpl** [dahsnyeh]
gun (pistol) pistole **f** [pistoleh]
(rifle) puška [pooshka]
gypsy (male/female) cikán [tsigahn]/cikánka
gym tělocvična [tyelotsvitchna]

H

hair vlasy **mpl** [vlusi]
hairbrush kartáč na vlasy [kartahtch]
haircut ostříhání [ostrJeehah-nyee]
hairdresser's (men's) holičství [holitch-stvee]
(women's) kadeřnictví [kudairJnits-tvee]
hairdryer vysoušeč vlasů [visohshetch vlusOO], fén
hair gel gel na vlasy [gel na vlusi]
hairgrips sponky **fpl** [sponki]
hair spray lak na vlasy [luk]
half půl [pOOl]
half an hour půl hodiny [ho-dyini]
half a litre půl litru
about half that asi polovina tohoto [usi]
half board polopenze **f** [polopenzeh]
half fare poloviční jízdné **n** [polovitch-nyee yeezdneh]
half price poloviční cena [tsena]
ham šunka [shoonka]
hamburger hamburger
hammer (noun) kladivo [kludivo]
hand ruka [rooka]
handbag kabelka [kubelka]
handbrake ruční brzda [rootch-nyee burzda]
handkerchief kapesník [kupes-nyeek]
handle (on door) klika
(on suitcase etc) rukojeť **f** [rooko-yet[yeh]]
hand luggage příruční zavazadlo [prJeerootch-nyee zuvuzudlo]
hang-gliding závěsné létání [zah-vyesneh lehtah-nyee]
hangover kocovina [kotsovina]
I've got a hangover mám kocovinu [mahm kotsovinoo]
happen stát se
what's happening? co se děje? [tso seh dyay-yeh]
what has happened? co se stalo? [stulo]
happy šťastný [shtyustnee]
I'm not happy about this (said by man/woman) nejsem tím nadšený/nadšená [naysem nutshenee]

harbour přístav [prJeestuf]
hard tvrdý [tvurdee]
(difficult) těžký [tyeshkee]
hard-boiled egg vejce natvrdo **n** [vaytseh nutvurdo]
hard lenses tvrdé kontaktní čočky **fpl** [tvurdeh kontaktnyee chotchki]
hardly těžko [tyeshko]
hardly ever skoro nikdy [nigdi]
hardware shop železářství [JelezarJstvee]
hat klobouk [klobohk]
hate nenávidět [nyenahvi-dyet]
have mít [meet]
can I have a ...? mohu dostat ...? [mohoo dostut]
do you have ...? máte ...? [mahteh]
what'll you have? (drink) co si dáte? [tso si dahteh]
I have to leave now musím už jít [mooseem oosh yeet]
do I have to ...? musím ...?
can we have some ...? můžeme dostat ...? [mOOJemeh dostut]
hayfever senná rýma [sennah reema]
hazelnuts lískové ořechy [leeskoveh orJeHi]
he* on
head hlava [hluva]
headache bolest hlavy **f** [hluvi]
headlights přední světla [prJed-nyee svyetla]
headphones sluchátka [slooHahtka]
health food shop prodejna racionální výživy [prodayna ratsi-onahl-nyee veeJivi]
healthy zdravý [zdruvee]
hear slyšet/uslyšet [ooslishet]
can you hear me? slyšíte mě? [slisheeteh mnyeh]
I can't hear you, could you repeat that? neslyším vás, můžete to opakovat? [neslisheem vahs mOOJeteh to opukovut]
hearing aid naslouchátko [nasloh-Hahtko]
heart srdce **n** [surtseh]
heart attack infarkt [infurkt]
heat horko
heater (in room) přenosná kamínka **npl** [prJenosnah kameenka]
(in car) topení [topenyee]
heating topení
heavy těžký [tyeshkee]
heel (of foot) pata [puta]
(of shoe) podpatek [potputek]
could you heel these? (to man/woman) mohl/mohla byste tam dát podpatky? [mohul/mo-hla bisteh tum daht potpatki]
heelbar rychloopravna [riHlo-opruvna]
height výška [veeshka]
helicopter helikoptéra
hello dobrý den [dobree]
(answer on phone) haló [hullaw]
helmet (for motorcycle) přilba [prJilba], helma
help (noun) pomoc [pomots]
(verb) pomáhat [pomah-hat]

help! pomoc!
can you help me? můžete mi pomoct? [mOOJeteh mi pomotst]
thank you very much for your help děkuji mnohokrát za pomoc [dyekoo-yi mnohokraht]
helpful ochotný [oHotnee]
hepatitis zánět jater [zahnyet yuter]
her*: I haven't seen her (said by man/woman) neviděl/neviděla jsem ji [nevidyel – sem yi]
to her jí [yee]
with her s ní [snyee]
for her pro ni [pronyi]
that's her to je ona [yeh]
that's her towel to je její ručník [yeh-yee]
herbal tea bylinný čaj [bilinnee chī]
herbs byliny **fpl** [bilini]
here zde [zdeh], tady [tudi]
here is/are ... zde je/jsou ... [yeh/soh]
here you are (offering) prosím [proseem]
hers* její [yeh-yee]
that's hers to je její [yeh]
hey! hej! [hay]
hi! (hello) ahoj! [uhoy]
hide schovat [sHovut]
high vysoký [visokee]
highchair vysoká dětská židle **f** [visokah dyetskah Jidleh]
highway dálnice **f** [dahlnitseh]
hill pahorek [puhorek]
him*: I haven't seen him (said by man/woman) neviděl/neviděla jsem ho [nevidyel – sem]
to him jemu [yemoo]
with him s ním [snyeem]
for him pro něho [nyeho]
that's him to je on [yeh]
hip bok
hire (verb) pronajmout si [pronīmoht]
for hire k pronajmutí [pronīmoo-tyee]
where can I hire a bike? kde si mohu pronajmout kolo? [gudeh si mohoo]
his*: it's his car to je jeho auto [yeh yeho]
that's his to je jeho
hit (verb) udeřit [ooderJit]
hitch-hike stopovat [stopovut]
hobby hobby **n**
hockey hokej [hokay]
hold držet [dur-Jet]
hole díra [dyeera]
holiday (work) dovolená [dovolenah]
(school) prázdniny **fpl** [prahz-nyini]
(public) státní svátek [staht-nyee svahtek], den pracovního klidu [prutsov-nyeeho klidoo]
on holiday na prázdninách [prahzd-nyinahH], na dovolené [dovoleneh]
home domov [domof]
at home doma
we go home tomorrow zítra jedeme domů [yedemeh domOO]
honest čestný [chestnee]
honey med [met]
honeymoon líbánky **fpl**

[leebahnki]

hood (US: of car) kapota [kupota]

hope doufat [dohfut]

I hope so doufám, že ano [dohfahm Jeh uno]

I hope not doufám, že ne

horn (of car) klakson [klukson]

horrible strašný [strushnee]

horse kůň [koon^yeh]

horse riding jízda na koni [yeezda na konyi]

hospital nemocnice **f** [nemots-nyitseh]

hospitality pohostinnost **f**

thank you for your hospitality děkuji vám za vaši pohostinnost [dyekoo-yi vahm za vashi]

hot horký [horkee]

(spicy) pálivý [pahlivee]

I'm hot je mi horko [yeh mi]

it's hot today dnes je horko

hotel hotel

hotel room: in my hotel room v mém hotelovém pokoji [poko-yi]

hour hodina [ho-dyina]

house dům [doom]

how jak [yuk]

how many? kolik?

how do you do? těší mě [tyeshee mnyeh]

dialogue

how are you? jak se máte? [yuk seh mahteh]

fine, thanks, and you? děkuji, dobře, a vy? [dyekoo-yi dobrJeh a vi]

how much is it? kolik to stojí? [sto-yee]

200 crowns dvě stě korun [koroon]

I'll take it vezmu si to [vezmoo si to]

humid vlhký [vul-Hkee]

Hungarian (adj) maďarský [mudyurskee]

(language) maďarština [mudyursh-tyina]

Hungary Maďarsko [mudyursko]

hungry hladový [hludovee]

are you hungry? máte hlad? [mahteh hlut]

hurry spěchat [spyeHut]

I'm in a hurry spěchám [spyeHahm]

there's no hurry není žádný spěch [nenyee Jahdnee spyeH]

hurry up! spěchejte! [spyeHayteh]

hurt: it hurts to bolí [bolee]

it really hurts moc to bolí [mots]

he hurt himself zranil se [zrunyil seh]

my leg hurts bolí mě noha [mnyeh]

husband manžel [manJel]

I

I já [yah]
ice led [let]
with ice s ledem
no ice, thanks bez ledu, prosím [bes ledoo]
ice cream zmrzlina [zmurzlina]
ice-cream cone kornout zmrzliny [kornoht zmurzlini]
iced coffee mražená káva [mruJenah kahva]
ice hockey lední hokej [lednyee hokay]
ice lolly nanuk [nunook]
ice rink kluziště [kloozish-tyeh]
ice skates brusle **fpl** [broosleh]
idea myšlenka [mishlenka]
idiot idiot
if jestli [yestli]
ignition zapalování [zupulovah-nyee]
ill nemocný [nehmotsnee]
I feel ill je mi špatně [yeh mi shputnyeh]
illness nemoc **f** [nemots]
imitation (leather etc) imitace [imitutseh]
immediately okamžitě [okumJi-tyeh]
important důležitý [dOOleJitee]
it's very important je to velmi důležité [yeh – dOOleJiteh]
it's not important není to důležité [nenyee]
impossible nemožný [nehmoJnee]
impressive působivý [pOOsobivee]
improve zlepšovat [slepshovut]/ zlepšit
I want to improve my Czech chci si zlepšit češtinu [Hutsi – chesh-tyinoo]
in: it's in the centre je to v centru [yeh]
in my car v mém autě
in Carlsbad v Karlových Varech [kurloveeH vureH]
in two days from now za dva dny
in May v květnu
in English anglicky [unglitski]
in Czech česky [cheski]
is he in? je tady? [yeh tudi]
in five minutes za pět minut
inch* inč [intch]
include zahrnovat [zuhurnovut]/ zahrnout [zuhurnoht]
does that include meals? jsou v tom i jídla? [soh ftom i –yeedla]
is that included? je to v tom zahrnuto? [yeh to ftom zahurnooto]
inconvenient nevhodný [nefhodnee]
incredible neuvěřitelný [neh-oo-vyerJitelnee]
Indian (adj) indický [inditskee]
indicator směrovka [smnyerofka], blinkr [blinkur]
indigestion špatné trávení [shpatneh travenyee]
indoor pool krytý bazén [kritee buzen]
indoors vevnitř [vevnyitrJ]

inexpensive levný [levnee]
see **cheap**
infection infekce **f** [infektseh]
infectious infekční [infektch-nycc]
inflammation zánět [zahnyet]
informal neformální [neformahlnyee]
information informace **f** [informutseh]
do you have any information about ...? máte nějaké informace o ...? [mahteh nyeh-yukeh]
information desk informační kancelář **f** [informutch-nyee kuntselarJ]
injection injekce **f** [inyektseh]
injured zraněný [zrunyenee]
she's been injured je zraněna [yeh zrunyena]
in-laws (husband's) příbuzní manžela [prJeebooznyee manJela]
(wife's) příbuzní manželky [manJelki]
innocent nevinný [nevinee]
insect hmyz [humis]
insect bite štípnutí [shtyeepnoo-tyee]
insect repellent repelent
inside uvnitř [oov-nyitrJ]
inside the hotel v hotelu
let's sit inside sedněme si dovnitř [sednyemeh si dovnyi-turJ]
insist trvat na (+ loc) [turvut]
I insist trvám na tom [turvahm]
insomnia nespavost **f** [nespuvost]
instant coffee instantní káva [instunt-nyee kahva]
instead místo [meesto]
give me that one instead dejte mi místo toho tento [dayteh]
instead of ... místo (+ gen) ...
insulin inzulín [inzooleen]
insurance pojištění [po-yish-tyenyee]
intelligent inteligentní [inteligent-nyee]
interested: I'm interested in ... zajímám se o (+ acc) ... [zuh-yeemahm seh]
interesting zajímavý [zuh-yeemavee]
that's very interesting to je velmi zajímavé [yeh – za-yeemaveh]
international mezinárodní [mezinarod-nyee]
Internet Internet [intehr-net]
interpret tlumočit [tloomotchit]
interpreter tlumočník [tloomotch-nyeek]/tlumočnice **f** [tloomotch-nyitseh]
intersection křižovatka [krJiJovutka]
interval (at theatre) přestávka [prJestahfka]
into do (+ gen)
I'm not into ... nezajímám se moc o (+ acc) ... [neza-yeemahm seh mots]
introduce představit [prJetstuvit]
may I introduce ...? mohu

vám představit ...? [mohoo vahm prJetstuvit]
invitation pozvání [pozvah-nyee]
invite zvát [zvaht]/pozvat [pozvut]
Ireland Irsko
Irish irský [irskee]
I'm Irish (man/woman) jsem Ir/Irka [sem]
iron (for ironing) žehlička [Jeh-hlitchka]
can you iron these for me? můžete mi to vyžehlit? [mOOJeteh – viJeh-hlit]
is* je [yeh]
island ostrov [ostrof]
it to
it is ... to je ... [yeh]
is it ...? je to ...?
where is it? kde je to? [gudeh]
it's him to je on
it was ... to byl ... [bil]
Italian (adj) italský [itahlskee]
Italy Itálie **f** [itahli-eh]
itch: it itches to svědí [svyedyee]

J

jack (for car) zvedák [zvedahk]
jacket sako [suko]
jar sklenice **f** [sklenyitseh]
jam džem [jem]
jammed: it's jammed zaseklo se to [zuseklo seh]
January leden
jaw čelist **f** [chelist]
jazz džez [jez]
jealous žárlivý [Jarlivee]
jeans džínsy **mpl** [jeensi]
jersey žerzej [Jerzay]
jetty molo
Jewish židovský [Jidofskee]
jeweller's klenotnictví [klenot-nyitstvee]
jewellery klenoty **mpl** [klenoti]
job zaměstnání [zumnyestnah-nyee], práce [prahtseh]
jogging kondiční běh [konditch-nyee byeH], jogging
to go jogging kondičně běhat [konditch-nyeh byeHut]
joke (noun) žert [Jert]
journey cesta [tsesta]
have a good journey! šťastnou cestu! [shtyustnoh tsestoo]
jug džbán [jubahn]
a jug of water džbán vody
juice šťáva [shtyahva]
July červenec [chervenets]
jump skákat [skahkut]/skočit [skotchit]
jumper svetr [svetur]
junction souběh cest **f** [sohbyeH tsest]
June červen [cherven]
just (only) jen, jenom [yen]
just two jen dva
just for me jen pro mě [mnyeh]
just here právě tady [prahvyeh tudi]
not just now ne, teď ne [neh tet[yeh]]
we've just arrived právě jsme přijeli [smeh prJi-yeli]

K

Karlsbad Karlovy Vary [kurlovi vuri]
keep nechat si [neHut]
keep the change drobné si nechte [drobneh si neHuteh]
can I keep it? mohu si to nechat? [mohoo]
please keep it nechte si to, prosím
ketchup kečup [ketchoop]
kettle konvice **f** [konvitseh]
key klíč [kleetch]
the key for room 201, please klíč od pokoje dvě stě jedna, prosím [otpoko-yeh]
key ring kroužek na klíče [krohJek na kleetcheh]
kidneys (in body) ledviny **fpl** [ledvini]
(food) ledvinky **fpl**
kill zabít [zubeet]
kilo* kilo
kilometre* kilometr
how many kilometres is it to ...? kolik je kilometrů do ...? [yeh kilometrOO]
kind (generous) laskavý [luskavee]
that's very kind to je velmi laskavé [yeh – luskaveh]

dialogue

which kind do you want? jaký typ chcete? [yukee tip Hutseteh]
I want this/that kind chci tento/tamten typ [Hutsi – tumten]

king král [krahl]
kiosk kiosek
kiss (noun) polibek
(verb) líbat [leebut]/políbit
kitchen kuchyně **f** [kooHinyeh]
kitchenette kuchyňský kout [kooHin^yeh^skee koht]
Kleenex® papírové kapesníky [pupeeroveh kupes-nyeeki]
knee koleno
knickers kalhotky **fpl** [kulhotki]
knife nůž [nOOsh]
knitwear pletené oděvy **mpl** [pleteneh odyevi]
knock klepat [kleput]
knock down srazit [sruzit]
he's been knocked down srazili ho
knock over (object) převrhnout [prJeh-vur-hunoht]
(pedestrian) porazit [poruzit]
know (somebody, a place) znát [znaht]
(something) vědět [vyedyet]
I don't know nevím [neveem]
I didn't know that (said by man/woman) nevěděl/nevěděla jsem to [nevyedyel – sem]
do you know where I can find ...? nevíte, kde najdu (+ gen) ...? [neveeteh gudeh nīdoo]

L

label nálepka [nah–]
ladies' (toilets) dámy [dahmi], ženy [Jeni]
ladies' wear dámské oblečení [dahmskeh obletchenyee]
lady dáma [dahma]
lager ležák [leJahk]
lake jezero [yezero]
lamb (meat) jehněčí **n** [yehnyetchee]
lamp lampa [lumpa]
lane (on motorway) jízdní pruh [yeezdnyee prooH]
(small road) cesta [tsesta]
language jazyk [yuzik]
language course jazykový kurz [yuzikovee koors]
large velký [velkee]
last poslední [poslednyee]
(previous) minulý [minoolee]
last week minulý týden
last Friday minulý pátek
last night minulou noc [minooloh nots]
what time is the last train to Pardubice? kdy jede poslední vlak do Pardubic? [gudi yedeh – purdoobits]
late pozdě [pozdyeh]
sorry I'm late omlouvám se, že jdu pozdě [omlohvahm seh Jeh doo]
the train was late vlak měl zpoždění [mnyel spoJ-dyenyee]
we must go – we'll be late musíme jít – přijdeme pozdě [mooseemeh yeet – prJeedemeh]
it's getting late začíná být pozdě [zatcheenah beet]
later později [pozdyay-yi]
I'll come back later vrátím se později [vrahtyeem seh]
see you later nashledanou [nus-Hledunoh]
later on později
latest nejpozději [naypozdyay-yi]
by Wednesday at the latest nejpozději ve středu
laugh smát se [smaht seh]
launderette veřejná prádelna [verJaynah prahdelna]
laundromat veřejná prádelna
laundry (clothes) prádlo [prahdlo]
(place) prádelna
lavatory záchod [zah-Hot]
law zákon [zahkon]
lawn záhon
lawyer (man/woman) právník [prahv-nyeek]/právnička [prahv-nyitchka]
laxative projímadlo [pro-yeemudlo]
lazy líný [leenee]
lead (electrical) elektrická šňůra [elektritskah shnyOOra]
(verb) vést
where does this lead to? kam to vede? [kum to vedeh]
leaf list
leaflet leták [letahk]
leak (of gas) únik [oonyik]
(verb) unikat [oonyikut]
(liquid) téct [tetst]
the roof leaks střechou zatéká [strJeHoh zutekah]

learn učit se [ootchit seh]
least: not in the least ani v nejmenším [anyi vnaymensheem]
at least přincjmenším [prJi-naymensheem]
leather kůže f [kOOJeh]
leave odjet [odyet]
(leave behind) nechat [neHut]
I am leaving tomorrow odjíždím zítra [odyeeJ-dyeem]
he left yesterday odjel včera [odyel]
may I leave this here? mohu to tady nechat? [mohoo to tudi neHut]
I left my coat in the bar nechal jsem kabát v baru [neHul sem]
when does the bus for Tábor leave? kdy odjíždí autobus do Tábora? [gudi otyeeJ-dyee]
leeks pórek [pawrek]
left levý [levee]
on the left nalevo [nulevo]
to the left doleva
turn left zatočte doleva [zutotchteh]
there's none left žádný nezbyl [Jahdnee nezbil]
left-handed levák [levahk]
left luggage (office) úschovna zavazadel [oosHovna zuvuzudel]
leg noha
lemon citrón [tsitrawn]
lemonade limonáda [limonahda]
lemon tea čaj s citrónem [chī s tsitrawnem]
lend půjčovat [pOO-itchovut]/ půjčit [pOO-itchit]
will you lend me your ...? půjčíte mi váš ...? [pOO-itcheeteh mi vahsh]
lens (of camera) objektiv [ob-yektif]
lesbian lesbičanka [lesbitchunka]
less méně [menyeh]
less than méně než [nesh]
less expensive méně drahý [drahee]
lesson lekce f [lektseh]
let: will you let me know? dáte mi vědět? [dahteh mi vyedyet]
I'll let you know dám vám vědět [dahm]
let's go for something to eat pojďme něco sníst [poy-dyemeh nyetso snyeest]
flats to let byty k pronajmutí [biti kupronīmoo-tyee]
let off nechat vystoupit [neHut vistohpit]
will you let me off at ...? necháte mě vystoupit v (+ loc) ...? [neHahteh mnyeh]
letter dopis
do you have any letters for me? máte pro mě nějakou poštu? [mahteh pro mnyeh nyeh-yukoh poshtoo]
letterbox poštovní schránka [poshtov-nyee suHrahnka]
lettuce salát [salaht]
lever (noun) páka [pahka]
library knihovna [kunihovna]
licence povolení [povolenyee]

lid víko, poklička [poklitchka]
lie (tell untruth) lhát [luhaht]
lie down lehnout si [lenoht]
life život [Jivot]
lifebelt záchranný pás [zaHrunee pahs]
life jacket záchranná vesta
lift (in building) výtah [veetuH]
could you give me a lift? můžete mě svézt? [mOOJeteh mnyeh svest]
would you like a lift? chcete svézt? [Hutseteh]
lift pass permanentka na vlek [permunentka]
a daily/weekly lift pass denní/týdenní permanentka na vlek [denyee/teedenyee]
light (noun) světlo [svyetlo]
(not heavy) lehký [leHkee]
do you have a light? máte oheň? [mahteh oHen^yeh]
light green světle zelená [svyetleh]
light bulb žárovka [Jarofka]
I need a new light bulb potřebuji novou žárovku [potrJeboo-yi novoh Jarofkoo]
lighter (cigarette) zapalovač [zupulovutch]
lightning blesk
like mít rád [meet raht], líbit se [leebit seh]
I like it líbí se mi to
I like going for walks (said by man/woman) rád/ráda se procházím [raht/rahda proHahzeem]
I like you líbíte se mi [leebeeteh seh mi]
(stronger affection) mám tě rád/ráda [mahm tyeh]
I don't like it nelíbí se mi to [neleebee]
do you like ...? líbi se vám ...? [vahm]
I'd like to go swimming (said by man/woman) šel/šla bych plavat [shel/shla biH pluvut]
would you like a drink? dáte si něco na pití? [dahteh si nyetso na pityee]
would you like to go for a walk? (to man/woman) šel/šla byste na procházku? [shel/shla bisteh]
what's it like? jaké to je? [yukeh to yeh]
I want one like this chci to samé [Hutsi to sumeh]
lime (drink) citronáda [tsitronahda]
line linka
could you give me an outside line? dejte mi linku ven, prosím [dayteh mi linkoo]
lips rty [ruti]
lip salve jelení lůj [yelenyee lOO-i]
lipstick rtěnka [rutyenka]
liqueur likér
listen poslouchat [poslohHut]
litre* litr
a litre of white wine litr bílého vína
little (adj) malý [mulee]
just a little, thanks jenom trochu, děkuji [yenom troHoo

dyekoo-yi]
a little milk trochu mléka
a little bit more trochu více [veetseh]
live žít [Jeet]
we live together žijeme spolu [Ji-yemeh spoloo]

dialogue

where do you live? kde bydlíte? [gudeh bidleeteh]
I live in London bydlím v Londýně [bidleem vlondeenyeh]

lively živý [Jivee]
liver játra **npl** [yahtra]
loaf bochník chleba [boH-nyeek Hleba]
lobby (in hotel) hala [hula]
lobster humr [hoomur]
local místní [meestnyee]
can you recommend a local wine/restaurant? můžete nám doporučit místní víno/restauraci? [mooJeteh nahm doporoochit]
lock (noun) zámek [zahmek]
(verb) zamknout [zumknoht]
it's locked je zamčeno [yeh zumtcheno]
lock in zamknout
lock out zabouchnout si dveře [zubohHunoht si dverJeh]
I've locked myself out (said by man/woman) zabouchl/zabouchla jsem si dveře [zubohHul/zubohHla sem]
locker (for luggage etc) skříňka na zavazadla [skrJeen^{yeh}ka na zuvuzudla]
lollipop lízátko [leezahtko]
London Londýn [londeen]
long dlouhý [dloh-hee]
how long will it take to fix it? jak dlouho se to bude spravovat? [yuk dloh-ho seh to boodeh spruvovut]
how long does it take? jak dlouho to trvá? [turvah]
a long time dlouho
one day/two days longer o den/dva dny déle [deleh]
long-distance call meziměsto [mezimnyesto]
loo záchod [zahHot]
look dívat se [dyeevut seh]/podívat se
I'm just looking, thanks jen se dívám, děkuji [yen seh dyeevahm dyekoo-yi]
you don't look well nevypadáte dobře [nevipudahteh dobrJeh]
look out! pozor!
can I have a look? mohu se podívat? [mohoo seh po-dyeevut]
look after starat se [sturut seh]/postarat se o (+ acc)
look at dívat se [dyeevut seh]/podívat se na (+ acc)
look for hledat [hledut]
I'm looking for ... hledám ... [hledahm]
look forward to těšit se na (+ acc) [tyeshit seh]

I'm looking forward to it těším se na to [tyesheem]
loose (handle etc) utržený [ootr-Jenee]
lorry nákladní auto [nahklud-nyee owto]
lose ztrácet [strahtset]/ztratit [strutyit]
I'm lost, I want to get to ... (said by man/woman) zabloudil/zabloudila jsem, chci se dostat do ... [zublohdyil – sem Hutsi seh dostut]
I've lost my bag (said by man/woman) ztratil/ztratila jsem tašku [strutyil – tushkoo]
lost property (office) ztráty a nálezy [strahti ah nahlezi]
lot: a lot, lots spousta (+ gen) [spohsta]
a lot of people spousta lidí
not a lot moc ne [mots neh]
a lot bigger o moc větší [omots vyetshee]
I like it a lot moc se mi to líbí [seh – leebee]
lotion plet'ová voda [pletyovah]
loud hlasitý [hlusitee]
lounge hala [hula]
love milovat [milovut]
I love Prague miluji Prahu [miloo-yi pruhoo]
lovely rozkošný [roskoshnee]
low nízký [nyeeskee]
luck štěstí [shtyes-tyee]
good luck! mnoho štěstí!
luggage zavazadla npl [zuvuzudla]
luggage trolley vozík na zavazadla [vozeek]
lump (on body) boule **f** [bohleh]
lunch oběd [obyet]
lungs plíce **fpl** [pleetseh]
luxurious luxusní [looksoos-nyee]
luxury luxus

M

machine stroj [stroy]
mad (insane) bláznivý [blahz-nyivee]
(angry) rozčilený [roztchilenee]
magazine časopis [chusopis]
maid (in hotel) pokojská [pokoyskah]
maiden name dívčí jméno [dyeeftchee yumeno]
mail (noun) pošta [poshta]
(verb) poslat poštou **f** [poslut poshtoh]
see **post**
is there any mail for me? mám tady nějakou poštu? [mahm tudi nyeyukoh poshtoo]
mailbox poštovní schránka [poshtov-nyee sHrahnka]
main hlavní [hluv-nyee]
main course hlavní chod [Hot]
main post office hlavní pošta [poshta]
main road (in town) hlavní třída [trJeeda]
(in country) hlavní silnice [sil-nyitseh]
mains switch hlavní vypínač [vipeenutch]

make (brand name) značka [znutchka]
(verb) dělat [dyelut]/udělat [oodyelut]
I make it 500 crowns dělá to pět set korun [dyelah – koroon]
what is it made of? z čeho to je vyrobeno? [cheho to yeh virobeno]
make-up make-up
man člověk [chlo-vyek]
manager manažer [manaJer], vedoucí **m** [vedohtsee]
can I see the manager? mohu mluvit s vedoucím? [mohoo mloovit svedohtseem]
manageress manažerka, vedoucí **f**
manual (car with manual gears) ruční řazení [rootch-nyee rJuzenyee]
many mnoho
not many moc ne [mots neh]
map mapa [mupa]
March březen [brJezen]
margarine margarín [margareen]
Marienbad Mariánské Lázně **fpl** [mariahnskeh lahznyeh]
market (noun) trh [turH]
marmalade marmeláda
married: I'm married (said by man/woman) jsem ženatý/vdaná [sem Jenutee/vdunah]
are you married? (to man/woman) jste ženatý/jste vdaná? [steh]
mascara maskara [muskura]
match (football etc) zápas [zahpus]
matches zápalky **fpl** [zahpalki]
material (fabric) látka [lahtka]
matter: it doesn't matter na tom nezáleží [nezahleJee]
what's the matter? co se děje? [tso seh dyay-eh]
mattress matrace **f** [mutrutseh]
May květen [kvyeten]
may: may I have another one? mohu dostat další? [mohoo dostut dulshee]
may I come in? mohu vejít? [veh-yeet]
may I see it? mohu to vidět? [vidyet]
may I sit here? mohu se tady posadit? [seh tudi posudyit]
maybe možná [moJnah]
mayonnaise majonéza [mī-oneza]
me*: that's for me to je pro mě [yeh pro mnyeh]
send it to me pošlete mně to [poshleteh]
me too já také [yah tukeh]
meal jídlo [yeedlo]

dialogue

did you enjoy your meal? chutnalo vám? [Hootnulo vahm]
it was excellent, thank you bylo to výborné, děkuji [bilo to veeborneh dyekoo-yi]

mean myslet [mislet], znamenat [znamenut]
what do you mean? co tím myslíte? [tso tyeem misleeteh]

what does it mean? co to znamená? [znumenah]

dialogue

what does this word mean? co znamená to slovo?
it means ... in English v angličtině to je ... [vunglitch-tyinyeh to yeh]

measles spalničky **fpl** [spal-nyitchki]
meat maso [muso]
I don't eat meat nejím maso [nay-yeem]
mechanic mechanik [meHanik]
medicine lék
medium (adj: size, steak) střední [strJed-nyee]
medium-dry: a medium-dry wine středně suché víno [strJed-nyeh sooHeh veeno]
medium-rare středně propečený [propetchenee]
medium-sized středně velký [velkee]
meet potkat [potkut]
nice to meet you těší mě [tyeshee mnyeh]
where shall I meet you? kde se setkáme? [gudeh seh setkahmeh]
meeting schůze **f** [sHoozeh]
meeting place místo schůzky [meesto sHOOski]
melon meloun [melohn]
men muži **mpl** [mooJi]
mend opravovat [opruvovut]/ opravit [opruvit]
could you mend this for me? (to man/woman) mohl/mohla byste mi to opravit? [mohul/ mo-hla bisteh]
menswear pánské oblečení [pahnskeh obletchenyee]
mention zmínit se [zmeenyit seh]
don't mention it it není zač [nenyee zutch]
menu jídelní lístek [yeedelnyee leestek]
may I see the menu, please? mohu dostat jídelní lístek, prosím? [mohoo dostut]
see **Menu Reader** page 196
message vzkaz [fskus]
are there any messages for me? mám tady nějaké vzkazy? [mahm tudi nyeyukeh fskuzi]
I want to leave a message for ... chci nechat vzkaz pro (+ acc) ... [Hutsi neHut]
metal (noun) kov [kof]
metre* metr
microwave (oven) mikrovlnná trouba [mikrovulnah trohba]
midday poledne **n** [poledneh]
at midday v poledne
middle: in the middle uprostřed [ooprostrJet]
in the middle of the night uprostřed noci
the middle one ten prostřední [prostrJed-nyee]
midnight půlnoc **f** [pOOlnots]
at midnight o půlnoci

might: I might asi ano [usi uno]
I might not asi ne [neh]
I might want to stay another day možná bych zůstal další den [moJnah biH zOOstal dulshee]
migraine migréna
mild (taste) jemný [yemnee]
(weather) mírný [meernee]
mile* míle **f** [meeleh]
milk mléko
milkshake mléčný koktejl [mletchnee koktayl]
millimetre* milimetr
minced meat sekaná [sekunah]
mind: never mind to nevadí [to nevudyee]
I've changed my mind (said by man/woman) rozmyslel/rozmysela jsem si to [rozmislel – sem]

dialogue

do you mind if I open the window? bude vám vadit, když otevřu okno? [boodeh vahm vudyit gudiJ otevrJoo]
no, I don't mind ne, nebude [neh]

mine*: it's mine to je moje [yeh mo-yeh]
mineral water minerálka [minerahlka]
mint-flavoured s příchutí máty [sprJeeHootyee mahti]
minute minuta [minoota]
in a minute za chvíli [Hveeli]
just a minute okamžik, prosím [okumJik]
mirror zrcadlo [zurtsudlo]
Miss slečna [sletchna]
(speaking to someone) slečno
miss: I missed the bus (said by man/woman) zmeškal/zmeškala jsem autobus [sem]
missing chybí [Hibee]
there's a suitcase missing chybí kufr
mist mlha [mulha]
mistake (noun) chyba [Hiba]
I think there's a mistake myslím, že je tu nějaká chyba [misleem Jeh yeh too nyeh-yukah]
sorry, I've made a mistake (said by man/woman) omlouvám se, udělal/udělala jsem chybu [omlohvahm seh oodyelul – sem Hiboo]
misunderstanding nedorozumění [nedorozoo-mnyenyee]
mix-up: sorry, there's been a mix-up promiňte, je to nějaký zmatek [prominyehteh yeh to nyeh-yukee zmutek]
modern moderní [modernyee]
modern art gallery galerie moderního umění **f** [guleri-eh modernyeeho oo-mnyenyee]
moisturizer zvlhčovač pleti [zvul-hutchovutch pletyi]
Moldau Vltava [vultuva]
moment: I won't be a moment hned to bude [hnet to boodeh]
Monday pondělí [pondyelee]
money peníze **mpl** [penyeezeh]

month měsíc [mnyeseets]
monument památník [pumaht-nyeek]
moon měsíc [mnyeseets]
moped moped
Moravia Morava [moruva]
Moravian (adj) moravský [morufskee]
Moravian (man) Moravan [moruvun]
Moravian (woman) Moravanka
more* více [veetseh]
can I have some more water, please? mohu dostat více vody, prosím? [mohoo dostut]
more expensive/interesting dražší/zajímavější [drushee za-yeemuh-vyayshee]
more than 50 více než padesát [nesh]
more than that více než to
a lot more mnohem více

dialogue

would you like some more? chcete ještě? [Hutseteh yeshtyeh]
no, no more for me, thanks ne, já už nechci, díky [neh yah oosh neHutsi dyeeki]
how about you? a vy? [vi]
I don't want any more, thanks už ne, děkuji [dyekoo-yi]

morning ráno [rahno]
this morning dnes ráno
in the morning ráno

mosquito komár
mosquito repellent repelent proti hmyzu [protyi humizoo]
most: I like this one most of all ten se mi líbí nejvíce [seh mi leebee nayveetseh]
most of the time většinu času [vyetshinoo chusoo]
most tourists většina turistů
mostly většinou [vyetshinoh]
mother matka [mutka]
motorbike motocykl [mototsikul]
motorboat motorový člun [motorovee chlun]
motorway dálnice f [dahlnitseh]
mountain hora
in the mountains v horách [fhorahH]
mountaineering horolezectví [horolezetstvee]
mountain hut horská chata [horskah Huta]
mouse myš f [mish]
moustache knír [kunyeer]
mouth ústa n [OOsta]
mouth ulcer afta [ufta]
move: he's moved to another room přestěhoval se do jiného pokoje [prJes-tyehoval seh do yineho poko-yeh]
could you move your car? (to man/woman) mohl/mohla byste popojet autem? [mohul/mo-hla bisteh popo-yet]
could you move up a little? (to man/woman) mohl/mohla byste se trochu posunout? [seh troHoo]

where has it moved to? kam se to přesunulo? [kum seh to prJesoonoolo]
movie film
movie theater kino
Mr pan [pun]
(speaking to someone) pane [puneh]
Mrs paní [punyee]
Ms slečna [sletchna]
(speaking to someone) slečno
much mnoho
much better/worse mnohem lépe/hůře
much hotter mnohem tepleji
not much moc ne [mots neh]
not very much ne příliš [prJeelish]
I don't want very much nechci moc [neHutsi]
mud bláto [blahto]
mug (for drinking) hrnek [hurnek]
I've been mugged přepadli mě [prJepudli mnyeh]
mum maminka [muminka]
mumps příušnice [prJee-oosh-nyitseh]
museum muzeum **n** [moozeh-oom]
mushrooms houby **fpl** [hohbi]
music hudba [hoodba]
music festival hudební festival [hoodeb-nyee festivul]
musician (man/woman) hudebník **m** [hoodeb-nyeek]/ hudebnice **f** [hoodebnyitseh]
Muslim (adj) muslimský [mooslimskee]
mussels mušle **fpl** [mooshleh]
must: I must já musím [yah mooseem]
I mustn't drink alcohol nesmím pít alkohol [nesmeem peet]
mustard hořčice **f** [horJtchitseh]
my* můj [mOO-i], moje [mo-yeh]
myself: I'll do it myself (said by man/woman) udělám to sám/ sama [oodyelahm to sahm/suma]
by myself sám/sama

N

nail (finger) nehet
(metal) hřebík [hrJebeek]
nailbrush kartáč na ruce [kartahtch na rootseh]
nail varnish lak na nehty [luk na neHti]
name jméno [yumeno]
my name's ... jmenuji se ... [yumenoo-yi seh]
what's your name? jak se jmenujete? [yuk seh yumenoo-yeteh]
what is the name of this street? jak se jmenuje tato ulice? [yumenoo-yeh tuto]
napkin ubrousek [oobrohsek]
nappy plenka
narrow (street) úzký [OOskee]
nasty (person) zlý [zlee]
(weather, accident) ošklivý [oshklivee]
national národní [narod-nyee]
nationality národnost **f**
natural (behaviour etc) přirozený

[prJirozenee]
(of nature) přírodní [prJeerod-nyee]
nausea žaludeční nevolnost **f** [Juloodetch-nyee]
navy (blue) námořnická modř **f** [nahmorJ-nyitskah modurJ]
near blízko [bleesko]
is it near the city centre? je to blízko centra? [yeh]
do you go near Wenceslas Square? jedete blízko k Václavskému náměstí? [yedeteh – vahtsluvskemoo nahmnyestyee]
where is the nearest ...? kde je nejbližší ...? [gudeh yeh nayblishee]
nearby sousední [sohsed-nyee]
nearly téměř [temnyerJ]
necessary nezbytný [nezbitnee]
neck krk [kurk]
necklace náhrdelník [nah-hrudel-nyeek]
necktie vázanka [vahzunka], kravata [kruvuta]
need: I need ... potřebuji ... [potrJeboo-yi]
do I need to pay? musím platit? [mooseem plutyit]
needle jehla [yehla]
negative (film) negativ [negutif]
neither: neither (one) of them žádný z nich [Jahdnee z nyiH]
neither ... nor ... ani ... ani ... [unyi]
nephew synovec [sinovets]
net (in sport) síť **f** [seet^yeh]
Netherlands Nizozemí [nizozemee]
network síť [seet^yeh]
never nikdy [nyigdi]

dialogue

have you ever been to Prague? (to man/woman) byl/byla jste už někdy v Praze? [bil/bila steh oosh nyegdi fpruzeh]
no, never, I've never been there (said by man/woman) ne, nikdy jsem tam nebyl/nebyla [neh – sem tum]

new nový [novee]
(brand-new) úplně nový [OOpulnyeh]
news (radio, TV etc) zprávy **fpl** [sprahvi]
newsagent's noviny-časopisy **mpl** [novini-chusopisi]
newspaper noviny **fpl**
newspaper kiosk novinový stánek [novinovee stahnek]
New Year Nový rok [novee]
happy New Year! šťastný Nový rok! [shtyustnee]
New Year's Eve Silvestr
New Zealand Nový Zéland [novee]
New Zealander: I'm a New Zealander (man/woman) jsem Novozéland'an/Novozéland'anka [sem novozelun-dyun]
next příští [prJeesh-tyee]

the next turning/street on the left příští zatáčka/ulice doleva
at the next stop na příští zastávce
next week příští týden
next to vedle (+ gen) [vedleh]
nice (food) dobrý [dobree]
(looks, view etc) pěkný [pyeknee]
(person) milý [milee]
niece neteř **f** [neterJ]
night noc **f** [nots]
at night v noci
good night dobrou noc [dobroh]

dialogue

do you have a single room for one night? máte jednolůžkový pokoj na jednu noc? [mahteh yednolOOshkovee pokoy na yednoo]
yes, madam ano, paní [punyee]
how much is it per night? kolik to stojí na noc? [sto-yee]
it's 600 crowns for one night je to šest set korun na noc [yehto – koroon]
thank you, I'll take it děkuji, vezmu si to [dyekoo-yi vezmoo]

nightclub noční klub [notch-nyee kloop]
nightdress noční košile **f** [koshileh]
night porter noční vrátný [vrahtnee]
no ne [neh]
I've no change nemám drobné [nemahm drobneh]
there's no ... left už žádný/žádná není ... [oosh Jahdnee/Jahdnah nenyee]
no way! v žádném případě! [vJahdnem prJeepudyeh]
oh no! (upset) ach ne! [aH neh]
nobody nikdo [nyigdo]
there's nobody there nikdo tam není [tum nenyee]
noise hluk [hlook]
noisy: it's too noisy je to moc hlučné [yeh to mots hlootchneh]
non-alcoholic nealkoholický [neh-ulkoholitskee]
none žádný [Jahdnee]
nonsmoking compartment nekuřácké kupé [nekoorJahtskeh koopeh]
noon poledne **n** [poledneh]
no-one nikdo [nyigdo]
nor: nor do I ani já ne [unyi yah neh]
normal normální [normahlnyee]
north sever
in the north na severu [severoo]
north of Prague na sever od Prahy [ot pruhi]
northeast severovýchod [–veeHot]
northern severní [severnyee]
northwest severozápad [–zahput]

Northern Ireland Severní Irsko
Norway Norsko
Norwegian norský [norskee]
nose nos
nosebleed krvácení z nosu [krvahtsenyee znosoo]
not* ne [neh]
no, I'm not hungry ne, nemám hlad [nemahm hlut]
I don't want any, thank you nechci nic, děkuji [neHutsi nyits dyekoo-yi]
it's not necessary to není nutné [nenyee nutneh]
I didn't know that (said by man/woman) to jsem nevěděl/nevyěděla [sem nevyedyel]
not that one – this one to ne – toto
note (banknote) bankovka [bunkofka]
notebook zápisník [zahpis-nyeek]
notepaper (for letters) dopisní papír [dopisnyee pupeer]
nothing nic [nyits]
nothing for me, thanks pro mě nic, děkuji [mnyeh – dyekoo-yi]
nothing else nic jiného [yineho]
novel román [romahn]
November listopad [listoput]
now nyní [ninyee]
number číslo [cheeslo]
I've got the wrong number mám špatné číslo [mahm shputneh]
what is your phone number? jaké máte číslo? [yukeh mahteh]
number plate státní poznávací značka [stahtnyee poznahvutsee znutchka]
nurse (man/woman) ošetřovatel [oshetrJovatel]/zdravotní sestra [zdruvot-nyee]
nursery slope cvičná louka [tsvitchnah lohka]
nut (for bolt) matice **f** [matyitseh]
nuts (food) ořechy **mpl** [orJeHi]

o'clock*: **5 o'clock** pět hodin [ho-dyin]
occupied (toilet) obsazeno [opsazeno]
October říjen [rJee-yen]
odd (strange) divný [dyivnee]
of* z (+ gen)
off (lights) zhasnuto [zhusnooto]
it's just off Malostranské Square je to hned vedle Malostranského náměstí [yeh to hnet vedleh]
we're off tomorrow zítra jedeme pryč [zeetra yedemeh pritch]
offensive urážlivý [oorahJlivee]
office (place of work) kancelář **f** [kuntselarJ]
officer (said to policeman) pane [puneh]
often často [chusto]
not often často ne [neh]
how often are the buses? jak často jezdí autobusy? [yuk – yezdyee]

oil (for car, for salad) olej [olay]
ointment mast **f** [must]
OK dobře [dobrJeh]
are you OK? jsi v pořádku? [si fporJahtkoo]
is that OK with you? souhlasíš s tím? [sohluseesh styeem]
is it OK to ...? může se ...? [mOOJeh seh]
that's OK thanks (it doesn't matter) to je dobré, díky [yeh dobreh dyeeki]
I'm OK (nothing for me) pro mě nic [mnyeh nyits]
(I feel OK) cítím se dobře [tsee-tyeem seh dobrJeh]
is this train OK for ...? jede tento vlak do ...? [yedeh]
I said I'm sorry, OK? (said by man/woman) už jsem se omluvil/omluvila, ne? [oosh sem seh omloovil – neh]
old starý [sturee]

dialogue

how old are you? kolik vám je roků? [vahm yeh rokOO]
I'm twenty-five je mi dvacet pět [yeh]
and you? a vám?

old-fashioned staromódní [sturomawd-nyee]
old town (old part of town) stará část města [sturah chahst mnyesta]
in the old town ve staré části města [veh stureh]
olive oil olivový olej [olivovee olay]
olives olivy **fpl** [olivi]
omelette omeleta
on na (+ loc)
(lights) rozsvíceno [rosveetseno]
on the street na ulici
is it on this road? je to na této cestě? [yeh – tses-tyeh]
on the plane v letadle
on Saturday v sobotu
on television v televizi
I haven't got it on me nemám to u sebe [nemahm to oo sebeh]
this one's on me (drink) to platím já [plutyeem yah]
the light wasn't on nebylo rozsvíceno [nebilo]
what's on tonight? co dávají dnes večer? [tso dahvī-yee dnes vetcher]
once (one time) jednou [yednoh]
at once (immediately) okamžitě [okumJi-tyeh]
one* jeden [yeden], jedna, jedno
the white one ten bílý [beelee]
one-way ticket: a one-way ticket to ... jednou do (+ gen) ... [yednoh]
onion cibule **f** [tsibooleh]
only jenom [yenom]
only one jenom jeden [yeden]
it's only 6 o'clock je teprve šest hodin [yeh tepurveh]
I've only just got here (said by man/woman) teprve jsem přijel/přijela [sem prJi-yel]

on/off switch vypínač [vipeenutch]
open (adj) otevřený [otevrJenee]
(verb: door) otevřít [otevrJeet]
when do you open? kdy máte otevřeno? [gudi mahteh otevrJeno]
I can't get it open nemohu to otevřít [nemohoo]
in the open air venku [venkoo]
opening times otvírací doba [otveerutsee]
open ticket (plane) otevřená letenka [otevrJenah]
opera opera
operation (medical) operace **f** [operutseh]
operator (telephone: man/woman) spojovatel [spo-yovutel]/ spojovatelka
opposite proti (+ dat) [protyi]
the bar opposite bar naproti
opposite my hotel proti mému hotelu
optician optik
or nebo
orange (fruit) pomeranč [pomeruntch]
(colour) oranžový [orunJovee]
orange juice pomerančová šťáva [pomeruntchovah shtyahva]
orchestra orchestr [orHestur]
order: can we order now? můžeme si objednat? [mOOJemeh si ob-yednut]
I've already ordered, thanks (said by man/woman) už jsem si objednal/objednala, díky [oosh sem si ob-yednul – dyeeki]
I didn't order this (said by man/woman) toto jsem si neobjednal/neobjednala [sem si]
out of order mimo provoz [provos]
ordinary obyčejný [obitchaynee]
other jiný [yinee]
the other one ten druhý [droohee]
the other day nedávno [nedahvno]
I'm waiting for the others čekám na ostatní [chekahm na ostut-nyee]
do you have any others? máte nějaké jiné? [mahteh nyeh-yukeh yineh]
otherwise jinak [yinuk]
our* náš [nahsh], naše [nusheh]
ours* náš, naše
out: she's out šla ven [shla]
three kilometres out of town tři kilometry od města [ot mnyesta]
outdoors venku [venkoo]
outside: can we sit outside? můžeme sedět venku? [mOOJemeh sedyet]
outside the church před kotelem [prJet]
oven kamna **n** [kumna]
over: over here tady [tudi]
over there tamhle [tum-hleh]
over 500 nad pět set
it's over skončilo to [skontchilo]
overcharge: you've overcharged me (to man/

woman) účtoval/účtovala jste mi moc vysokou cenu [ootchtovul – steh mi mots visokoh tsenoo]
overcoat kabát [kubaht]
overlook: I'd like a room overlooking the courtyard (said by man/woman) chtěl/chtěla bych pokoj s okny do dvora [Hutyel – biH pokoy sokni]
overnight (travel) přes noc [prJes nots]
overtake předjet [prJedyet]
owe: how much do I owe you? kolik vám dlužím? [vahm dlooJeem]
own: my own ... můj vlastní ... [moo-i vlustnyee]
are you on your own? (to man/woman) jste sám/sama? [steh sahm/suma]
I'm on my own (said by man/woman) jsem sám/sama [sem]
owner (man/woman) majitel [mī-yitel]/majitelka

P

pack (verb: suitcase) balit [bulit]
package (small parcel) balík [buleek]
package holiday turistický zájezd [tooristitskee zah-yest]
packed lunch balíček s obědem [buleetchek sob-yedem]
packet: a packet of cigarettes krabička cigaret [krubitchka tsigaret]
padlock (noun) visací zámek [visutsee zahmek]
page (of book) strana [struna]
could you page Mr ...? můžete předat zprávu na kapesní přijímač na jméno ...? [mooJeteh prJedut sprahvoo na kupesnyee prJeemutch na yumeno]
pain bolest **f**
I have a pain here bolí mě tady [bolee mnyeh tudi]
painful bolestivý [bolestyivee]
painkillers lék proti bolesti [protyi bolestyi]
paint (noun) barva [burva]
painting obraz [obrus]
pair: a pair of ... pár (+ gen) ...
Pakistani (adj) pakistánský [pukistahnskee]
palace palác [palahts]
pale bledý [bledee]
pale blue bledě modrý [bledyeh]
pan pánev **f** [pahnef]
panties kalhotky **fpl** [kulhotki]
pants (underwear: men's) spodky **mpl** [spotki]
(women's) kalhotky **fpl**
(US: trousers) kalhoty **fpl**
pantyhose punčocháče **fpl** [poontchoHahtcheh]
paper papír [pupeer]
(newspaper) noviny **fpl** [novini]
a piece of paper kus papíru [koos pupeeroo]
paper handkerchiefs papírové kapesníky [pupeeroveh

kupesnyeeki]
parcel balík [buleek]
pardon (me)? prosím? [proseem]
parents: my parents moji rodiče [mo-yi rodyitcheh]
parents-in-law rodiče manželky [manJelki]
park (noun) park [purk]
(verb) parkovat [purkovut]
can I park here? mohu tady parkovat? [mohoo tudi]
parking parkování [purkovah-nyee]
parking lot parkoviště **n** [parkovish-tyeh]
part (noun) část **f** [chahst]
partner (boyfriend, girlfriend etc) partner [partner]
party (group) skupina [skoopina]
(celebration) oslava [osluva], party
pass (in mountains) průsmyk [prOOsmik]
passenger (man/woman) pasažér [pusuJer]/pasažérka
passport cestovní pas [tsestov-nyee pus]
past: in the past v minulosti [vminoolostyi]
just past the information office hned za informační kanceláří [hnet]
path pěšina [pyeshina]
pattern vzor
pavement chodník [Hod-nyeek]
on the pavement na chodníku [Hodnyeekoo]
pavement café venkovní kavárna [venkov-nyee kuvarna]
pay (verb) platit [plutyit]
can I pay, please? mohu zaplatit, prosím? [mohoo]
it's already paid for to už je zaplaceno [oosh yeh zuplutseno]

dialogue

who's paying? kdo platí? [gudo plutyee]
I'll pay platím já [plutyeem yah]
no, you paid last time, I'll pay ne, ty jsi platil posledně, já platím [neh tisi plutyil posled-nyeh]

payphone telefon na mince [mintseh]
peaceful pokojný [pokoynee]
peach broskev **f** [broskef]
peanuts burské oříšky [boorskeh orJeeshki]
pear hruška [hrooshka]
peas hrášek (**m sing**) [hrahshek]
peculiar (taste, custom) divný [dyivnee]
pedestrian crossing přechod pro chodce [prJeHot pro Hotseh]
pedestrian precinct pěší zóna [pyeshee zawna]
peg (for washing) kolíček na prádlo [koleetchek na prahdlo]
(for tent) stanový kolík [stunovee koleek]
pen pero
pencil tužka [tooshka]
penfriend (male/female)

známý/známá na dopisování [snahmee/snahmah na dopisovahnyee]
penicillin penicilín [penitsileen]
penknife kapesní nůž [kupesnyee nOOsh]
pensioner (man/woman) důchodce [dOOHotseh]/ důchodkyně [dOOHotki-nyeh]
people lidé [lideh]
the other people in the hotel ostatní lidé v hotelu [ostutnyee]
too many people příliš mnoho lidí [prJeelish mnoho lidyee]
pepper (spice) pepř [pepurJ]
(vegetable) paprikový lusk [paprikovee loosk]
peppermint (sweet) mentol
per: per night za noc [nots]
per week za týden [teeden]
how much per day? kolik za den?
per cent procento [protsento]
perfect perfektní [perfektnyee]
perfume parfém [purfem]
perhaps možná [moJnah]
perhaps not možná ne [neh]
period (of time) období [obdobee]
(menstruation) menstruace **f** [menstroo-utseh]
perm trvalá [turvulah]
permit (noun) povolení [povolenyee]
person osoba
personal stereo walkman
petrol benzín [benzeen]
petrol can kanystr [kunistr]
petrol station benzínová stanice **f** [benzeenovah stunyitseh]
pharmacy lékárna
phone (noun) telefon
(verb) telefonovat [telefonovut]
phone book telefonní seznam [telefonyee seznum]
phone box telefonní budka [bootka]
phonecard telefonní karta [kurta]
phone number telefonní číslo [cheeslo]
photo fotografie **f** [fotografi-eh]
excuse me, could you take a photo of us? (to man/woman) promiňte, mohl/mohla byste nás vyfotografovat? [prominyehteh mohul – bisteh nahs vifotografovut]
phrase book konverzační příručka [konverzutch-nyee prJeerootchka]
piano piano
pickpocket (man/woman) kapesní zloděj [kupesnyee zlodyay]/kapesní zlodějka
pick up: will you be there to pick me up? vyzvednete mě tam? [vizvedneteh mnyeh tum]
picnic (noun) piknik
picture obraz [obrus]
pie (meat) pečivo plněné masem [petchivo pulnyeneh musem]
(fruit) pečivo plněné ovocem [ovotsem]

piece kus [koos]
a piece of ... kus ... (+ gen)
pill pilulka [piloolka]
I'm on the pill užívám antikoncepci [ooJeevahm untikontseptsi]
pillow polštář [polshtarJ]
pillow case povlak na polštář [povluk]
Pilsen Plzeň [pulzen[yeh]]
pin (noun) špendlík [shpendleek]
pineapple ananas [ununus]
pineapple juice ananasový džus [ununusovee joos]
pink růžový [rooJovee]
pipe (for smoking) dýmka [deemka]
(for water) trubka [troopka]
pipe cleaners čistič dýmky [chistitch deemki]
pity: it's a pity to je škoda [yeh shkoda]
pizza pizza
place (noun) místo [meesto]
is this place taken? je toto místo obsazené? [yeh – meesto opsuzeneh]
at your place u tebe/vás [oo tebeh/vahs]
at his place u něho [nyeho]
plain (not patterned) jednobarevný [yednoburevnee]
plane letadlo [letudlo]
by plane letadlem
plant rostlina
plaster cast sádra [sahdra]
plasters náplasti **fpl** [nahplustyi]
plastic umělá hmota [oomnyelah humota]
(credit cards) platební karty [plutebnyee karti]
plastic bag igelitová taška [igelitovah tushka]
plate talíř [tuleerJ]
platform nástupiště **n** [nahstoopish-tyeh]
which platform is for Plzeň, please? z kterého nástupiště jede vlak na Plzeň? [skutereho – jedeh vluk na pulzen[yeh]]
play (noun: in theatre) hra
(verb) hrát [hraht]
playground hřiště **n** [hrJishtyeh]
pleasant příjemný [prJee-yemnee]
please prosím [proseem]
yes, please ano, prosím [uno]
could you please ...? (to man/woman) mohl/mohla byste ..., prosím? [mohul/mo-hla bisteh]
please don't prosím vás, ne [vahs neh]
pleased to meet you těší mě [tyeshee mnyeh]
pleasure: it's a pleasure je mi potěšením [yeh mi pot-yeshenyeem]
my pleasure potěšení je na mé straně [potyeshenyee yeh na meh strunyeh]
plenty: plenty of ... spousta (+ gen) ... [spohsta]
there's plenty of time je dost času [yeh dost chusoo]
that's plenty, thanks to je až moc, děkuji [yeh ush mots dyekoo-yi]
pliers kleště **fpl** [kleshtyeh]

plug (electrical) zástrčka [zahsturtchka]
(for car) svíčka [sveetchka]
(in sink) zátka [zahtka]
plumber instalatér [instuluter]
p.m.*: 11 p.m. jedenáct hodin v noci [ho-dyin vnotsi]
2 p.m. dvě hodiny odpoledne [ho-dyini otpoledneh]
7 p.m. sedm hodin večer [vetcher]
poached egg ztracené vejce **n** [strutseneh vaytseh]
pocket kapsa [kupsa]
point: two point five dvě celé pět [dvyeh tseleh pyet]
there's no point nemá to smysl [nemah to smisul]
poisonous jedovatý [yedovutee]
Poland Polsko
police policie **f** [politsi-eh]
call the police! volejte policii! [volayteh politsi-i]
policeman policista **m** [politsista]
police station policejní stanice **f** [politsay-nyee stunitseh]
policewoman policistka [politsistka]
polish (noun) leštidlo [leshtyidlo]
Polish (adj) polský [polskee]
polite zdvořilý [zdvorJilee]
polluted znečištěný [znetchish-tyenee]
pony pony **m**
pool (for swimming) bazén [buzen]
poor (not rich) chudý [Hoodee]
(quality) špatný [shputnee]
pop music populární hudba [popoolar-nyee hoodba]
pop singer (man/woman) zpěvák/zpěvačka (populárních písní) [spyevahk/spyevutchka popoolar-nyeeH peesnyee]
population populace **f** [popoolatseh]
pork vepřové maso [veprJoveh muso]
port (for boats) přístav [prJeestuf]
(drink) portské víno [portskeh veeno]
porter (in hotel) nosič [nositch]
portrait portrét
posh (restaurant) luxusní [looksoosnyee]
possible možný [moJnee]
is it possible to ...? je možné ...? [yeh moJneh]
as ... as possible tak ... jak to jen bude možné [tuk ... yuk to yen boodeh moJneh]
post (noun: mail) pošta [poshta]
(verb) poslat poštou [poslut poshtoh]
could you post this for me? (to man/woman) mohl/mohla byste to dát na poštu? [mohul/mo-hla bysteh to daht na poshtoo]
postbox poštovní schránka [poshtov-nyee sHrahnka]
postcard pohlednice **f** [pohled-nyitseh]
poster plakát [plakaht]
post office pošta [poshta]
poste restante poste restante
potato brambora [brumbora]

potato chips (US) lupínky **mpl** [loopeenki]
pots and pans nádobí [nahdobee]
pottery keramika [kerumika]
pound* (money, weight) libra
power cut výpadek elektřiny [veepudek elektrJini]
power point zásuvka [zahsoofka]
practise: I want to practise my Czech chci si procvičit češtinu [Hutsi si protsvitchit chesh-tyinoo]
Prague Praha [pruha]
prefer: I prefer ... preferuji ... [preferoo-yi]
pregnant těhotná [tyehotnah]
prescription recept [retsept]
present (gift) dárek
president (of country: man/woman) prezident/prezidentka
pretty pěkný [pyeknee]
it's pretty expensive to je pěkně drahé [yeh pyeknyeh draheh]
price cena [tsena]
priest kněz [kunyes]
prime minister (man/woman) premiér [premyer]/premiérka
printed matter tiskoviny **fpl** [tyiskovini]
priority (in driving) přednost **f** [prJednost]
prison vězení [vyezenyee]
private soukromý [sohkromee]
private bathroom soukromá koupelna [sohkromah kohpelna]
private room soukromý pokoj [sohkromee pokoy]
probably asi [usi]
problem problém
no problem! to není problém! [nenyee]
program(me) program
promise: I promise slibuji [sliboo-yi]
pronounce: how is this pronounced? jak se to vyslovuje? [yuk seh to vislovoo-yeh]
properly (repaired, locked etc) pořádně [porJahd-nyeh]
protection factor (of suntan lotion) ochranný faktor [oHrunnee fuktor]
Protestant protestant [protestunt]
pub hospoda
(in country) hostinec [hostinets]
public convenience veřejné záchody [verJayneh zah-Hodi]
public holiday den pracovního klidu [prutsov-nyeeho klidoo]
pudding (dessert) pudink [poodink]
pull táhnout [tah-hunoht]
pullover pulovr [poolovur]
puncture (noun) defekt
purple fialový [fi-alovee]
purse (for money) peněženka [penyeJenka]
(US) kabelka [kubelka]
push tlačit [tlatchit]
pushchair skládací dětská sedačka [sklahdutsee dyetskah sedutchka]
put položit [poloJit]

where can I put ...? kam můžu položit ...? [kum mOOJoo]
could you put us up for the night? (to man/woman) mohl/mohla byste nás na noc ubytovat? [mohul/mo-hla bisteh nahs na nots oobitovut]
pyjamas pyžamo [piJamo]

Q

quality kvalita [kvulita]
quarantine karanténa [kuruntena]
quarter čtvrt f [chutvurt]
question otázka [otahska]
queue (noun) fronta, řada [rJuda]
quick rychlý [riHlee]
that was quick to bylo rychlé [bilo riHleh]
what's the quickest way there? jaká je tam nejrychlejší cesta? [yuka yeh tum nayriHlayshee]
fancy a quick drink? dáte si skleničku? [dahteh si sklenyichkoo]
quickly rychle [riHleh]
quiet (place, hotel) tichý [tyiHee]
quiet! ticho! [tyiHo]
quite (fairly) docela [dotsela]
(very) úplně [OOpulnyeh]
that's quite right to je pravda [yeh pruvda]
quite a lot docela hodně [ho-dnyeh]

R

rabbit králík [krahleek]
race (for runners, cars) závod [zahvot]
racket (tennis, squash etc) raketa [ruketa]
radiator radiátor [rudi-ahtor]
radio rádio [rahdi-o]
on the radio v rádiu [rahdi-oo]
rail: by rail vlakem [vlukem]
railway železnice f [Jelez-nyitseh]
rain (noun) déšť [dehsht[yeh]]
in the rain v dešti [fdeshtyi]
it's raining prší [purshee]
raincoat plášť do deště [plahsht[yeh] do deshtyeh]
rape (noun) znásilnění [znahsil-nyenyee]
rare (steak) krvavý [kurvahvee]
rash (on skin) vyrážka [virahshka]
raspberry malina [mulina]
rat krysa [krisa]
rate (for changing money) kurz [koors]
rather: it's rather good to je docela dobré [yeh dotsela dobreh]
I'd rather ... radši bych ... [rutshi biH]
razor (dry) břitva [brJitva]
(electric) holicí strojek [holitsee stro-yek]
razor blades žiletky fpl [Jiletki]
read číst [cheest]
ready připravený [prJipruvenee]

are you ready? (to man/woman) jste připravený/připravená? [steh – prJipruvenah]
I'm not ready yet (said by man/woman) ještě nejsem připravený/připravená [yeshtyeh naysem]

dialogue

when will it be ready? kdy to bude hotové? [gudi to boodeh hotoveh]
it should be ready in a couple of days mělo by to být hotové za několik dní [mnyelo bi to beet hotoveh za nyekolik dnyee]

real skutečný [skootetchnee]
really opravdu [opruvdoo]
that's really great to je opravdu výborné [veeborneh]
really? opravdu?
rearview mirror zpětné zrcátko [spyetneh zurtsahtko]
reasonable (prices etc) rozumný [rozoomnee]
receipt potvrzení [potuvrzenyee]
recently v poslední době [fposled-nyee dobyeh]
reception recepce **f** [retseptseh]
at reception na recepci
reception desk recepce
receptionist recepční **m/f** [retseptch-nyee]
recognize poznat [poznut]
recommend: could you recommend ...? (to man/woman) mohl/mohla byste doporučit ...? [mohul/mo-hla bisteh doporootchit]
record (music) gramofonová deska [grumofonovah]
red červený [chervenee]
red wine červené víno [cherveneh veeno]
refund (noun) peněžitá náhrada [penyeJitah nah-hruda]
can I have a refund? mohu dostat zpět peníze? [mohoo dostut spyet penyeezeh]
region region [regi-on]
registered: by registered mail doporučeně [doporootchenyeh]
registration number státní poznávací značka [staht-nyee poznahvutsee znutchka]
relative (man/woman) příbuzný [prJeebooznee]/příbuzná [prJeebooznah]
religion náboženství [nahboJenstvee]
remember: I don't remember nepamatuji si [nepumutoo-yi]
I remember pamatuji si [pumutoo-yi]
do you remember? pamatujete si? [pumutoo-yeteh]
rent (noun: for apartment etc) nájemné **n** [nah-yemneh]
(verb: car, apartment etc) najmout si [nīmoht]
to/for rent k pronajmutí [kupronīmoo-tyee]
rented car pronajaté auto [pronī-uteh owto]
repair (verb) opravovat

[opruvovut]/opravit [opruvit]
can you repair it? můžete to opravit? [opruvit]
repeat opakovat [opukovut]/ zopakovat
could you repeat that? (to man/woman) mohl/mohla byste to opakovat? [mohul/mo-hla bisteh]
reservation rezervace **f** [rezervutseh]
I'd like to make a reservation (said by man/woman) rád/ ráda bych si rezervoval/ rezervovala místo [raht/rahda biH si rezervovul – meesto]

dialogue

I have a reservation mám rezervaci [mahm rezervutsi]
yes sir, what name please? ano, pane, na jaké jméno, prosím? [uno puneh na yukeh yumeno]

reserve rezervovat [rezervovut]

dialogue

can I reserve a table for tonight? můžu si na dnes večer rezervovat stůl? [mOOJoo – vetcher – stOOl]
yes madam, for how many people? ano, paní, pro kolik osob? [uno punyee]
for two pro dva
and for what time? a na kolik hodin? [ho-dyin]
for eight o'clock na osm hodin
and could I have your name please? a na jaké jméno, prosím? [yukeh yumeno]
see **alphabet** for spelling

rest: I need a rest potřebuju si odpočinout [potrJeboo-yoo si otpotchinoht]
the rest of the group zbytek skupiny [zbitek skoopini]
restaurant restaurace **f** [restowratseh]
restaurant car jídelní vůz [yeedel-nyee vOOs]
rest room toaleta [to-uleta]
retired: I'm retired jsem v důchodu [sem fdOOHodoo]
return (come back) návrat [nahvrut] (give back) vrátit [vrahtyit]
return ticket zpáteční (lístek) [spahtetchnyee leestek]
reverse charge call hovor na účet volaného [OOchet voluneho]
reverse gear zpátečka [spahtetchka]
revolting odpudivý [otpoo-dyivee]
rib žebro [Jebro]
rice rýže **f** [reeJeh]
rich (person) bohatý [bo-hutee] (food) sytý [sitee]
ridiculous směšný [smnyeshnee]
right (correct) správně [sprahv-nyeh]

(not left) pravý [pravee]
you were right měl jste pravdu [mnyel steh pruvdoo]
that's right! správně! [sprahv-nyeh]
this can't be right to nemůže být správně [nemOOJeh beet]
right! dobře! [dobrJeh]
is this the right road for ...? (on foot) jdu dobře na (+ acc) ...? [doo dobrJeh]
is this the right road for ...? (by car) jedu dobře na (+ acc) ...? [yedoo]
on the right napravo [nupruvo]
turn right zabočte doprava [zubotchteh dopruva]
right-hand drive pravé řízení [pruveh rJeezenyee]
ring (on finger) prsten [prusten]
I'll ring you zavolám vám [zuvolahm vahm]
ring back zavolat zpět [zuvolut spyet]
ripe (fruit) zralý [zrulee]
rip-off: it's a rip-off to je zlodějna [yeh zlodyayna]
rip-off prices zlodějské ceny [zlodyayskeh tseni]
risky riskantní [riskant-nyee]
river řeka [rJeka]
road ulice f [oolitseh]
is this the road for ...? je to cesta na (+ acc) ...? [yeh to tsesta]
down the road po cestě [tses-tyeh]
road accident dopravní nehoda [dopruv-nyee]
road map silniční mapa [silnitch-nyee mupa]
roadsign dopravní značka [znutchka]
rob: I've been robbed (said by man/woman) byl/byla jsem oloupen/oloupena [bil/bila sem olohpen]
rock skála [skahla]
(music) roková hudba [rokovah hoodba]
on the rocks (with ice) s ledem
rock climbing horolezectví [horolezetstvee]
roll (bread) rohlík [ro-hleek]
roof střecha [strJeHa]
roof rack zahrádka na automobil [zuhrahtka na owtomobil]
room pokoj [pokoy]
in my room v mém pokoji [poko-yi]
room service hotelová obsluha [hotelovah opslooha]
rope provaz [provus]
rosé (wine) růžové víno [rOOJoveh veeno]
roughly (approximately) zhruba [zhrooba]
round: it's my round teď platím já [tet^yeh plutyeem yah]
roundabout (for traffic) kruhový objezd [kroo-hovee ob-yest]
round trip ticket: a round trip ticket to ... zpáteční do (+ gen) ... [spahtetch-nyee]
route trasa [trusa]
what's the best route? jaká

je nejlepší trasa? [yukah yeh naylepshee]
rubber (material, eraser) guma [gooma]
rubber band gumička [goomitchka]
rubbish (waste) odpadky **mpl** [otputki]
(poor quality goods) krámy [krahmi]
rubbish! (nonsense) nesmysl! [nesmisul]
rucksack ruksak [rooksuk]
rude drzý [durzee]
ruins trosky **fpl** [troski]
rum rum [room]
rum and coke rum a kokakola
run (person) běhat [byehut]
how often do the buses run? jak často jezdí autobusy? [yuk chusto yezdyee]
I've run out of money došly mi peníze [doshli]
rush hour dopravní špička [shpitchka]
Russia Rusko [roosko]
Russian (adj) ruský [rooskee]

S

sad smutný [smootnee]
saddle (for bike, horse) sedlo
safe (not in danger) v bezpečí [vbespetchee]
(not dangerous) bezpečný [bespetchnee]
safety pin zavírací špendlík [zuveerutsee shpendleek]
sail (noun) plachta [pluHta]
sailboard (noun) surf [soorf]
sailboarding surfování [soorfovah-nyee], windsurfing
salad salát [salaht]
salad dressing zálivka [zahlifka]
sale (reduced price) výprodej **f** [veeproday]
for sale na prodej [proday]
salmon losos
salt sůl **f** [sool]
same: the same to samé [sumeh]
the same as this to samé jako toto [yuko]
the same again, please ještě jednou to samé, prosím [yeshtyeh yednoh]
it's all the same to me mně je to jedno [mnyeh yeh to yedno]
sand písek [peesek]
sandals sandály **mpl** [sandahli]
sandwich obložený chléb [obloJenee Hlep]
sanitary napkins dámské vložky **fpl** [dahmskeh vloshki]
sanitary towels dámské vložky **fpl**
sardines sardinky **fpl** [sardinki]
Saturday sobota
sauce omáčka [omahtchka]
saucepan pánev **f** [pahnef]
saucer talířek [tuleerJek]
sauna sauna [sowna]
sausage párek
say: how do you say ... in Czech? jak řeknete česky ...?

[yuk rJekneteh cheski]
what did he say? co říkal? [tso rJeekal]
I said ... (said by man/woman) říkal/říkala jsme, že ... [rJeekal – smeh Jeh]
he said ... říkal, že ...
could you say that again? (to man/woman) mohl/mohla byste to říct ještě jednou? [mohul/mo-hla bisteh to rJeetst yeshtyeh yednoh]
scarf (for neck) šála [shahla] (for head) šátek [shahtek]
scenery krajina [krī-ina]
schedule (US: train, bus) jízdní řád [yeezd-nyee rJaht]
scheduled flight plánovaný let [plahnovunee]
school škola [shkola]
scissors: a pair of scissors nůžky [nOOshki]
scotch whisky **f**
Scotch tape® izolepa
Scotland Skotsko
Scottish skotský [skotskee]
I'm Scottish (man/woman) jsem Skot/Skotka [sem]
scrambled eggs míchaná vajíčka npl [meeHanah vī-yeetchka]
scratch (noun) škrábanec [shkrahbunets]
screw (noun) šroub [shrohb]
screwdriver šroubovák [shrohbovahk]
sea moře **n** [morJeh]
search (verb) hledat [hledut]
seat sedadlo [sedudlo]
is this anyone's seat? je to něčí sedadlo? [yeh to nyetchee]
seat belt bezpečnostní pás [bespetchnost-nyee pahs]
secluded odloučený [odlohtchenee]
second (adj) druhý [droohee] (of time) sekunda [sekoonda], vteřina [fterJina]
just a second! jen vteřinu! [yen fterJinoo]
second class (travel) druhou třídou [droohoh trJeedoh]
second floor druhé poschodí [drooheh posHodyee] (US) první poschodí [purv-nyee]
second-hand z druhé ruky [zdrooheh rooki]
see vidět [vidyet]/uvidět [oovidyet]
can I see? mohu se podívat? [mohoo seh po-dyeevut]
have you seen ...? (to man/woman) viděl/viděla jste ...? [vidyel – steh]
see you! nashle! [nus-Hleh]
I see (I understand) rozumím [rozoomeem]
I saw him this morning (said by man/woman) viděl/viděla jsem ho dopoledne [sem ho dopoledneh]
self-catering apartment byt bez stravování [bit bes struvovah-nyee]
self-service samoobsluha [samo-opslooha]
sell prodávat [prodahvut]

do you sell ...? prodáváte ...? [prodahvahteh]
Sellotape® izolepa
send posílat [poseelut]/poslat [poslut]
I want to send this to England chci to poslat do Anglie [Hutsi – ungli-eh]
senior citizen (man/woman) starší občan [starshee opchun]/ starší občanka
separate oddělený [od-dyelenee]
separated: I'm separated (from wife) nežiji s manželkou [neJi-yi s munJelkoh]
(from husband) nežiji s manželem
separately (pay, travel) zvlášť [zvlahshtyeh]
September září [zarJee]
septic hnisavý [hunyisavee]
serious vážný [vahJnee]
service station autoservis [owtoservis]
serviette ubrousek [oobrohsek]
set menu menu [meni]
several několik [nyekolik]
sew šít [sheet]/našít [nusheet]
could you sew this back on? (to man/woman) mohl/mohla byste to našít zpátky? [mohul/ mo-hla bisteh – nahsheet spahtki]
sex sex
sexy sexy
shade: in the shade ve stínu [veh styeenoo]
shake: let's shake hands podejme si ruce [podaymeh si rootseh]
shallow (water) mělký [mnyelkee]
shame: what a shame! to je škoda! [yeh shkoda]
shampoo (noun) šampón [shumpawn]
shampoo and set vodovou [vodovoh]
share (verb: room, table etc) dělit se [dyelit seh]/rozdělit se o (+ acc)
sharp ostrý [ostree]
shattered (very tired) zničený [znyitchnee]
shaver holicí strojek [holitsee stro-yek]
shaving foam pěna na holení [pyena na holenyee]
shaving point zásuvka pro holicí strojek [zahsoofka pro holitsee]
she* ona
is she here? je tady ona? [yeh tudi]
sheet (for bed) prostěradlo [pros-tyerudlo]
shelf polička [politchka]
sherry šery **n** [sheri]
ship loď **f** [lotyeh]
by ship lodí [lodyee]
shirt košile **f** [koshileh]
shit! do prdele! [prudeleh]
shock (noun) šok [shok]
I got an electric shock from the ... (said by man/woman) dostal/dostala jsem ránu ze (+ gen) ... [dostul – sem rahnoo zeh]

shock-absorber nárazník [naruz-nyeek]
shocking šokující [shokoo-yeetsee]
shoe bota
a pair of shoes boty [boti]
shoelaces tkaničky **fpl** [tku-nyitchki]
shoe polish krém na boty
shoe repairer opravář obuvi [oprvahrJ oboovi]
shop obchod [opHot]
shopping: I'm going shopping jdu nakupovat: [yudoo nukoopovut]
shopping centre nákupní středisko [nahkoopnyee strJedyisko]
shop window výklad [veeklut]
shore (of lake) břeh [brJeH]
short krátký [krahtkee]
shortcut zkratka [skrutka]
shorts šortky **fpl** [shortki]
should: what should I do? co mám dělat? [tso mahm dyelut]
he shouldn't be long nemělo by mu to trvat dlouho [nemnyelo bi moo to turvut dloh-ho]
you should have told me (to man/woman) měl/měla jsi mi to říct [mnyel – si mi to rJeetst]
shoulder rameno [rumeno]
shout (verb) křičet [krJitchet]
show (in theatre) představení [prJetstuvenyee]
could you show me? (to man/woman) mohl/mohla byste mi to ukázat? [mohul/mo-hla bisteh – ookahzut]
shower (in bathroom) sprcha [spurHa]
(rain) přeháňka [prJehahn^{yeh}ka]
with shower se sprchou [seh spurHoh]
shut (verb) zavírat [zuveerut]/zavřít [zuvrJeet]
when do you shut? kdy zavíráte? [gudi zuveerahteh]
when do they shut? kdy zavírají? [zuveerī-ee]
they're shut mají zavřeno [mī-yi zuvrJeno]
I've shut myself out (said by man/woman) zabouchl/zabouchla jsem si dveře [zubohHul – sem si dverJeh]
shut up! buď ticha! [boot^{yeh} styiHa]
shutter (on camera) závěrka [zahvyerka]
(on window) okenice **fpl** [okenyitseh]
shy ostýchavý [osteeHuvee]
sick (US) nemocný [nemotsnee]
see **ill**
I'm going to be sick (vomit) budu zvracet [boodoo zvrutset]
side strana [struna]
the other side of town druhá strana města [droohah – mnyesta]
side lights boční světla [botch-nyee svyetla]
side salad salát [salaht]
side street boční ulice [botch-nyee oolitseh]
sidewalk chodník [Hod-nyeek]
see **pavement**

sight: the sights of ... turistické atrakce (+ gen) ... [tooristitskeh utruktseh]
sightseeing: we're going sightseeing jdeme na prohlídku [yudemeh na prohleetkoo]
sightseeing tour prohlídka [prohleetka]
sign (roadsign etc) značka [znutchka]
signal: he didn't give a signal (driver, cyclist) neukazoval směr [neh-ookuzoval smnyer]
signature podpis [potpis]
signpost ukazatel [ookazatel]
silence ticho [tyiHo]
silk hedvábí [hedvahbee]
silly hloupý [hlohpee]
silver (noun) stříbro [strJeebro]
silver foil alobal [ulobul]
similar podobný [podobnee]
simple (easy) jednoduchý [yednodooHee]
since: since yesterday od včerejška [ot fcherayshka]
since I got here (said by man/woman) co jsem přijel/přijela [tso sem prJi-yel]
sing zpívat [speevut]/zazpívat [zuspeevut]
singer (man/woman) zpěvák [spyevahk]/zpěvačka [spyevutchka]
single: a single room jednolůžkový pokoj [yednolOOshkovee pokoy]
a single to ... jednou do (+ gen) ... [yednoh]
I'm single (said by man/woman) jsem svobodný/svobodná [sem svobodnee/svobodnah]
sink (in kitchen) dřez [drJes]
sister sestra
sister-in-law švagrová [shvugrovah]
sit: can I sit here? mohu se tady posadit? [mohoo seh tudi posu-dyit]
is anyone sitting here? sedí tady někdo? [sedyee tudi nyegdo]
sit down posadit se [posudyit seh]
sit down! posaďte se! [posud^yeh^teh]
size velikost
ski (noun) lyže **fpl** [liJeh]
(verb) lyžovat [liJovut]
a pair of skis lyže [liJeh]
ski boots lyžařské boty [liJurJskeh boti]
skiing lyžování [liJovah-nyee]
we're going skiing jedeme lyžovat [yedemeh liJovut]
ski instructor (man/woman) nlyžařský instruktor [liJurJskee instrooktor]/lyžařská instruktorka [liJurJskah]
ski-lift lyžařský vlek
skin kůže **f** [kOOJeh]
skin-diving sportovní potápění [sportov-nyee potah-pyenyee]
skinny vyhublý [vihooblee]
ski-pants šponovky **fpl** [shponofki]

ski-pass permanentka na vlek [permunentka]
ski pole lyžařská hůl **f** [liJarJskah hOOl]
skirt sukně **f** [sook-nyeh]
ski slope lyžařský svah [liJurJskee svuH]
ski trail lyžařská stopa [liJurJskah]
ski wax lyžařský vosk
sky obloha
sleep spát [spaht]
did you sleep well? (to man/woman) spal/spala jste dobře? [spul – steh dobrJeh]
I need a good sleep potřebuji se pořádně vyspat [potrJeboo-yi seh porJahd-nyeh visput]
sleeper (on train) lůžkový vůz [lOOshkovee vOOs]
sleeping bag spací pytel [sputsee pitel]
sleeping car lůžkový vůz [lOOshkovee vOOs]
sleeping pill prášek na spaní [prahshek nah spunyee]
sleepy: I'm feeling sleepy (said by man/woman) jsem ospalý/ospalá [sem ospulee/ospulah]
sleeve rukáv [rookahf]
slide (photographic) diapozitiv
slip (under dress) kombiné **n** [kombineh]
slippery kluzký [klooskee]
Slovak (adj) slovenský [slovenskee]
(language) slovenština [slovensh-tyina]
(man) Slovák [slovahk]
(woman) Slovenka
the Slovaks Slováci [slovahtsi]
Slovakia Slovensko
Slovak Republic Slovenská republika [slovenskah repooblika]
slow pomalý [pomulee]
slow down! (driving, speaking) zpomal! [spomul]
slowly pomalu [pomuloo]
could you say it slowly? (to man/woman) mohl/mohla byste to říct pomalu? [mohul/mo-hla bisteh to rJeetst]
very slowly velmi pomalu
small malý [mulee]
smell: it smells (smells bad) smrdí to [smurdyee]
smile (verb) usmívat se [oosmeevut seh]/usmát se [oosmaht]
smoke (noun) kouř [kohrJ]
do you mind if I smoke? bude vám vadit, když budu kouřit? [boodeh vahm vudyit gudiJ boodoo kohrJit]
I don't smoke já nekouřím [yah nekohrJeem]
do you smoke? kouříte? [kohrJeeteh]
snack: I'd just like a snack chci jen něco malého [Hutsi yen nyetso muleho]
sneeze (noun) kýchat [keeHut]
snow (noun) sníh [snyeeH]
it's snowing sněží [snyeJee]
so: it's so good je to moc dobré [yeh to mots dobreh]
not so fast ne tak rychle [neh

tuk riHleh]
so am I já také [yah tukeh]
so do I já také
so-so tak tak [tuk]
soaking solution (for contact lenses) fyziologický roztok [fizi-ologitskee rostok]
soap mýdlo [meedlo]
soap powder mýdlový prášek [meedlovee prahshek]
sober střízlivý [strJeezlivee]
sock ponožka [ponoshka]
socket (electrical) zásuvka [zahsoofka]
soda (water) soda
sofa pohovka [pohofka]
soft (material etc) měkký [mnyekee]
soft-boiled egg vejce naměkko **n** [vaytseh numnyeko]
soft drink nealkoholický nápoj [neh-ulkoholitskee nahpoy]
soft lenses měkké kontaktní čočky **fpl** [mnyekeh kontuktnyee chotchki]
sole podrážka [podrahshka]
could you put new soles on these? můžete tam dát nové podrážky? [mOOJeteh tum daht noveh podrahshki]
some: can I have some water/rolls? mohu dostat trochu vody/nějaké rohlíky? [mohoo dostut troHoo – nyayukeh]
can I have some? mohu trochu dostat? [mohoo troHoo dostut]
somebody, someone někdo [nyegdo]
something něco [nyetso]
something to drink něco k pití [nyetso kupityee]
sometimes někdy [nyegdi]
somewhere někde [nyegdeh]
son syn [sin]
song píseň [peesen^yeh]
son-in-law zet' [zet^yeh]
soon brzy [burzi]
I'll be back soon brzy budu zpátky [burzi boodoo spahtki]
as soon as possible co nejdříve [tso naydrJeeveh]
sore: it's sore je to bolavé [yeh to bolaveh]
sore throat bolest v krku **f** [fkurkoo]
sorry: (I'm) sorry (apology) promiňte [promin^yehteh] (sympathy) je mi to moc líto [yeh mi to mots leeto]
sorry? (didn't understand) prosím? [proseem]
sort: what sort of ...? jaké ...? [yukeh]
soup polévka [polefka]
sour (taste) kyselý [kiselee]
south jih [yiH]
in the south na jihu [yihoo]
South Africa Jižní Afrika [yiJnyee ufrika]
South African (adj) jihoafrický [yiho-ufritskee]
I'm South African (man/woman) jsem Jihoafričan/Jihoafričanka [sem yiho-ufritchun]
southeast jihovýchod

[yihoveeHot]
southwest jihozápad [yihozahpat]
souvenir suvenýr [sooveneer]
spa lázně **fpl** [lahznyeh]
Spain Španělsko [shpanyelsko]
spanner klíč na matice [kleetch na mutyitseh]
spare part náhradní díl [nah-hrudnyee dyeel]
spare tyre rezervní pneumatika [rezerv-nyee pneh-oomutika]
spark plug zapalovací svíčka [zupalovutsee sveetchka]
speak mluvit [mloovit]
do you speak English? mluvíte anglicky? [mlooveeteh unglitski]
I don't speak ... nemluvím ... [nemlooveem]

dialogue

can I speak to Vlasta? mohu mluvit s Vlastou? [mohoo – svlastoh]
who's calling? kdo volá? [gudo volah]
it's Patricia Patricia
I'm sorry, she's not in, can I take a message? bohužel, není doma, mám jí něco vzkázat? [bo-hooJel nenyee – mahm yee nyetso fskahzut]
no thanks, I'll call back later ne, díky, zavolám později [neh dyeeki zuvolahm pozdyay-i]
please tell her I called prosím vás, řekněte jí, že jsem volala [proseem vahs rJek-nyeteh yee Jeh sem volula]

speciality specialita [spetsi-ulita]
spectacles brýle **fpl** [breeleh]
speed (noun) rychlost **f** [riHlost]
speed limit omezení rychlosti **f** [omezenyee]
speedometer tachometr [taHometur]
spell: how do you spell it? jak se to hláskuje? [yuk seh to hlahskoo-yeh]
see **alphabet**
spend utrácet [ootrahtset]/ utratit [ootrutyit]
spider pavouk [pavohk]
spin-dryer ždímačka [Jdyeemutchka]
splinter tříska [trJeeska]
spoke (in wheel) špice **f** [shpitseh]
spoon lžíce **f** [luJeetseh]
sport sport
sprain: I've sprained my ankle mám výron v kotníku [mahm veeron fkotnyeekoo]
spring (season) jaro [yuro]
(of car, seat) pero
square (in town) náměstí [nahmnyes-tyee]
stairs schody **mpl** [sHodi]
stale (bread) oschlý [osHlee]
stall: the engine keeps stalling motor zhasíná [zhuseenah]
stamp (noun) známka [znahmka]

dialogue

a stamp for England, please známku do Anglie, prosím [znahmkoo do ungli-eh proseem]
is it for a postcard or letter? na pohlednici nebo na dopis? [po-hled-nyitsi]
a postcard pohlednici

standby (flight) standby
star hvězda [hvyezda]
(in film) filmová hvězda [filmovah]
start (noun) začátek [zutchahtek]
(verb) začít [zutcheet]/začínat [zutcheenut]
when does it start? kdy to začíná? [gudi to zutcheena]
the car won't start auto nestartuje [owto nestartoo-yeh]
starter (of car) startér [sturter]
(food) předkrm [prJetkurm]
starving: I'm starving umírám hlady [oomeerahm hludi]
state (in country) stát [staht]
the States (USA) Spojené státy [spo-yeneh stahti]
station nádraží [nahdruJee]
statue socha [soHa]
stay: where are you staying? kde bydlíte? [gudeh bidleeteh]
I'm staying at ... bydlím v (+ loc) ... [bidleem]
I'd like to stay another two nights (said by man/woman) rád/ráda bych zůstal/zůstala další dvě noci [rahd/rahda biH zOOstul – dulshee dvyeh notsi]
steak biftek
steal krást [krahst]
my bag has been stolen ukradli mi tašku [ookrudli mi tushkoo]
steep (hill) prudký [prootkee]
steering řízení [rJeezenyee]
step: on the steps na schodech [sHodeH]
stereo stereo
sterling (currency) libra šterlinků [shterlinkOO]
steward (on plane) stevard [stevurd]
stewardess letuška [letooshka]
sticking plaster náplast **f** [nahplust]
still: I'm still waiting ještě čekám [yeshtyeh chekahm]
is he still there? je ještě tady? [yeh – tudi]
keep still! nehýbej se! [neheebay seh]
sting: I've been stung něco mě píchlo [nyetso mnyeh peeHlo]
stockings punčochy [poontchoHi]
stomach žaludek [Juloodek]
stomach ache bolest žaludku **f** [Julootkoo]
stone (rock) kámen [kahmen]
stop (verb) zastavovat [zustuvovut]/zastavit [zustuvit]
please, stop here (to taxi driver etc) zastavte tady, prosím [zustufteh tudi proseem]
do you stop near ...? stavíte

blízko (+ gen) ...? [stuveeteh bleesko]
stop doing that! nech toho! [neH]
stopover mezipřistání [mezíprJistah-nyee]
storm bouře **f** [bohrJeh]
straight: it's straight ahead je to přímo před vámi [yeh to prJeemo prJet vahmi]
a straight whisky čistá whisky [chistah]
straightaway rovně [rovnyeh]
strange (odd) divný [dyivnee]
stranger (man/woman) cizinec [tsizinets]/cizinka
I'm a stranger here jsem tu cizí [sem too tsizee]
strap pásek [pahsek]
strawberry jahoda [yuhoda]
stream proud [proht]
street ulice **f** [oolitseh]
on the street na ulici [oolitsi]
streetmap mapa města [mnyesta]
string provázek [provahzek]
strong silný [silnee]
stuck zaseklý [zuseklee]
the key's stuck klíč se zasekl [kleetch seh zusekul]
student (male/female) student [stoodent]/studentka
stupid hloupý [hlohpee]
suburb předměstí [prJed-mnyestyee]
subway (US: railway) metro
suddenly najednou [nī-yednoh]
suede jemný semiš [yemnee semish]
sugar cukr [tsookr]
suit (noun) oblek
it doesn't suit me (jacket etc) nesedí mi to [nesedyee]
it suits you sluší ti to [slooshee tyi]
suitcase kufr [koofr]
summer léto
in the summer v létě [vletyeh]
sun slunce **n** [sloontseh]
in the sun na slunci
out of the sun ve stínu [veh styeenoo]
sunbathe opalovat se [opulovut seh]/opálit se [opahlit]
sunblock (cream) krém s ochranným faktorem [soHruneem fuktorem]
sunburn spálenina (sluncem) [spahlenyina sloontsem]
sunburnt spálený sluncem [spahlenee]
Sunday neděle **f** [nedyeleh]
sunglasses sluneční brýle [sloonech-nyee breeleh]
sun lounger lehátko [lehahtko]
sunny: it's sunny svítí slunce [sveetyee sloontseh]
sun roof (in car) střešni okno [strJesh-nyee]
sunset západ slunce **n** [zahpaht sloontseh]
sunshade slunečník [sloonech-nyeek]
sunshine sluneční svit [sloonetch-nyee]
sunstroke úpal [OOpul]
suntan opálení **f** [opahlenyee]
suntan lotion emulze na

opalování [emoolzeh na opulovah-nyee]

suntanned opálený [opahlenee]

suntan oil olej na opalování [olay na opulovah-nyee]

super super [sooper]

supermarket velká samoobsluha [velkah samo-opslooha]

supper večeře **f** [vetcherJeh]

supplement (extra charge) doplatek [doplutek]

sure: are you sure? (said to man/woman) jste si tím jistý/jistá? [stesi tyeem yistee/yistah]

sure! jistě! [yistyeh]

surname příjmení [prJee-yumenyee]

swearword nadávka [nadahfka]

sweater pulovr [poolovur]

sweatshirt mikina

Sweden Švédsko [shvetsko]

Swedish (adj) švédský [shvetskee]

sweet (taste) sladký [slutkee]
(noun: dessert) dezert [dezert], moučník [mohtch-nyeek]

sweets bonbóny **mpl** [bonbawni]

swelling opuchlina [opooHlina]

swim (verb) plavat [pluvut]

I'm going for a swim jdu si zaplavat [yudoo si zupluvut]

let's go for a swim pojd'me si zaplavat [poyd^{yeh}meh si zupluvut]

swimming costume plavky **fpl** [plufki]

swimming pool plavecký bazén [pluvetskee buzen]

swimming trunks plavky **fpl** [plufki]

switch (noun) vypínač [vipeenutch]

switch off (lights) zhasnout [zhusnoht]
(TV, engine) vypnout [vipnoht]

switch on (lights) rozsvítit [rosveetyit]
(TV, engine) zapnout [zupnoht]

swollen opuchlý [opooHlee]

T

table stůl [stool]

a table for two stůl pro dva

tablecloth ubrus [oobroos]

table tennis stolní tenis [stolnyee]

table wine stolní víno [veeno]

tailback (of traffic) šňůra aut [shnyoora owt]

tailor krejčí **m** [kraytchee]

take (lead) brát [braht]/vzít [vzeet]
(accept) přijmout [prJeemoht]

can you take me to the airport? můžete mě vzít na letiště? [moozheteh mnyeh – letyish-tyeh]

do you take credit cards? berete platební karty? [plutebnyee kurti]

fine, I'll take it dobře, beru to [dobrJeh beroo]

can I take this? (leaflet etc) mohu si to vzít? [mohoo si]

how long does it take? jak dlouho to trvá? [yuk dloh-ho to turvah]
it takes three hours trvá to tři hodiny [turvah]
is this seat taken? je toto místo obsazeno? [yeh – meesto opsuzeno]
can you take a little off here? (to hairdresser) můžete mi to tady trochu sestřihnout? [mOOJeteh – tudi troHoo sestrJihnoht]
hamburger to take away prodej hamburgerů přes ulici [proday – prJes oolitsi]
talcum powder pudr [poodur]
talk (verb) mluvit [mloovit]
tall vysoký [visokee]
tampons tampóny **mpl** [tumpawni]
tan (noun) opálení [opahlenyee]
to get a tan opálit se [opahlit seh]
tank (of car) nádrž **f** [nahdursh]
tap kohoutek [kohohtek]
tape (for cassette) páska [pahska] (sticky) izolepa
tape measure krejčovský metr [kraytchofskee metur]
tape recorder magnetofon [mug–]
taste (noun) chuť **f** [Hootyeh]
can I taste it? mohu to ochutnat? [mohoo to oHootnut]
taxi taxi [tuksi] **n**
will you get me a taxi? zavoláte mi taxi? [zuvolahteh]
where can I find a taxi? kde mohu najít taxi? [gudeh mohoo nī-eet]

dialogue

to the airport/to the Forum Hotel, please na letiště/do hotelu Forum, prosím [letyish-tyeh/do hoteloo – proseem]
how much will it be? kolik to bude stát? [boodeh staht]
... crowns ... korun [koroon]
that's fine, right here, thanks to je dobré, tady, děkuji [yeh dobreh tudi dyekoo-yi]

taxi-driver taxikář [tuksikarJ]
taxi rank stanoviště taxi **n** [stunovishtyeh]
tea čaj [tchī]
one tea/two teas, please jeden čaj/dva čaje, prosím [chī-eh proseem]
teabags porcovaný čaj [portsovanee]
teach: could you teach me? (to man/woman) mohl/mohla byste mě učit? [mohul/mo-hla bisteh mnyeh ootchit]
teacher (man/woman) učitel [ootchitel]/učitelka
team družstvo [drooshstvo]
teaspoon čajová lžička [tchī-ovah luJitchka]
tea towel utěrka [ootyerka]
teenager teenager
telephone telefon

see phone
television televize **f** [televizeh]
tell: could you tell him ...? (to man/woman) mohl/mohla byste mu říct ...? [mohul/mohla bisteh moo rJeetst]
temperature (weather) teplota (fever) horečka [horetchka]
tennis tenis
tennis ball tenisový míč [–ovee meech]
tennis court tenisový kurt [koort]
tennis racket tenisová raketa [–ovah ruketa]
tent stan [stun]
term (at university, school) semestr
terminus (rail) konečná stanice **f** [konetchnah stunyitseh]
terrible strašný [strushnee]
terrific fantastický [fantastitskee]
text (message) textová zpráva [textohuvah sprahva]
than* než [nesh]
smaller than menší než
thank: thanks díky [dyeeki]
thank you děkuji vám [dyekoo-yi vahm]
thank you very much děkuji mockrát [motskraht]
thanks for the lift díky za svezení
no thanks ne, díky [neh]

dialogue

thanks díky
that's OK, don't mention it
to je v pořádku, není zač [yeh fporJahtkoo nenyee zutch]

that: that man ten muž
that woman ta žena
that one tamten [tumten]
I hope that ... doufám, že ... [dohfahm Jeh]
that's nice to je pěkné [yeh pyekneh]
is that ...? je to ...?
that's it (that's right) to je ono
the*
theatre divadlo [divudlo]
their* jejich [yeh-yiH]
theirs* jejich
them* jim [yim]
for them pro ně [nyeh]
with them s nimi [snyimi]
I gave it to them (said by man/woman) dal/dala jsem jim to [dul – sem yim]
who? – them kdo? – oni [gudo onyi]
then potom
there tam [tum]
over there tamhle [tum-hleh]
up there tamhle
is there ...? je tady ...? [yeh tudi]
are there ...? jsou tady ...? [soh]
there is ... tady je ...
there are ... tady jsou ...
there you are (giving something) prosím [proseem]
thermal springs termální prameny **mpl** [termahlnyee prumeni]

thermometer teploměr [teplo-mnyer]
thermos flask termoska
these*: these men ti muži [tyi]
these women ty ženy [ti]
can I have these? mohu dostat tyto? [mohoo dostut tito]
they* oni [onyi], ony [oni], ona
thick silný [silnee]
(stupid) hloupý [hlohpee]
thief (man/woman) zloděj [zlodyay]/zlodějka
thigh stehno
thin tenký [tenkee]
thing věc **f** [vyets]
my things mé věci [meh]
think myslet [mislet]
I think so myslím, že ano [misleem Jeh uno]
I don't think so myslím, že ne [neh]
I'll think about it budu o tom přemýšlet [boodoo – prJemeeshlet]
third party insurance pojištění zákonné odpovědnosti [po-yish-tyenyee zahkonneh otpo-vyednostyi]
thirsty: I'm thirsty mám žízeň [mahm Jeezenyeh]
this: this man tento muž
this woman tato žena [tuto]
this one tento
this is my wife to je moje manželka [yeh mo-yeh munJelka]
is this ...? je to ...?
those: those men ti muži [tyi]
those women ty ženy [ti]
which ones? – those kteří? – ti [kuterJee – tyi]
thread nit **f** [nyit]
throat hrdlo [hurdlo]
throat pastilles pastilky **fpl** [pustilki]
through skrz [skurs]
does it go through ...? (train, bus) projíždí to ...? [pro-yeeJ-dyee]
throw (verb) házet [hahzet]/ hodit [ho-dyit]
throw away zahodit [zuho-dyit]
thumb palec [pulets]
thunderstorm bouře **f** [bohrJeh]
Thursday čtvrtek [chutvurtek]
ticket lístek [leestek]
(for plane) letenka

dialogue

a return ticket to Tábor zpáteční do Tábora [spahtetch-nyee]
coming back when? kdy se vracíte? [gudi seh vrutseeteh]
today/next Tuesday dnes/ v úterý
that will be 64 crowns šedesát čtyři korun [koroon]

ticket office pokladna [pokludna]
tie (necktie) vázanka [vahzunka], kravata [kruvuta]
tight (clothes etc) těsný [tyesnee]
it's too tight je to příliš těsné [yeh to prJeelish tyesneh]

tights punčocháče **fpl** [poontchoHahtcheh]
till (cash desk) pokladna [pokludna]
time* čas [chus]
what's the time? kolik je hodin? [yeh ho-dyin]
this time tentokrát [tentokraht]
last time posledně [posled-nyeh]
next time příště [prJeesh-tyeh]
four times čtyřikrát [chtirJikraht]
timetable jízdní řád [yeezd-nyee rJaht]
tin (can) plechovka [pleHofka]
tinfoil staniol [stuni-ol]
tin opener otvírák konzerv [otveerahk konzerf]
tiny malinký [mulinkee]
tip (for waiter etc) spropitné **n** [spropitneh]
tired unavený [oonuvenee]
I'm tired (said by man/woman) jsem unavený/unavená [sem]
tissues papírové kapesníky [pupeeroveh kupesnyeeki]
to: to Prague do Prahy [pruhi]
to the Czech Republic do České republiky [cheskeh repoobliki]
to the post office na poštu [poshtoo]
toast (bread) topinka
today dnes
toe palec [pulets]
together společně [spoletch-nyeh]
we're together (in shop etc) jsme spolu [smeh spoloo]
can we pay together? můžeme platit dohromady? [mOOJemeh plutyit dohromudi]
toilet toaleta [to-uleta]
where is the toilet? kde je toaleta? [gudeh yeh]
I have to go to the toilet musím jít na toaletu [mooseem yeet]
toilet paper toaletní papír [to-ulet-nyee pupeer]
tomato rajčé jablko [rītcheh yubulko]
tomato juice rajčatová šťáva [rītchutovah shtyahva]
tomato ketchup kečup [ketchoop]
tomorrow zítra [zeetra]
tomorrow morning zítra ráno [rahno]
the day after tomorrow pozítří [pozeetrJee]
toner (cosmetic) toner
tongue jazyk [yuzik]
tonic (water) tonik
tonight dnes večer [vetcher]
tonsillitis zánět mandlí [zahnyet mundlee]
too (excessively) příliš [prJeelish] (also) také [tukeh]
too hot příliš horko
too much příliš mnoho
me too já také [yah tukeh]
tooth zub [zoop]
toothache bolest zubu **f** [zooboo]
toothbrush kartáček na zuby [kartahtchek na zoobi]

toothpaste pasta na zuby [pusta]
top: on top of it k tomu [tomoo]
at the top nahoře [nuhorJeh]
top floor horní patro [hornyee putro]
topless nahoře bez
torch baterka **f** [buterka]
total (noun) celek [tselek]
tour (noun) prohlídka [prohleetka]
is there a tour of ...? existuje prohlídka (+ gen) ...? [existoo-yeh]
tour guide průvodce [prOOvotseh]
tourist (man/woman) turista [toorista]/turistka
tourist information office turistická informační kancelář **f** [tooristitskah informuchnyee kuntselarJ]
tour operator cestovní agentura [tsestovnyee ugentoora]
towards směrem k (+ dat) [smnyerem]
towel ručník [roochnyeek]
town město **n** [mnyesto]
in town ve městě [veh mnyes-tyeh]
just out of town hned za městem [hnet]
town centre střed města [strJet mnyesta], centrum města [tsentroom]
town hall radnice **f** [rudnitseh]
toy hračka [hrutchka]
track (US) nástupiště **n** [nahstoopish-tyeh]
see **platform**
tracksuit tepláková souprava [teplahkovah sohpruva]
traditional tradiční [truditch-nyee]
traffic provoz [provos]
traffic jam dopravní zácpa [dopravnyee zahtspa]
traffic lights semafor [semufor]
trailer (for carrying tent etc) přívěs [prJeevyes]
(US) karavan [kuruvun], obytný přívěs [obitnee]
trailer park kemp pro přívěsy [prJeevyesi]
train vlak [vluk]
by train vlakem

dialogue

is this the train for Brno?
jede to do Brna? [yedeh to do burna]
sure ano [uno]
no, you want that platform there ne, musíte jet z tamtoho nástupiště [neh mooseeteh yet stumtoho nahstoopish-tyeh]

trainers (shoes) tenisky **fpl** [teniski]
train station železniční stanice [zheleznitch-nyee stunyitseh]
tram tramvaj **f** [trumvī]
tram stop tramvajová zastávka [trumvī-ovah zustahfka]
translate překládat

[prJeklahdut]/přeložit [prJeloJit]
could you translate that? (to man/woman) mohl/mohla byste to přeložit? [mohul/mohla bisteh to]
translation překlad [prJeklut]
translator (man/woman) překladatel [prJekludutel]/překladatelka
trashcan popelnice **f** [popelnitseh]
travel cestovat [tsestovut]
we're travelling around jen tak cestujeme [yen tuk tsestooyemeh]
travel agent's cestovní agentura [tsestov-nyee ugentoora]
traveller's cheque cestovní šek [shek]
tray podnos
tree strom
tremendous obrovský [obrofskee]
trendy módní [mawd-nyee]
trim: just a trim please (to hairdresser) jen zarovnat, prosím [yen zarovnut]
trip (excursion) výlet [veelet]
I'd like to go on a trip to ... (said by man/woman) rád/ráda bych jel/jela na výlet do (+ gen) ... [raht/rahda biH yel/yela na veelet]
trolley vozík [vozeek]
trolleybus trolejbus [trolayboos]
trouble (noun) problém
I'm having trouble with ... mám problém s (+ instr) ... [mahm]
trousers kalhoty **fpl** [kulhoti]
true skutečný [skootetchnee]
that's not true to není pravda [nenyee pruvda]
trunk (of car) zavazadlový prostor [zuvuzudlovee], kufr [koofr]
trunks (swimming) plavky **fpl** [plufki]
try zkusit [skoosit]
can I have a try? mohu to zkusit? [mohoo]
try on zkusit si
can I try it on? mohu si to zkusit?
T-shirt tričko [tritchko]
Tuesday úterý **n** [OOteree]
tuna tuňák [toonyahk]
tunnel tunel [toonel]
turn: turn left/right zabočte doleva/doprava [zubotchteh]
turn off: where do I turn off? kde musím odbočit? [gudeh mooseem odbotchit]
can you turn the heating off? můžete vypnout topení? [mOOJeteh vipnoht topenyee]
turn on: can you turn the heating on? můžete zapnout topení? [zupnoht]
turning (in road) zatáčka [zutahtchka]
TV televize [televizeh]
tweezers pinzeta
twice dvakrát [dvukraht]
twice as much dvakrát tolik
twin beds manželské postele [munJelskeh posteleh]

twin room dvoulůžkový pokoj [dvohlOOshkovee pokoy]
twist: I've twisted my ankle (said by man/woman) zvrtl/zvrtla jsem si kotník [zvurtul/zvurtula sem si kotnyeek]
type (noun) typ [tip]
a different type of ... jiný typ (+ gen) ... [yinee]
typical typický [tipitskee]
tyre pneumatika [puneh-oomutika]

U

ugly škaredý [shkaredee]
UK Spojené království [spo-yeneh krahlofstvee]
Ukraine Ukrajina [ookrī-ina]
Ukrainian (adj) ukrajinský [ookrī-inskee]
ulcer vřed [vrJet]
umbrella deštník [desht-nyeek]
uncle strýc [streets]
unconscious v bezvědomí [vbez-vyedomee]
under pod (+ instr)
underdone (meat) nedopečený [nedopetchenee]
underground (railway) metro
underpants spodky **fpl** [spotki]
understand: I understand rozumím [rohzoomeem]
I don't understand nerozumím
do you understand? rozumíte? [rozoomeeteh]
unemployed nezaměstnaný [nezuh-mnyestnunee]
United States Spojené státy [spo-yeneh stahti]
university univerzita [ooniverzita]
unleaded petrol bezolovnatý benzín [bezolovnutee benzeen], Natural [nutoorul]
unlimited mileage bez omezení kilometrů [omezenyee kilometrOO]
unlock odemknout [odemknoht]
unpack vybalit [vibalit]
until do (+ gen)
unusual neobyčejný [neobitchaynee]
up nahoře [nahorJeh]
(upwards) nahoru [nahoroo]
up there tam nahoře [tum nahorJeh]
he's not up yet (not out of bed) ještě není vzhůru [yeshtyeh nenyee vzhOOroo]
what's up? (what's wrong?) co se děje? [tso seh dyay-eh]
upmarket (restaurant etc) vyšší kategorie [vishee kutegori-eh]
upset stomach pokažený žaludek [pokuJenee Juloodek]
upside down vzhůru nohama [vzhOOroo nohuma]
upstairs nahoře [nahorJeh]
urgent naléhavý [nuleh-huvee]
us* nás [nahs], nám [nahm], námi
with us s námi
for us pro nás
USA Spojené státy americké [spo-yeneh stahti umeritskeh]
use používat [pohJeevut]/použít [pohJeet]

may I use ...? mohu použít ...? [mohoo pohJeet]
useful užitečný [ooJitetchnee]
usual obvyklý [obviklee]
the usual (drink etc) jako obyčejně [yuko obitchay-nyeh]

vacancy: do you have any vacancies? (hotel) máte něco volného? [mahteh nyetso]
vacation (from school, university) prázdniny **fpl** [prahzd-nyini]
(from work) dovolená [dovolenah]
see **holiday**
vaccination očkování [otchkovah-nyee]
vacuum cleaner vysavač [visuvutch]
valid (ticket etc) platný [plutnee]
how long is it valid for? jak dlouho to platí? [yuk dloh-ho to plutyee]
valley údolí [oodolee]
valuable (adj) cenný [tsennee]
can I leave my valuables here? mohu tady nechat své cennosti? [mohoo tudi neHut sveh tsenostyi]
value (noun) hodnota
van dodávkové auto [dodahfkoveh owto]
vanilla vanilka [vunilka]
a vanilla ice cream vanilková zmrzlina [vunilkovah zmurzlina]
vary: it varies to je různé [yeh rOOzneh]
vase váza [vahza]
veal telecí maso [teletsee muso]
vegetables zelenina [zelenyina]
vegetarian (noun: man/woman) vegetarián [vegeturiahn]/ vegetariánka
vending machine prodejní automat [proday-nyee owtomut]
very velmi
very little for me pro mě jen velmi málo [mnyeh yen – mahlo]
I like it very much moc se mi to líbí [mots seh – leebee]
vest (under shirt) tričko [tritchko]
via přes [prJes]
video (noun: film) video
(recorder) videorekordér
Vienna Vídeň [veeden^yeh]
view výhled [vee-hlet]
villa vila
village vesnice **f** [ves-nyitseh]
vinegar ocet [otset]
vineyard vinice **f** [vi-nyitseh]
visa vízum **n** [veezoom]
visit (verb) navštívit [nufsh-tyeevit]/navštěvovat [nufsh-tyevovut]
I'd like to visit ... (said by man/woman) rád/ráda bych navštívil/navštívila ... [raht/ rahda biH nufsh-tyeevil]
vital: it's vital that ... je nezbytné, aby ... [yeh nezbitneh ubi]
vodka vodka [votka]
voice hlas [hlus]
voltage napětí [nupyetyee]
vomit zvracet [zvrutset]

W

waist pás [pahs]
waistcoat vesta
wait čekat [chekut]/počkat [potchkut]
wait for me počkejte na mě [potchkayteh na mnyeh]
don't wait for me nečekejte na mě [netchekayteh]
can I wait until my wife/partner gets here? mohu počkat, až přijde má žena/můj partner? [mohoo – ush prJi-yudeh]
can you do it while I wait? můžete to udělat na počkání? [mooJeteh to oo-dyelut na potchkah-nyee]
could you wait here for me? (to man/woman) mohl/mohla byste tady na mě počkat? [mohul/mo-hla bisteh tudi na mnyeh potchkut]
waiter číšník [cheesh-nyeek]
waiter! pane vrchní! [puneh vurH-nyee]
waitress číšnice **f** [cheesh-nyitseh]
waitress! paní vrchní! [punyee vurH-nyee]
(to a younger one) slečno! [sletchno]
wake: can you wake me up at 5.30? můžete mě vzbudit v pět třicet? [mOOJeteh mnyeh vzboo-dyit]
wake-up call buzení telefonem [boozenyee]
Wales Wales
walk: is it a long walk? je to pěšky daleko? [yeh to pyeshki duleko]
it's only a short walk není to pěšky daleko [nenyee]
I'll walk půjdu pěšky [pOO-yudoo pyeshki]
I'm going for a walk jdu se projít [yudoo seh pro-yeet]
Walkman® walkman
wall stěna [styena], zeď **f** [zet^{yeh}]
wallet náprsní taška [nahprus-nyee tushka]
wander: I like just wandering around líbí se mi jen tak se procházet [leebee seh mi yen tuk seh proHahzet]
want: I want a ... chci ... [Hutsi]
I don't want any ... nechci žádný ... [neHutsi Jahdnee]
I want to go home chci jít domů [yeet domOO]
I don't want to ... nechci ...
he wants to ... chce ... [Hutseh]
what do you want? co chcete? [tso Hutseteh]
ward (in hospital) oddělení [od-dyelenyee
warm teplý [teplee]
I'm so warm je mi moc teplo [yeh mi mots]
was*: it was ... bylo to ...
wash (verb) mýt [meet]/umýt [oomeet]
(oneself) mýt se [seh]
can you wash these? můžete

tyhle umýt? [mOOJeteh ti-hleh oomeet]

washer (for bolt etc) těsnění [tyes-nyenyee]

washhand basin umývadlo [umeevudlo]

washing (clothes) prádlo [prahdlo]

washing machine pračka [prutchka]

washing powder prášek na praní [prahshek na prunyee]

washing-up liquid mycí prostředek na nádobí [mitsee prostrJedek na nahdobee]

wasp vosa

watch (wristwatch) hodinky **fpl** [ho-dyinki]

will you watch my things for me? pohlídáte mi věci? [po-hleedahteh mi vyetsi]

watch out! pozor! [pozor]

watch strap řemínek na hodinky [rJemeenek]

water voda

may I have some water? můžu dostat trochu vody? [mOOJoo dostut troHoo vodi]

waterproof (adj) vodotěsný [vodo-tyesnee]

waterskiing vodní lyžování [vod-nyee liJovah-nyee]

way: it's this way je to tudy [yeh to toodi]

it's that way je to tamtudy [tumtoodi]

is it a long way to ...? je daleko do (+ gen) ...? [yeh duleko]

no way! v žádném případě! [vJahdnem prJee-pudyeh]

dialogue

could you tell me the way to ...? (to man/woman) mohl/mohla byste mi říct, kudy se jede do ...? [mohul/mo-hla bisteh mi rJeetst koodi seh yedeh]

go straight on until you reach the traffic lights jeďte rovně, až na křižovatku se semaforem [yedyeteh rovnyeh ush na krJiJovutkoo seh semuforem]

turn left zabočte doleva [zabotchteh]

take the first on the right zabočte první doprava [purvnyee dopruva]

see where

we* my [mi]

weak slabý [slubee]

weather počasí [potchusee]

dialogue

what's the weather forecast? jaká je předpověď počasí? [yukah yeh prJetpo-vyetyeh]

it's going to be fine bude hezky [boodeh heski]

it's going to rain bude pršet [purshet]

it'll brighten up later později se vyjasní [pozdyay-i seh vi-yusnyee]

wedding svatba [svutba]
wedding ring snubní prsten [snoob-nyee pursten]
Wednesday středa [strJeda]
week týden [teeden]
a week (from) today za týden
a week (from) tomorrow od zítřka za týden [ot zeetrJka]
weekend víkend [veekend]
at the weekend o víkendu [veekendoo]
weight váha [vah-ha]
weird podivný [podyivnee]
weirdo podivín [podyiveen]
welcome: welcome to ... vítejte v ... (+ loc) [veetayteh]
you're welcome (don't mention it) prosím [proseem]
well: I don't feel well necítím se dobře [netsee-tyeem seh dobrJeh]
she's not well necítí se dobře [netsee-tyee]
you speak English very well mluvíte moc dobře anglicky [mlooveeteh mots dobrJeh unglitski]
well done! výborně! [veebor-nyeh]
this one as well tento také [tukeh]
well well! (surprise) ale, ale! [uleh]

dialogue

how are you? jak se vám daří? [yuk seh vahm darJee]
very well, thanks děkuji, dobře [dyekoo-yi dobrJeh]
– and you? – a vám? [vahm]

well-done (meat) dobře propečený [dobrJeh propetchenee]
Welsh velšský [velshskee]
I'm Welsh (man/woman) jsem Velšan/Velšanka [sem velshun]
were* byl [bil], byli, byly [bili]
west západ [zahpat]
in the west na západě [zahpudyeh]
West Indian (adj) západoindický [zahpado-inditskee]
wet mokrý [mokree]
what? cože? [tsoJeh]
what's that? co je tohle? [tso yeh to-hleh]
what should I do? co bych měl dělat? [tso biH mnyel dyelut]
what a view! to je podívaná! [po-dyeevunah]
what bus is it? který je to autobus? [kuteree yeh to owtobus]
wheel kolo
wheelchair invalidní křeslo [invulid-nyee krJeslo]
when? kdy? [gudi]
when we get back když se vrátíme [gudish seh vrah-

tyeemeh]
when's the train? kdy jede vlak? [yedeh vluk]
where? kde? [gudeh]
I don't know where it is nevím, kde to je [neveem – yeh]

dialogue

where is the cathedral? kde je katedrála? [gudeh]
it's over there je to tamhle [yeh to tum-hleh]
could you show me where it is on the map? (to man/woman) mohl/mohla byste mi to ukázat na mapě? [mohul/mo-hla bisteh mi to ookahzut na mupyeh]
it's just here je to přesně tady [yeh to prJes-nyeh tudi]
see way

which: which bus? který autobus? [kuteree owtoboos]

dialogue

which one? který/ktera? [kuteree]
that one tamten/tamta [tumten]
this one? ten/ta?
no, that one ne, tamten/tamtu [neh]

while: while I'm here zatímco jsem tady [zutyeemtso sem tudi]
whisky whisky **f**
white bílý [beelee]
white wine bílé víno [beeleh veeno]
who? kdo? [gudo]
who is it? kdo je to? [yeh]
the man who ... ten muž, který ... [kuteree]
whole: the whole week celý týden [tselee teeden]
the whole lot všechno [fsheHno]
whose: whose is this? čí je to? [chee yeh]
why? proč? [protch]
why not? proč ne? [neh]
wide široký [shirokee]
wife: my wife moje manželka [mo-yeh munJelka]
will*: will you do it for me? uděláte to pro mě? [oo-dyelahteh to pro mnyeh]
wind (noun) vítr [veetr]
window (of house) okno (of shop) výklad [veeklut]
near the window blízko okna [bleesko]
in the window (of shop) ve výkladě [veh veekludyeh]
window seat místo u okna [meesto oo]
windscreen čelní okno [chel-nyee]
windscreen wiper stěrač čelního skla **n** [styerutch]
windsurfing windsurfing
windy: it's so windy hodně fouká [hod-nyeh fohkah]
wine víno [veeno]
can we have some more

wine? můžeme dostat ještě víno? [mOOJemeh dostut yeshtyeh veeno]
wine bar vinárna
wine list nápojový lístek [nahpo-yovee leestek]
winter zima
in the winter v zimě [zimnyeh]
winter holiday zimní prázdniny [zimnyee prahzd-nyini]
wire drát [draht]
wish: best wishes všechno nejlepší [fsheHno naylepshee]
with s (+ instr)
I'm staying with ... bydlím s (+ instr) ... [bidleem]
without bez (+ gen)
witness (man/woman) svědek [svyedek]/svědkyně [svyetkinyeh]
will you be a witness for me? budete můj svědek? [boodeteh mOO-yuh svyedek]
woman žena [Jena]
wonderful nádherný [nahdhernee]
won't*: it won't start nechce to nastartovat [neHutseh to nusturtovut]
wood (material) dřevo [drJevo]
woods (forest) les
wool vlna [vulna]
word slovo
work (noun) práce **f** [prahtseh]
it's not working nefunguje to [nefoongoo-yeh]
I work in ... pracuju v (+ loc) ... [prutsoo-yoo]
world svět [svyet]
worry: I'm worried mám starosti [mahm sturostyi]
worse: it's worse je to horší [yeh to horshee]
worst nejhorší [nayhorshee]
worth: is it worth a visit? stojí to za návštěvu? [sto-yee – nahfsh-tyevoo]
would: would you give this to ...? (to man/woman) dal/dala byste to (+ dat) ...? [dul/dula bisteh]
wrap: could you wrap it up? (to man/woman) mohl/mohla byste to zabalit? [mohul/mo-hla zubulit]
wrapping paper balicí papír [bulitsee pupeer]
wrist zápěstí [zahpyes-tyee]
write psát [psaht]/napsat [nupsut]
could you write it down? (to man/woman) mohl/mohla byste to napsat? [mohul/mo-hla bisteh]
how do you write it? jak to píšete? [yuk to peesheteh]
writing paper psací papír [psutsee pupeer]
wrong: it's the wrong key to je špatný klíč [yeh shpahtnee]
this is the wrong train to je špatný vlak
the bill's wrong účet je špatně [OOchet yeh shpaht-nyeh]
sorry, wrong number promiňte, to je omyl [omil]

sorry, wrong room (said by man/woman) promiňte, spletl/spletla jsem si pokoj [spletul – sem si pokoy]
there's something wrong with ... něco je v nepořádku ... [nyetso yeh fneporJahtkoo]
what's wrong? co se děje? [tso seh dyay-eh]

X-ray rentgen

yacht jachta [yaHta]
yard* yard
year rok
yellow žlutý [Jlutee]
yes ano [uno]
yesterday včera [fchera]
yesterday morning včera ráno [rahno]
the day before yesterday předevčírem [prJedefcheerem]
yet nicméně [nitsmenyeh], už [oosh]

dialogue

is it here yet? už je tady? [yeh tudi]
no, not yet ne, ještě ne [neh yesh-tyeh]
you'll have to wait a little longer yet budete muset ještě chvíli počkat [boodeteh mooset yeshtyeh Hveeli potchkut]

yobbo klacek [klutsek]
yoghurt jogurt [yogoort]
natural yoghurt přírodní jogurt [prJeerod-nyee]
you* (sing, fam) ty [ti]
(pl or pol) vy
this is for you to je pro tebe/vás [yeh pro tebeh/vahs]
with you s tebou/vámi [teboh/vahmi]
young mladý [mludee]
your* (sing, fam) tvůj [tvoo-i], tvoje [tvo-yeh]
(pl or pol) váš [vahsh], vaše [vahsheh]
yours* (sing, fam) tvůj, tvoje
(pl or pol) váš, vaše
youth hostel (turistická) ubytovna mládeže [tooristitskah oobitovna mlahdeJeh]

zero nula [noola]
zip zip
could you put a new zip on? (to man/woman) mohl/mohla byste našít nový zip? [mohul/mo-hla nusheet novee]
zoo zoologická zahrada [zo-ologitskah]

Czech → English

Colloquial Czech

The following are words or expressions you might well hear. You shouldn't be tempted to use any of the stronger ones unless you are sure of your audience.

dej mi pokoj! [day mi pokoy] leave me alone!

do prdele! [doh puhrdehleh] oh shit!

hajzl [hīzuhl] loo, john

hergot! bloody hell!

hovno shit; crap; bugger all, zilch

hovno! (as a negative answer) no bloody way!

chlápek [Hlahpek] guy

chlast [Hlust] booze

jdi do hajzlu! [yd^{yeh} doh hīzloo] fuck you!

jdi do prdele! [puhrdehleh] piss off!, bugger off!

je to na hovno it's no bloody good

jsme v hajzlu! [hīzloo] we're in deep shit

kačka [kutchka] one crown

kočka [kotchka] bird, chick

kruci! [krootsi] for Christ's sake!

kurva [koorva] whore; bitch; bastard

kurva! fuck!

litr [littuhr] one thousand crowns

meloun [melown] one million crowns

polda cop

prdel [puhrdel] arse

sakra! [sukra] bloody hell!

sranda [srunda] fun

šoustat [showstut] to screw

to mě poser! [to mn^{yeh} posser] I'll be buggered!

vožralá [vohJralah] pissed, smashed (woman)

vožralej [vohJralay] pissed, smashed (man)

vypadni! [vippudn^{yeh}] get out!

zapomeň na to! [zuppohmen^{yeh} nutto] forget it!

zmiz! get off!, beat it!

For a note on Czech genders, see page 230

A

a [a] and
ačkoliv [utchkolif] although
adaptér [udapter] adaptor
adresář [udresahrJ] address book
adresát [udresaht] addressee
advokát m [udvokaht], **advokátka f** lawyer
agentura [agentoora] agency
agresivní [ugresiv-nyee] aggressive
ahoj [uhoy] hello, hi; cheerio
aktovka [uktofka] briefcase
aktuální [uktoo-ahl-nyee] recent
ale [uleh] but
ale ano! [uno] oh yes I do!
alergický na [ulergitskee] allergic to
amatérský [umaterskee] non-professional
ambiciózní [umbitsi-awz-nyee] ambitious
ambulance f [umbooluntseh] out-patients' department
americký [umeritskee] American (adj)
Američan m [umeritchun], **Američanka f** American
ampér amp
anglický [unglitskee] English
Angličan [unglitchun] Englishman
Angličanka Englishwoman
angličtina [unglitch-tyina] English (language)
Anglie f [ungli-eh] England
ani ... ani ... [unyi] neither ... nor ...
ano [uno] yes
antikoncepce f [untikontsep-tseh] contraception
antikoncepční prostředek [untikontseptch-nyee prostrJyedek] contraceptive
antikvariát [untikvariaht] secondhand bookshop/bookstore
apartmá n [upurtmah] suite
archeologický výzkum m sing [–gitskee veeskoom] archaeological excavations
architekt m [arHitekt], **architektka f** architect
architektura [arHitektoora] architecture
arkýř [arkeerJ] bay window
asi [usi] about; probably
astma [ustma] asthma
atletika [utletika] athletics
atraktivní [utruktiv-nyee] attractive
Australan m [owstrulun], **Australanka f** Australian
Austrálie f [owstrahli-eh] Australia
australský [owstrulskee] Australian (adj)
auto m [owto] car
autobus [owtoboos] bus; coach
autobusová zastávka [–sovah zustahfkah] bus stop
autobusové nádraží m [–soveh

nahdruJee] bus station/coach station
autokempink [owtokempink] motel and campsite
automatický [owtomutitskee] automatic
automobil [owtomobil] car
automobilové závody mpl [–loveh zahvodi] motor racing

B

babička [bubitchka] grandmother
bahnitý [buh-nyitee] muddy
balení [balen-yee] package size
balet [balet] ballet
balicí papír [balitsee pupeer] wrapping paper
balíček [buleetchek] package
balík [buleek] parcel
balíková přepážka [buleekovah prJepahshka] parcels counter
balíky mpl parcels
balit/zabalit [zubulit] to pack; to wrap
balkón [bulkawn] balcony
balón [bulawn] ball
banka [bunka] bank
bankokarta [bunkokurta] card used at a cash dispenser/automatic teller
bankomat [bunkomut] cash dispenser, automatic teller
bankovka [bunkofka] banknote, (US) bill
barevný [burevnee] coloured, colour (adj)
barmanka [burmunka] barmaid
barva [burva] colour
barva na vlasy [vlusi] hair dye
barvy fpl [burvi] colours, hues
barvy-laky fpl [luki] paints
baterie f [buteri-eh] battery
baterka [buterka] torch
batoh [butoH] backpack
bát se [baht seh] to be afraid of
bavlna [buvulna] cotton
bazén f [buzen] swimming pool
bázlivý [bahzlivee] timid
běhat [byeh-hut] to run; to jog
během [byeh-hem] during
Belgie f [belgi-eh] Belgium
bělovlasý [byelo-vlusee] white-haired
benzín [benzeen] petrol, (US) gasoline
benzínová stanice f [benzeenovah stunyitseh] petrol station, gas station
berle fpl [berleh] crutches
berte ... tablety najednou take ... pills/tablets at a time
beton concrete
betonový [betonovee] concrete
bez [bes] without
bezbarvý [bezburvee] colourless
bezbolestný [bezbolestnee] painless
bezbranný [bezbrunee] defenceless
bezcelný [bes-tselnee] duty-free
bezcenný [bestsenee] worthless
bez konzervačních přísad no preservatives
beznadějný [beznudyay-nee]

hopeless
bezolovnatý [bezolovnutee] lead-free
bezpečnostní pás [bespetchnost-nyee pahs] seat belt
bezpečnostní zóna [zawna] safety zone
bezpečný [bespetchnee] safe
bezplatný [besplutnee] free (of charge)
bezprostřední [besprostrJed-nyee] immediate
bezradný [bezrudnee] puzzled
bezvadný [bezvudnee] perfect
bezvětří [bez-vyetrJee] mild weather
bezvízový styk f [bezveezovee stik] no visa required
bezvýsledný [bezveeslednee] fruitless
běžet [byeJet] to run, to go for a run
běžný [byeJnee] common
béžový [beh-Jovee] beige
bicí npl [bitsee] drums
bílý [beelee] white
bít [beet] to beat up
blahopřeji! [bluhoprJay-i] congratulations!
bláto [blahto] mud
bláznivý [blah-znyivee] mad
blbče! [bulptcheh] you idiot!
blbec [bulbets] idiot
bledý [bledee] pale
blecha [bleh-Ha] flea
blesk flash; lightning
bleskový [bleskovee] very fast
blinkr [blinkur] indicator
blízký [bleeskee] near
blížit se [bleeJit seh] to approach, to near
blondýna f [blondeena] blonde
blýskat se [bleeskut seh] to lighten
boční světla npl [botch-nyee svyetla] sidelights
bohatý [bohutee] rich
bojácný [boy-ahtsnee] timid
bok hip
bolest f pain
bolestivý [bolestyivee] painful
bolet to ache
bonbón [bonbawn] sweet, candy
borovice f [borovitseh] pine tree
bosý [bosee] barefoot
bota m boot (shoe)
botanická zahrada [botunitskah zuhruda] botanical garden
bouře f [boh-rJeh] storm
brada [bruda] chin
bradka [brutka] beard
branka [brunka] goal
brát/vzít* [braht/vuzeet] to take
bratr [brutur] brother
bratranec [brutrunets] cousin (male)
Brit m Briton
britský British
brouk [brohk] beetle
broušené sklo n [brohsheneh] cut glass
brož f [brosh] brooch
brožura [broJoora] brochure
bruneta f [brooneta] brunette
brusle fpl [broosleh] skates
bruslení [brooslenyee] skating
brutální [brootahlnyee] brutal

brýle fpl [breeleh] glasses, (US) eyeglasses
brzda [burzda] brake
brzdová kapalina [burzdovah kupulina] brake fluid
brzy [burzi] soon
břeh [brJeH] river bank
březen [brJezen] March
břitva [brJitva] razor
bříza m [brJeeza] birch
buben [booben] drum
bude [boodeh] he/she/it will be
budeme [boodemeh] we will be
budeš [boodesh] you will be
budete [boodete] you will be
budík [boo-dyeek] alarm clock
budit [boo-dyit] to wake (someone)
buď'... nebo [boot[yeh]] either ... or ...
budou [boodoh] they will be
budoucí [boodohtsee] future
budoucnost f [boodohtsnost] future
budova [boodova] building
budu [boodoo] I will be
bufet [boofet] snack bar
Bůh [booH] God
Bulhar m [boolhur], **Bulharka f** Bulgarian
Bulharsko [boolhursko] Bulgaria
bulharský [boolhurskee] Bulgarian (adj)
bulharština [boolhursh-tyina] Bulgarian (language)
bunda [boonda] jacket
butan [bootan] camping gas
bydlet [bidlet] to live; to stay
býk [beek] bull
byl [bil] he was
byla [bila] she was; they were
byla jsem [sem] I was
byla jsi [si] you were
byli [bili] they were
byli jsme [smeh] we were
byli jste [steh] you were
byl jsem [sem] I was
byl jsi [si] you were
bylina [bilina] herb
bylo [bilo] it was
byly [bili] they were
byly jsme [smeh] we were
byly jste [steh] you were
bystrý [bistree] bright
byt [bit] flat, apartment
být* [beet] to be
byt a strava [bit a struva] board and lodging
být na dně [beet na-dnyeh] to be down, to be depressed
být vzhůru [vuz-hOOroo] to be awake

C

celkem [tselkem] altogether
celkový [tselkovee] complete
celnice f [tsel-nyitseh] customs
celní kontrola [tsel-nyee] customs control
celní prohlášení [pro-hlahshen-nyee] customs declaration
celodenní [tselodenyee] all day long
celý [tselee] all; whole
cena [tsena] price
v ceně [ftsenyeh] included

ceník holičských prací price list (in barber's)
ceník kadeřnických prací price list (in hairdresser's)
cenný [tsenee] valuable
cenová: I./II./III./IV. cenová skupina restaurant price categories 1/2/3/4, 1 being the most expensive
centrum [tsentrum] town centre
cesta [tsesta] journey; road
cestovat [tsestovut] to travel
cestovní kancelář f [tsestov-nyee kuntselarJ] travel agency
cestovní pas [tsestov-nyee pus] passport
cestovní šek [tsestov-nyee shek] traveller's cheque
cestující m/f [tsestoo-yeetsee] passenger
cigareta [tsigureta] cigarette
cihla [tsi-hla] brick
cikán m [tsikahn], **cikánka f** gypsy
cimbál [tsimbahl] dulcimer
cimbálová muzika [tsimbahlovah moozika] fiddle and dulcimer folk band
církevní [tseerkev-nyee] church (adj)
cítit [tsee-tyit] to smell
cítit se [seh] to feel
citlivý [tsitlivee] sensitive
cizí [tsizee] foreign; strange
cizinec m [tsizinets] **cizinka f** foreigner; stranger
clo [tslo] customs
co?* [tso] what?
co je to? [yeh] what's this?
cože? [tsoJeh] what?
cukrárna [tsookrarna] cake shop; café; confectionery shop
cyklista m [tsiklista], **cyklistka f** cyclist
cyklistika [tsiklistika] cycling

čajová konvice f [chī-ovah konvitseh] teapot
čas [chus] time
časně [chus-nyeh] early
časopis [chusopis] magazine
část f [chahst] part
často [chusto] often
častý [chustee] frequent
ČD Czech Railways
ČEDOK [chedok] Czech travel agency
Čech m [cheH] Czech, Bohemian (man)
Čechy fpl [cheHi] Bohemia
čekárna [chekarna] waiting room
čekat [chekut] to wait
čelist f [chelist] jaw
čelní sklo [chel-nyee sklo] windscreen
čelo [chelo] forehead
čepice f [chepitseh] cap
černý [chernee] black
černý kašel [chernee kashel] whooping cough
čerstvě natřeno wet paint
čerstvý [cherstvee] fresh
červen [cherven] June
červenec [chervenets] July

červený [chervenee] red
česat se [chesut seh] to comb one's hair
Česká republika [cheskah repoobIika] Czech Republic
České dráhy Czech Railways
český Czech; Bohemian
čestný [chestnee] honest
Češi mpl [cheshi] the Czechs
Češka f [cheshka] Czech; Bohemian (woman)
čeština [chesh-tyina] Czech (language)
četl he read
čí [chee] whose
čilý [chilee] active
činohra [chino-hra] drama
čínský [cheenskee] Chinese
číslo n [cheeslo] number
číslo pasu [pasoo] passport number
jaké je to číslo? [yukeh yeh to cheeslo] what number is it?
číst* [cheest] to read
čistírna [chis-tyeerna] dry cleaner's
čistý [chistee] clean
číšnice f [cheesh-nyitseh] waitress
číšník [cheesh-nyeek] waiter
člověk [chlo-vyek] man
čokoláda [chokolahda] chocolate
čokoládový [chokolahdovee] chocolate (adj)
ČR [cheh er] Czech Republic
ČSA Czech Airways
ČSAD Czech transport company
čtrnáct [chturnahtst] fourteen
čtrnáctý [chturnahtstee] fourteenth
čtvrt f [chut-vurt] quarter
čtvrtek [chut-vurtek] Thursday
čtvrtý [chut-vurtee] fourth
čtyři [chtirJi] four
čtyřicet [chtirJitset] forty

D

dále! [dahleh] come in!
daleko [duleko] far (away)
dálkový spoj [dahlkovee spoy] long-distance bus
dálnice f [dahl-nyitseh] motorway, highway, freeway
další! [dulshee] next one please!
dáma [dahma] lady
dámská vložka [dahmskah vloshka] sanitary towel/ napkin
dámské oděvy mpl [dahmskeh odyevi] ladies' wear
dámy fpl [dahmi] ladies' (toilet), ladies' room
Dán m [dahn], **Dánka f** Dane
Dánsko [dahnsko] Denmark
dánský [dahnskee] Danish
dánština [dahn-shtyina] Danish (language)
daň f [dun^{yeh}] tax
dárek present (gift)
dáseň f [dahsen^{yeh}] gum (in mouth)
dát [daht] to give
datum n [dahtoom] date (time)
datum narození [narozenyee]

date of birth
dav [duf] crowd
dávat/dát [dahvut] to give
dávat/dát přednost [prJednost] to prefer; to give way to
dcera [tsera] daughter
dědeček [dyedetchek] grandfather
dědičný [dyeh-dyitchnee] hereditary
dějiny fpl [dyay-ini] history
dej přednost give way
deka blanket
děkovat/poděkovat [dyekovut] to thank
děkuji (vám) [dyekoo-yi (vahm)] thank you
dělat/udělat [oodyelut] to make; to do
dělej! [dyelay] move!
dělit se/podělit se [dyelit seh] to share
délka length
delší [delshee] longer
demise f [demiseh] resignation
den day
deník [denyeek] diary
denní krém [denyee] day cream
denní sazba [suzba] daily rate
denní teplota daily temperature
denní tisk [tyisk] daily papers
denní vinárna wine-bar open during the day
desátý [desahtee] tenth
deset ten
děsivý [dyesivee] appalling
deska board; record
déšť [deshtyeh] rain
deštivý [desh-tyivee] rainy
deštník [desht-nyeek] umbrella
detailní [deta-il-nyee] detailed
děťátko n [dyeh-tyahtko] baby
děti [dyetyi] children
dětská postýlka [dyetskah posteelka] cot
dětský [dyetskee] child's
dětství n [dyet-stvee] childhood
devadesát [devudesaht] ninety
devatenáct [devutenahtst] nineteen
devatenáctý [devutenahtstee] nineteenth
devátý [devahtee] ninth
děvčátko n [dyefchahtko] little girl
děvče n [dyeftcheh] girl
devět [devyet] nine
devizový kurs [devizovee koors] exchange rate
devizy mpl [devizi] hard currency
diabetický [di-abetitskee] diabetic (adj)
diapozitiv [di-apozitif] slide (film)
díky [dyeeki] thanks
diplomatický [–titskee] diplomatic
díra [dyeera] hole
dirigent m, dirigentka f conductor
diskrétní [–nyee] discreet
dítě n [dyeetyeh] child
divadlo [dyivudlo] theatre
dívat se/podívat se [po-dyeevut seh] to look
dívka [dyeefka] girl
divný [dyivnee] funny; strange

divoký [dyivokee] wild
dlouho [dloh-ho] a long time
dlouhý [dloh-hee] long; tall
dnes today
dnes večer [vetcher] tonight
do* until; to
dobírka [dobeerka] cash on delivery
dobré ráno [dobreh rahno] good morning
dobrodružný [dobro-drooJnee] adventurous
dobrou chuť [dobroh Hoot[yeh]] enjoy your meal!
dobrou noc [nots] good night
dobrovolný [dobrovolnee] voluntary
dobrý [dobree] good
dobrý den [den] hello
dobrý večer [vetcher] good evening
dobře! [dobrJeh] good!
dobře, děkuji [dyekoo-yi] very well thank you
dočasný [dochusnee] temporary
do data na obalu before date on the package
dodatečný [dodutetchnee] supplementary
dodávkové auto [dodahfkoveh owto] van
dodržet [dodurJet] to keep one's word
dohoda agreement
dojatý [do-yutee] moved
dojemný [do-yemnee] touching
dojet [do-yet] to arrive
dojíst [do-yeest] to eat up
doklad [doklut] document
dokonalý [dokonulee] perfect
dokonce [dokontseh] even
doktorka f doctor (woman)
doletět [doleh-tyet] to fly to (one's destination)
doma home; at home
domácí potřeby fpl [domahtsee potrJebi] domestic appliances
dopis letter
doporučeně [doporootcheh-nyeh] by registered mail
doporučené dopisy registered letters
doporučit [dopo-rootchit] to recommend
doprava (f) [dopruva] transport; to the right
dopravní podnik transport company
do prčic! [purtchits] hell!
do prdele! [purdeleh] shit!
doprovázet/doprovodit [doprovahzet/doprovo-dyit] to accompany
dopředu [doprJedoo] forward
dospělá f [dos-pyelah] adult
dospělí mpl [dos-pyelee] adults
dospělý m [dos-pyelee] adult
dost enough
dostávat/dostat [dostahvut/dostut] to get, to obtain
dostihová dráha [dos-tyihovah drah-hah] race course
dostihy mpl [dos-tyihi] races
dostupný [dostoopnee] accessible
dotýkat se/dotknout se [doteekut seh/dotkunoht] to touch

doufat [dohfut] to hope
doutník [doht-nyeek] cigar
dovolená leave (noun)
s dovolením [zdovolenyeem] excuse me
dovoleno allowed
dovolovat/dovolit [dovolovut] to allow
drahocenný [druhotsenee] precious
drahokam [druhokum] precious stone
drahý [druhee] dear, expensive
dramatický [drumutitskee] dramatic
drát [draht] wire
drobné mpl [drobneh] change (money)
droga drug
drogerie f [drogeri-eh] shop selling toiletries
drogy fpl [drogi] drugs
drsný [dursnee] rough
druhé: z druhé ruky [zdrooheh rooki] second-hand
druhé poschodí [posHodyee] second floor, (US) third floor
druhý [droohee] second
družstvo [droosh-stvo] team
držet [durJet] to hold; to keep
drzý [durzee] rude
dřevěný [drJevyenee] wooden
dřevo [drJevo] wood
dřez [drJes] sink
dub [doop] oak
duben [dooben] April
dudy fpl [doodi] bagpipes
duha [dooha] rainbow
duchaplný [dooHapulnee] witty
důchodce m [dOOHotseh], **důchodkyně f** [dOOHotkin-yeh] pensioner, senior citizen
důležitý [dOOleJitee] important
dům [dOOm] house
důrazný [dOOruznee] emphatic
dusný [doosnee] stuffy
duše f [doosheh] soul
duše pneumatiky f [doosheh puneh-oomutiki] inner tube
duševní [dooshev-nyee] mental
dutý [dootee] hollow (adj)
důvěrný [doovyer-nee] intimate
důvěřivý [doo-vyerJivee] trustful
důvěřovat [doovyerJovut] to trust
dvacátý [dvutsahtee] twentieth
dvacet [dvutset] twenty
dvacetikoruna [–tyi-koroona] 20-crown coin or banknote/bill
dvakrát denně [dvukraht denyeh] twice a day
dvanáct [dvunahtst] twelve
dvanáctý [dvunahtstee] twelfth
dvě [dvyeh] two
dveře fpl [dverJeh] door
dvojčata npl [dvoytchuta] twins
dvojdílné plavky fpl [dvoy-dyeelneh plufki] bikini
dvojitý [dvo-yitee] double
dvoudenní [dvohdenyee] two-day long
dvoulůžkový pokoj [dvohlOOshkovee pokoy] twin room
dvousetkoruna [dvohsetkoroona] 200-crown banknote/bill
dvůr [dvOOr] yard
dýchat [deeHut] to breathe

dýmka [deemka] pipe (for smoking)
džbán [jubahn] jug
džez [jes] jazz
džínsy mpl [jeensi] jeans

E

ekonomický [ekonomitskee] economic
elastický [elustitskee] elastic (adj)
elegantní [elegunt-nyee] elegant
elektrikář [elektrikarJ] electrician
elektrické spotřebiče mpl [elektritskeh spotrJebitcheh] electrical appliances
elektrický [elektritskee] electric
elektrický krb [krub] electric fire
elektřina [elek-trJina] electricity
elementární [elementar-nyee] elementary
eurošek [eh-ooroshek] Eurocheque
evangelický [evungelistkee] evangelical
Evropa Europe
Evropan m [evropun], **Evropanka f** European
expozimetr light meter
expres express train; first class

F

falešný [fuleshnee] false
fantastický [funtustitskee] fantastic
fén hair-dryer
fialový [fi-ulovee] purple
Finsko Finland
flirtovat [flirtovut] to flirt
folklórní [folklor-nyee] folk (adj)
fontána [fontahna] fountain
forma form; shape
ve formě [veh formnyeh] fit, in good shape
formální [formahl-nyee] formal
formulář [formoolarJ] form
fotbal [fodbul] soccer
fotbalové hřiště n [fodbuloveh hrJish-tyeh] football pitch
fotoaparát [–upuraht] camera
fotografie f [fotogrufi-eh] photograph
fotografovat/vyfotografovat [vifotogrufovut] to photograph
foukaná [fohkunah] blow-dry (noun)
Francie f [fruntsi-eh] France
francouzský [fruntsohskee] French (adj)
francouzský klíč [kleetch] wrench
franština [frunsh-tyina] French (language)
freska fresco
fritovací hrnec [fritovutsee hurnets] deep-fat fryer
fronta queue, line
fungovat [foongovut] to work

G

galanterie f [gulunteri-eh] fashion accessories

galerie f [galeri-eh] art gallery
garáž [gurahsh] garage (shelter)
garsoniéra [gurzoni-era] flatlet, small apartment
geniální [geniahl-nyee] ingenious
gramofon record player
gramofonová deska [–ovah] record (music)
guma [gooma] rubber; eraser
gumový [goomovee] rubber (adj)
gymnázium [gimnahzi-oom] secondary school
gynekolog [ginekolok] gynaecologist

H

habsburský [hapsboorskee] Habsburg
had [hut] snake
hádat se/pohádat se [hahdut seh] to argue
hadr [hudur] rag
hala [hula] lounge; hall
halenka [hulenka] blouse
halíře mpl [huleerJeh] hellers
haló [hulo] hello
hasicí přístroj [husitsee prJee-stroy] fire extinguisher
hasič [husitch] fireman
havarijní pojištění [huvahri-nyee po-yishtyen-nyee] car accident insurance
házet/hodit [hahzet/ho-dyit] to throw
hedvábí n [hedvahbee] silk
herna gambling room
hezký [heskee] handsome
historický [historitskee] historic, historical
hlad [hlut] hunger
mám hlad [mahm hlut] I'm hungry
hladina [hluh-dyina] surface
hladina oleje oil level
hladký [hlutkee] smooth
hladový [hludovee] hungry
hlas [hlus] voice
hlasatel [hlusutel], hlasatelka f announcer, newscaster
hlasitý [hlusitee] loud
hlava [hluva] head
hlavní [hluv-nyee] main (adj)
hlavní nádraží n [nahdruJee] main station
hledáček [hledahtchek] viewfinder
hledat [hledut] to look for
hlídané parkoviště n car park/parking lot with attendant
hlína [hleena] soil, earth
hloupý [hlohpee] stupid
hluboký [hloobokee] deep
hlučný [hlootchnee] noisy
hluchý [hlooHee] deaf
hluk [hlook] noise
hmyz [humis] insect
hnědý [hnyedee] brown
hnout [hnoht] to move (change position)
hnusný [hnoosnee] disgusting
hodina [ho-dyina] hour
kolik je hodin? [yeh ho-dyin] what time is it?
hodinářství n [ho-dyinahrJ-stvee] watch repairer's

hodinky fpl [ho-dyinki] wristwatch
hodiny fpl [ho-dyini] clock
hodit [ho-dyit] to throw
hodnotný [hodnotnee] valuable
hodný [hodnee] kind
hoch [hoH] boy
hokej [hokay] ice-hockey
Holandsko [holuntsko] Holland
holič m [holitch], **holička f** men's hairdresser
holičství [holitch-stvee] barber's, men's hairdresser's
holínky fpl [holeenki] wellingtons
holit to shave
hora mountain
horečka [horetchka] fever
horko heat
horký [horkee] hot
horolozectví [horolozets-tvee] rockclimbing
horší [horshee] worse
Horská služba [horskah slooJba] mountain rescue service
horské kolo [horskeh] mountain bike
horský hřeben [horskee hrJeben] mountain ridge
hořet [horJet] to burn
hoří! [horJee] fire!
hořká čokoláda [horJkah chokolahda] plain chocolate
hořký [horJkee] bitter
hořlavý [horJluvee] inflammable
hospoda pub
host m/f [hosst] guest
hostinec [hos-tyinets] pub
hotelová obsluha [–lovah op-slooha] room service
hotovost f cash
v hotovosti [hotovos-tyi] in cash
housle fpl [hohsleh] violin
hovorný [hovornee] talkative
hovořit to speak; to talk
hra game; play
hrací [hrutsee] playing
hráč m [hrahtch], **hráčka f** player
hračka [hrutchka] toy
hračky fpl [hrutchki] toys
hradby fpl [hrudbi] city walls
hradní [hrud-nyee] castle (adj)
hranice f [hrunyitseh] border
hraniční přechod border crossing
hrát [hraht] to play
hravý [hruvee] playful
hrdlo [hurdlo] throat
hrdý [hurdee] proud
hrnec [hurnets] pot
hrom n thunder
hromadný [hromudnee] mass (adj)
hromobití [hromobi-tyee] thunderstorm
hrozný [hroznee] awful
hruď f [hroot[yeh]] chest
hřbitov [hurJbitof] cemetery
hřeben [hrJeben] comb
hřebík [hrJebeek] nail (in wall)
hřiště n [hrJish-tyeh] playground
hubený [hoobenee] thin
hudba [hoodba] music
hudebnice f [hoodeb-nyitseh] musician
hudební festival [hoodeb-nyee festivul] music festival

hudebník m [hoodeb-nyeek] musician
hudební nástroj m [hoodeb-nyee nahstroy] musical instrument
hustý [hoostee] dense
hvězda [hvyezda] star
hýbat [heebut] to move (change position)
hymna [himna] anthem

CH

chata [Huta] chalet
chce [Hutseh] he/she/it wants
chceme [Hutsemeh] we want
chceš [Hutsesh] you want
chcete [Hutseteh] you want
chci [Hutsi] I want
chirurg [Hiroorg] surgeon
chirurgie f [Hiroorgi-eh] surgery
chládek [Hlahdek] (cool) shade
chladič [Hluh-dyitch] radiator
chladicí kapalina [Hludyitsee kupulina] coolant
chladný [Hludnee] cool
chlapec [Hlupets] boy
chlazený [Hluzenee] cooled
chléb-pečivo [Hlep-petchivo] baker's shop
chmel [Humel] hops
chobot [Hobot] trunk
chodba [Hodba] corridor
chodidlo [Ho-dyidlo] foot
chodit/jít* [Ho-dyit/yeet] to go; to walk
chodník [Hod-nyeek] pavement, sidewalk
choroba [Horoba] disease
choulostivý [Hohlos-tyivee] delicate
chráněný [Hrah-nyenee] protected
chránit [Hrah-nyit] to protect
chrápat [Hrahput] to snore
chřipka [HrJipka] flu
chtějí [Hutyay-ee] they want
chtěl [Hutyel] he wanted
chtít* [Huh-tyeet] to want
chudý [Hoodee] poor
chuť f [Hoot^{yeh}] appetite; taste
chutný [Hootnee] tasty
chyba [Hiba] mistake
chybět [Hi-byet] to miss
chytnout/chytit [Hitnoht/Hi-tyit] to catch
chytrý [Hitree] clever

I

i as well as
ideální [ideh-ahlnyee] ideal
igelitový [igelitovee] plastic
imunní [imoonyee] immune
indický [inditskee] Indian (adj)
Indie f [indi-eh] India
infarkt [infurkt] heart attack
infekce f [infektseh] infection
infekční [infektchnyee] infectious
informace f [informutseh] information; directory enquiries
informační [informutchnyee] information (adj)
informační kancelář f [kuntselahrJ] information desk
injekce f [inyektseh] injection

instalatér [instuluter] plumber
inteligentní [inteligent-nyee] intelligent
intenzivní [intenziv-nyee] intensive
invalida m/f [invulida] invalid; disabled person
invalidní [invulid-nyee] disabled
invalidní vozík [vozeek] wheelchair
inventura closed for stocktaking
Ir Irishman
Irka Irishwoman
Irsko Ireland
irský [irskee] Irish
Itálie f [itahli-eh] Italy
italský [itulskee] Italian (adj)
italština [itulshtyina] Italian (language)
izolepa Sellotape®, Scotch tape®

J

já* [yah] I
jachta [yuHta] yacht
jachtink [yuHtink] yachting
jak [yuk] how; what; the way; as
jak se máš? [seh mahsh] how are you?
jak se máte? [mahteh] how are you?
jak se vám daří? [vahm darJee] how are you?
jaké: jaké je to ...? [yukeh yeh] what ... is it?
jako [yuko] as, like; in the way (of)
jaký [yukee] what; what sort
jakž-takž [yuksh-tuksh] so-so
jaro [yuro] spring (season)
jasný [yusnee] clear
játra npl [yahtra] liver
jazyk [yuzik] tongue; language
jazyková škola [yuzikovah shkola] language school
jdi k čertu! [yudee ktchertoo] go to hell!
je* [yeh] he/she/it is; it; them
to je ... [yeh] it is ...
je mi špatně [shput-nyeh] I feel sick
je tady ...? [tudi] is there ...?
jed [yet] poison
jeden [yeden] one
jedenáct [yedenahtst] eleven
jedenáctý [yedenahtstee] eleventh
jedí [yedyee] they eat
jedinečný [yedyinetchnee] unique
jediný [yedyinee] (the) only
jedl [yedul] he ate
jedle f [yedleh] fir
jedlý [yedlee] edible
jedna [yedna], **jedno** [yedno] one
jednodenní [yednodenyee] one-day long, a day's
jednoduchý [yednodooHee] simple
jednolůžkový pokoj [yednoloOshkovee pokoy] single room
jednosměrná silnice/ulice f [yedno-smnyernah seelnyitseh/

oolitseh] one way street
jednotlivý [yednotlivee] individual
jednou [yednoh] once
jednou denně [denyeh] once a day
jedovatý [yedovutee] poisonous
jehla [yehla] needle
jeho* [yeho] (of) him/it; his
jehož [yehosh] whose
její* [yeh-yee] her; hers
jejich* [yeh-yeeH] their; theirs
jelen [yelen] red deer
jemný [yemnee] gentle; soft
jemu* [yemoo] (to) him/it
jen [yen] just; only
jen do ... kg up to ... kg only
jen na lékařský předpis only on prescription
jenom před spaním only when you go to bed
jen ve svátky on public holidays only
jen ve všední dny on weekdays only
jen v neděli on Sundays only
jeskyně f [yeski-nyeh] cave
jestli [yestli] if
ještě [yeshtyeh] still
ještě! more!
ještě ne [neh] not yet
jezdit/jet [yezdyit/yet] to travel; to go (by car, by sea etc)
jezero [yezero] lake
ji* [yi] her
jí* [yee] her; of her; to her; by her; he/she/it eats
jídelna [yeedelna] dining room
jídelní vůz [yeedel-nyee vOOs] restaurant car
jídlo [yeedlo] food; meal
jih [yiH] south
Jihoafrická republika [yiho-ufritskah repooblika] South Africa
jihoafrický [jiho-ufritskee] South African (adj)
Jihoafričan m [yiho-ufritchun], **Jihoafričanka f** South African
jich* [yiH] (of) them
jim* [yim] (to) them
jím* [yeem] (by) him/it; I eat
jíme* [yeemeh] we eat
jimi* [yimi] (by) them
jinak [yinuk] otherwise
jinde [yindeh] elsewhere
jiný [yinee] other
jíst* [yeest] to eat
jistý [yistee] sure
jíš [yeesh] you eat
jít* [yeet] to go; to walk
jít domů [domOO] to go home
jít nahoru [nuhoroo] to go upstairs
jít nakupovat [nukoopovut] to go shopping
jít na procházku [proHahskoo] to go for a walk
jít na záchod [zah-Hot] to go to the toilet/bathroom
jít spát [spaht] to go to bed
jíte [yeeteh] you eat
jízda [yeezda] ride
jízda na koni [konyi] horse-riding
jízdenka [yeezdenka] ticket
jízdenky, prosím [yeezdenki proseem] tickets please

jízdní kolo [yeezd-nyee] bicycle
jízdní řád [rJaht] timetable, (US) schedule
jízlivý [yeezlivee] malicious
jižně [yiJnyeh] south
jižně od [ot] south of
jižní [yiJ-nyee] southern
jméno [yumeno] name
jmenovat se [yumenovut seh] to be called
jak se jmenujete? [yuk seh yumenoo-yeteh] what's your name?
jsem [sem] I am
jsi [si] you are
jsme [smeh] we are
jsou [soh] they are
jsou tady ...? [tudi] are there ...?
jste [steh] you are

K

k* to; towards
kabát [kubaht] coat
kabel [kubel] cable
kabelka [kubelka] handbag, (US) purse
kadeřnice f [kuderJnyitseh] hairdresser
kadeřnictví [kuderJnyits-tvee] ladies' hairdresser's
kadeřník [kuderJ-nyeek] hairstylist, hairdresser
kajuta [kī-oota] cabin
kalendář [kulendarJ] calendar
kalhotky fpl [kulhotki] panties
kalhoty fpl [kulhoti] trousers, (US) pants
kalkulačka [kulkoolutchka] calculator
kámen [kahmen] stone
kamenný [kumenee] stone (adj)
kamera [kumera] movie camera
kamna npl [kumna] oven
Kanad'an m [kunuh-dyun], **Kanad'anka f** Canadian
kanadský [kunutskee] Canadian (adj)
kanál [kunahl] channel; canal
kancelář f [kuntselarJ] office
kanoe n [kuno-eh] canoe
kanoistika [kuno-istika] canoeing
kapalný [kupulnee] liquid
kapat [kuput] to drip; to leak
kapesník [kupes-nyeek] handkerchief
kapesní nůž [kupes-nyee nOOsh] penknife
kapesní zloděj m [zlodyay], **kapesní zlodějka f** pickpocket
kapitán [kupitahn] captain
kapka [kupka] drop
kaple f [kupleh] chapel
kapota [kupota] bonnet (car), (US) hood
kapsa [kupsa] pocket
kapuce f [kupootseh] hood (on coat)
karburátor [kurburahtor] carburettor
kartáč [kurtahtch] brush
kartáček na zuby [kurtahtchek na zoobi] toothbrush
kartón [kurton] cardboard

karty fpl [kurti] cards
kašel [kushel] cough
kašlat/zakašlat [kushlut] to cough
kašna [kushna] fountain
katedrála [kutedrahla] cathedral
katolický [kutolitskee] Catholic
kaučuk [kowtchook] rubber (material)
kavárna [kuvarna] coffee bar
kazeta [kuzeta] cassette
kazetový magnetofon [kuzetovee mug–] cassette player
každodenní [kuJdodenyee] every day
každý [kuJdee] every
Kč Czech crown
kde [gudeh] where
kdekdo [gudeh-gudo] almost everybody
kdo [gudo] who
kdokoli [gudokoli] whoever
kdy? [gudi] when?
když [gudiJ] when
keramický [kerumitskee] ceramic
keř f [kerJ] bush
kino cinema, movie theater
kladivo m [kludyivo] hammer
klakson [klukson] horn (in car)
klasický [klusitskee] classical
klavír [kluveer] piano
klenotnictví [klenot-nyitstvee] jeweller's
klenoty mpl [klenoti] jewellery
kleště fpl [klesh-tyeh] pliers
klíč [kleetch] key
klíč na matice [mutyitseh] spanner
klidný [klidnee] calm
klika [klika] door handle
klimatizace f [klimutizutseh] air-conditioning
klimatizovaný [klimutizovunee] air conditioned
klinika clinic
klobouk [klobohk] hat
kloub [klohp] joint
klub [kloop] club
kluzký [klooskee] slippery
kněz [kunyes] priest
kněžna [kunyeJna] duchess
kniha [kunyiha] book
knihkupec [kunyiHkoopets] bookseller
knihkupectví [kunyiHkoopets-tvee] bookshop, bookstore
knihovna [kunyihovna] library
knihovnice f [kunyi-hovnyitseh], **knihovník m** [kunyi-hovnyeek] librarian
knihy fpl [kunyihi] books
knír [kunyeer] moustache
kníže n [kunyeeJeh] duke
knoflík [kunofleek] button
koberec [koberets] carpet
kocovina [kotsovina] hangover
kočárek [kohtchahrek] pram
kočka [kotchka] cat
kohoutek [ko-hohtek] tap, (US) faucet
kojit [ko-yit] to breastfeed
kolečkové brusle [koletchkoveh broosleh] roller skates
kolej f [kolay] platform, (US) track; university hall of residence
kolek f stamp (on form)
koleno knee

kolik? how many?; how much?
kolik je hodin? [yeh ho-dyin] what time is it?
kolínská voda [koleenskah] eau-de-toilette
kolky mpl [kolki] duty stamps
kolmý [kolmee] vertical
kolo bicycle; wheel
komár mosquito
komedie f [komedi-eh] comedy
komerční [komertch-nyee] commercial, advert
komora closet; larder; chamber
kompas [kompus] compass
komplikovaný [–ovanee] complicated
končit/skončit [konchit] to finish
kondice f [konditseh] form
kondicionér conditioner
kondiční běh [konditch-nyee byeH] jogging
konec [konets] end
konec dálnice end of motorway/highway/freeway
konečná [konetchnah] terminus
konečná, vystupovat! terminus, all change!
konečně [konetch-nyeh] at last
kontaktní čočky fpl [kontuktnyee tchotchki] contact lenses
kontaktovat [kontuktovut] to contact
konto bank account
kontrola jízdenek [yeezdenek] ticket inspection
kontrolovat/zkontrolovat [–lovut] to check
konverzace f [konvairzutseh] conversation
konverzační příručka [–zutch-nyee prJeerootchka] phrasebook
konvice f [konvitseh] kettle
konzerva tin
kopací míč [koputsee meetch] football (ball)
kopat/kopnout [koput/kopnoht] to kick
kopec [kopets] hill
koruna [koroona] crown; tree top
kořen [korJen] root
kosmetika cosmetics; ladies' salon; beauty parlour
kost f bone
kostel church
kostka cube
kostnatý [kostnutee] skinny
košík [kosheek] basket
košíková [kosheekovah] basketball
košile f [koshileh] shirt
koště n [koshtyeh] broom
kotník [kot-nyeek] ankle
koupací čepice f [kohputsee chepitseh] bathing cap
koupaliště n [kohpulish-tyeh] swimming pool
koupat se/vykoupat se [vikohput seh] to take a bath
koupel f [kohpel] bath
koupelna [kohpelna] bathroom
koupit [kohpit] to buy
kouř [kohrJ] smoke
kouření zakázáno no smoking

kouřit [kohrJit] to smoke
kousat [kohsut] to bite
kousek [kohsek] a little bit
kousnout/kousat [kohsnoht/ kohsut] to bite
kouzelný [kohzelnee] magic
kov [kof] metal
kovový [kovovee] metal (adj)
koza goat
kožená bunda [koJenah boonda] leather jacket
kožená galanterie f [gulunteri-eh] leather goods
kožešina [koJeshina] fur
kožešnictví [koJesh-nyits-tvee] fur shop
krabice f [krubitseh] box
krabička [krubitchka] packet
krádež f [krahdesh] theft
krajina [krī-yina] countryside
krajka [krīka] lace
král [krahl] king
královna [krahlovna] queen
kraslice f [kruslitseh] Easter egg
krásný [krahsnee] beautiful
krást [krahst] to steal
krátkodobý [krahtkodobee] short time
krátkozraký [krahtkozrukee] shortsighted
krátký [krahtkee] short
kráva [krahva] cow; stupid woman
kravata [kruvuta] tie, necktie
krejčí [kraytchee] tailor
krém cream
krém na boty [boti] shoe polish
krev f [kref] blood
krevní skupina [krevnyee skoopina] blood group
krevní tlak [tluk] blood pressure
krk [kurk] neck
kroj [kroy] traditional folk costume
kromě [kromnyeh] except
kromě neděle Sundays excepted
kroupy fpl [krohpi] hail
krucifix! [krootsifiks] damn!
krutý [krootee] cruel
krvácet [kurvahtset] to bleed
krysa [krisa] rat
křeč [krJetch] cramp
křeslo [krJeslo] arm-chair
křestní jméno [krJest-nyee yumeno] Christian name
křičet [krJitchet] to shout
křída [krJeeda] chalk
křídlo [krJeedlo] wing
křiklavý [krJikluvee] loud
křišťálové sklo [krJish-tyahloveh] crystal
křivý [krJivee] crooked
křižovatka [krJiJovutka] crossroads, intersection
křižovatka s kruhovým objezdem [kroohoveem ob-yezdem] roundabout
kšiltovka [kshiltofka] peak cap
který [kuteree] which; that
kufr [koofr] car boot, (US) trunk; suitcase
kuchař m [kooHurJ], **kuchařka f** cook
kuchyň f [kooHin[yeh]] kitchen
kulatý [koolutee] round (circular)
kuličkové pero [koolitchkoveh] biro®

kulma [koolma] curling tongs
kulturní [kooltoornyee] cultural
kůň [kOOn^{yeh}] horse
kupé n [koopeh] compartment
kupovat/koupit [koopovut/kohpit] to buy
kurs [koors] exchange rate
kursy pro turistiku mpl tourist exchange rates
kurva [koorva] whore
kurva! fuck!
kurzovní lístek [koorzovnyee leestek] exchange rates
kuřáci mpl [koorJahtsi] smokers
kuřácké kupé n [koorJaht-skeh koopeh] smoking compartment
kuřák m [koorJahk], **kuřačka f** [koorJutchka] smoker
kus [koos] piece
kůže f [kOOJeh] skin; leather
kuželky fpl [kooJelki] ninepins
květen [kvyeten] May
květina [kvyetyina] flower
květinářství [kvyetyinarJ-stvee] florist's
květiny fpl [kvyetyini] flowers
kvůli [kvOOli] because of
kýchat/kýchnout [keeHut/keeHnoht] to sneeze
kyselý [kiselee] sour
kytara [kitura] guitar

L

laciný [lutsinee] cheap, inexpensive
láhev f [lah-hef] bottle
lahodný [lah-hodnee] delicious
lahůdky fpl [luhOOtki] delicatessen
lak na nehty [luk na neHti] nail polish
lak na vlasy [vlusi] hair spray
lampa [lumpa] lamp
lano [luno] rope
lanovka [lunofka] cablecar
láska [lahska] love (noun)
laskavý [luskuvee] kind
látka [lahtkah] material
lavice f [luvitseh] bench
lázeňský [lahzen^{yeh}skee] spa (adj)
lázně f [lahznyeh] spa
lebka [lepka] skull
led [let] ice
leden January
lednička [led-nyitchka] fridge
lední hokej [led-nyee hokay] ice-hockey
ledviny fpl [ledvini] kidneys (in body)
legální [legahl-nyee] legal
legrační [legrutch-nyee] funny
lehátko [lehahtko] deckchair
lehátkový vůz [lehahtkovee vOOs] couchette
lehkomyslný [leHkomiselnee] careless
lehký [leHkee] light
lehnout si [lehnoht] to lie down
lék medicine
lékárenská služba [lekarenskah slooJba] duty pharmacy
lékárna pharmacy
lékař m [lekurJ], **lékařka f** doctor
lékařský předpis [lekurJskee

prJetpis] prescription
lekce f [lektseh] lesson
lepidlo glue
lepší [lepshee] better
lepší než [nesh] better than
les wood, forest
lesbička [lesbitchka] lesbian
lesklý [lesklee] shiny
lesní [les-nyee] forest (adj)
let flight
letadlo [letudlo] aircraft, plane
leták [letahk] leaflet
letecká linka [letetskah] airline
letecky [letetski] by air/airmail
letenka plane ticket
letět [letyet] to fly
letiště n [letyish-tyeh] airport
letní výprodej [letnyee veeproday] summer sale
léto summer
letuška [letooshka] air hostess, stewardess
leukoplast f [leh-ookoplust] (sticking) plaster
lev [lef] lion
levák [levahk] left-handed person
levné zboží low-priced goods
levný [levnee] cheap, inexpensive
levý [levee] left
ležet si/lehnout si [leJet si/lenoht] to lie down
lhář m [luharJ], **lhářka f** liar
lhát [luhaht] to lie (tell a lie)
lhostejný [luhostaynee] indifferent
líbánky fpl [leebahnki] honeymoon
líbat/políbit [leebut] to kiss
líbit se [leebit seh] to like
líbí se mi to I like it
libra pound (weight, money)
lidé mpl [lideh] people
lidová hudba [lidovah hoodba] folk music
lichý [liHee] odd (number)
límec [leemets] collar
líný [leenee] lazy
list leaf
lístek [leestek] ticket
lístek na autobus [owtoboos] bus ticket
lístek na metro underground/subway ticket
listopad [listoput] November
listovní přepážka [listov-nyee prJepahshka] letter counter
liška [lishka] fox
lítost f [leetost] sorrow
litovat [litovut] to regret
to je mi líto [leeto] I am very sorry
lízátko [leezahtko] lollipop
loď f [lotyeh] boat; ship
loket elbow
lokomotiva engine (train)
loutka [lohtka] puppet
ložnice f [loJnyitseh] bedroom
ložní prádlo [lohJnyee prahdlo] bed linen
lunapark [loonuh-purk] funfair
luxus [looksoos] luxury
luxusní [looksoosnyee] luxurious
lůžko [looshko] bed
lůžkový vůz [looshkovee voos] sleeper, sleeping car

lyžař m [liJurJ], **lyžařka f** skier
lyžařské boty fpl [liJurJskeh boti] ski boots
lyžařské vázání [vahzah-nyee] ski binding
lyžařský svah [liJurJskee svuH] ski slope
lyžařský výtah [veetuH] ski-lift
lyže f [liJeh] ski
lyžování [liJovah-nyee] skiing
lyžovat [liJovut] to ski
lžíce f [luJeetseh] spoon
lžička [luJitchka] teaspoon

M

má* [mah] my; mine; he/she/it has
Maďar m [mudyur], **Maďarka f** Hungarian
Maďarsko [mudyursko] Hungary
maďarský [mudyurskee] Hungarian (adj)
maďarština [mudyur-shtyina] Hungarian (language)
magnetofon [mug–] tape recorder
majitel m [mī-yitel], **majitelka f** owner
malíř m [muleerJ], **malířka f** painter
málo [mahlo] few
malovat/namalovat [mulovut/numulovut] to paint
malý [mulee] small
maminka [muminka] mum
manažer [munuJer] manager
manažerka manageress
manžel [munJel] husband
manželka [munJelka] wife
manželská postel f [munJelskah] double bed
mapa [mupa] map
masírovat/namasírovat [numuseerovut] to massage
maso-uzeniny [muso-oozenyini] butcher's
mast f [must] ointment
mastný [mustnee] greasy
máš: jak se máš? [yuk seh mahsh] how are you?
máte [mahteh] you have
máte ...? have you got ...?, do you have ...?
jak se máte? [yuk seh mahteh] how are you?
mateřská škola [muterJskah shkola] kindergarten
matice f [mutyitseh] nut (for bolt)
matka [mutka] mother
matrace f [mutrutseh] mattress
max. výška maximum height
mdlý [mudlee] tasteless
mé* [meh] my; mine
mě* [mnyeh] (of) me
mechanik [meHunik] mechanic
medvěd [med-vyet] bear
medvídek [medveedek] teddy bear
mého* [meho] (of) my; (of) mine
měkký [mnyekee] soft
měl [mnyel] he had
melír [meleer] highlights (in hair)
mělký [mnyelkee] shallow
mém* [mehm] my; mine

mému* [memoo] (to) my; (to) mine
méně [menyeh] less
méně než [nesh] less than
měnit/vyměnit [vimnyenyit] to change
menstruace f [mentsroo-utseh] period (menstruation)
menší [menshee] smaller
měrka [mnyerka] oil gauge
měsíc [mnyeseets] month; moon
měsíčník [mnyeseetch-nyeek] monthly
město [mnyesto] town
městská brána [mnyestskah brahna] town gate
městský [mnyestskee] municipal
městský úřad [oorJut] municipal office
mezi among; between
meziměstský hovor [mezi-mnyestskee] long-distance call
mezinárodní [mezinarod-nyee] international
mezinárodní hovor international call
mezipřistání [meziprJistahnyee] intermediate stop
mi* [mi] (to) me
mí* [mee] my; mine
míč [meetch] ball (large)
míček [meetchek] ball (small)
míchat/zamíchat [zumeeHut] to mix
mikrovlnná trouba [mikrovulnah trohba] microwave
milión [mili-yawn] million
milovat [milovut] to love
milovat se [seh] to make love
milý [milee] nice (person)
miminko baby
mimo provoz out of order
ministerstvo ministry
mínit [mee-nyit] to mean
minuta [minoota] minute
mírný svah [meernee svuH] gentle slope
miska bowl
místa pro invalidy for the disabled
místenka [meestenka] seat reservation ticket
místenková pokladna [meestenkovah pokludna] reservation office
místenkový vůz reserved seats only
místenky fpl reservations
místní čas [meest-nyee chus] local time
místní hovor local call
místo [meesto] seat; place
místo narození [nurozenyee] place of birth
místo u okna [oo] window seat
mistrovství [mistrofstvee] championship
mít* [meet] to have
mít rád [raht] to like
mít strach [meet struH] to be scared
mladí [mluh-dyee] youth, young age
mladík [mluh-dyeek] young man
mladý [mludee] young
mléčná čokoláda [mletchnah

chokolahda] milk chocolate
mléčné výrobky mpl [mletchneh veeropki] dairy products
mléčný [mletchnee] milky
mlékárna dairy shop
mlha [mulha] fog
mluvit [mloovit] to speak
mluví [mloovee] the line is engaged
mluvíte ...? [mlooveeteh] do you speak ...?
mne* [mneh] me; of me; to me
mně* [mnyeh] (to) me
mnoho much; many
mnohokrát [mnohokraht] many times
mnohokrát děkuji [dyekoo-yi] thank you very much
mnoho štěstí [shtyest-tyee] good luck!
mnou* [mnoh] (with) me
moc [mots] a lot
moc ne [neh] not too much
moci [motsi] can; to be able
móda [mawda] fashion
moderní [modernyee] modern
módní [mawdnyee] fashionable
modrý [modree] blue
modřina [modrJina] bruise
mohl [mohul] I was able to; you were able to; he was able to; it was able to
mohl bych ...? [biH] could I ...? (said by man)
mohla [mo-hla] I was able to; you were able to; she was able to; it was able to
mohla bych [biH] could I ...? (said by woman)
mohu [mohoo] I can
mohu ...? may I ...?, can I ...?
moje* [mo-yeh] my; mine
moji* [mo-yi] my; mine
mokrý [mokree] wet
molo pier; dock
moment, prosím! wait a moment, please!
Morava [moruva] Moravia
Moravan m [moruvun], **Moravanka f** Moravian
moravský [morufskee] Moravian (adj)
morový sloup [morovee slohp] plague column
moře n [morJeh] sea
most [mohst] bridge
motocykl [moto-tsikul] motorbike
motor engine
motorový olej [motorovee olay] engine oil
mou* [moh] (by) my; (by) mine
moudrý [mohdree] wise
moucha [moh-Ha] fly
mozek brain
možná [moJnah] maybe, perhaps
možný [moJnee] possible
mrak [mruk] cloud
mráz [mrahs] frost
mrazivý [mruzivee] frosty
mraznička [mruznitchka] freezer
mražené potraviny fpl [mruJeneh potruvini] frozen food
mrtvice f [murtvitseh] stroke (attack)
mrtvý [murtvee] dead
mše f [musheh] mass

mu* [moo] him
můj* [moo-i] my; mine
muset [mooset] must; to have to
muzeum [moozeh-oom] museum
muž [moosh] man
můžete ...? [mooJeteh] can you ...?
muži mpl [mooJi] men; gents' toilet, men's room
mužský [moosh-skee] men's; male
my* [mi] we
mýdlo [meedlo] soap
mých* [meeH] my; mine
mým* [meem] my; mine; to my/mine;
mými* [meemi] (by) my; (by) mine
myslet [mislet] to think
myš [mish] mouse
myšlenka [mishlenka] idea
mýt/umýt [meet] to wash

N

na* on; onto; for; to
nabídka [nubeetka] offer
nabízet/nabídnout [nubeezet/nubeednoht] to offer
náboženský [nahboJenskee] religious
náboženství [nahboJenstvee] religion
nabroušený f [nubrohshenee] sharp
nábřeží [nahbrJeJee] quay
nábytek [nahbitek] furniture
nad [nut] above; over
nadaný [nudunee] gifted
nádherný [nahdhernee] wonderful
nádobí [nahdobee] crockery
nádraží [nahdruJee] station; railway station
nádrž f [nahdursh] tank
nadšený [nudshenee] enthusiastic
nadváha [nudvah-ha] excess baggage
nafta [nufta] diesel
náhoda chance
nahoru [nuhoroo] up
nahoře [nuhorJeh] upstairs
náhradní díly mpl [nah-hrud-nyee dyeeli] spare parts
náhradní součástka [sohtchahstka] spare part
náhrdelník [nah-hurdel-nyeek] necklace
náhrobek [nah-hrobek] tombstone
nahý [nuhee] naked
nacházet/najít [nuHahzet/nī-eet] to find
nachlazení [nuHluzenyee] cold (illness)
naivní naive
najednou [nuyednoh] suddenly
nájemné n [nah-yemneh] rent
najezený [nī-ezenee] full (up) (not hungry)
najímat/najmout [nī-eemut/nīmoht] to rent; to hire
najíst se [nī-eest] to eat one's fill
najít [nī-yeet] to find

najmout [nīmoht] to rent; to hire
náklad [nahklut] load
nákladní auto [nahklud-nyee] lorry
nákladní vlak [vluk] goods train
nákladní výtah goods lift/ elevator
nakoupit [nukohpit] to go shopping
nákup [nahkoop] shopping
nákupní kurs [nahkoop-nyee koors] buying rate
nákupní středisko [strJeh-dyisko] shopping centre
nákupní taška [tushka] shopping bag
nakupovat/nakoupit [nukoopovut/nukohpit] to go shopping
nakyslý [nukislee] slightly sour
nálada [nahluda] mood
nalačno [nulutchno] on an empty stomach
náledí icy surface
naléhavý [nuleh-huvee] urgent
naléhavý případ [prJeeput] emergency
nálepka label
nalevo [nulevo] on/to the left
naleziště n [nulezish-tyeh] archaeological site
náležet [nahleJet] to belong
nám* [nahm] (to) us
namáčet/namočit [numahtchet/ numotchit] to soak
namalovat [numulovut] to paint
namasírovat [numuseerovut] to massage
náměstek [nah-mnyestek] deputy; vice-president
náměstí [nah-mnyes-tyee] square (in town)
námi [nahmi] (by) us
namočit [numotchit] to soak
naneštěstí [nunesh-tyestyee] unfortunately
nanuk [nunook] ice lolly
napětí voltage
napínavý film [nupeenuvee] thriller
napít se [nupeet seh] to have a drink
náplast f [nahplust] (sticking) plaster
naplnit [nupulnyit] to fill
náprava [nahpruva] axle
napravo [nupruvo] on/to the right
na prodej [proday] for sale
náprsní taška [nahpursnyee tushka] wallet
například [nuprJeeklut] for example
napsat [nupsut] to write
náramek [narumek] bracelet
nárazník [naruz-nyeek] bumper, (US) fender
narkoman drug addict
národnost nationality
narozen [nurozen] born
narozeniny fpl [nurozenyini] birthday
nařizovat/nařídit [nurJizovut/ nurJee-dyit] to order
nás* [nahs] (of) us

nashle [nus-Hleh] bye
nashledanou [nus-Hledunoh] goodbye
nashledanou zítra [zeetra] see you tomorrow
naslouchátko [nusloh-Hahtko] hearing aid
nasraný: jsem nasraný/nasraná (said by man/woman) [sem nusrunee/nusrunah] I'm pissed off
nástroj [nahstroy] tool
nástup [nahstoop] entrance, entry
nástupiště [nahstoopish-tyeh] platform, (US) track
nastupovat/nastoupit [nustoopovut/nustohpit] to get in, to get on
náš* [nash] our(s)
naše [nusheh], **našeho** [nusheho], **našem*** [nushem] our(s)
našemu* [nushemoo] (to) our(s)
naši [nushi], **naší*** [nushee] our(s)
našich* [nushiH] (of) our(s)
našim* [nushim] (to) our(s)
naším [nusheem], **našimi*** [nushimi] (by) our(s)
naštěstí [nush-tyes-tyee] fortunately
natáčet/natočit [nutahtchet/nutotchit] to set (hair)
natáčky fpl [nutahtchki] curlers
natahovat/natáhnout [nutuhovut/nutaHnoht] to stretch
natočit [nutotchit] to set (hair)
Natural [nutoorul] unleaded petrol/gas
na účet volaného [oochet voluneho] collect call
naučit se [nowchit seh] to learn
naušnice f [nowsh-nyitseh] earrings
náves f [nahves] village centre
návod k použití instructions for use
návštěva [nahfshtyeva] visit
návštěvní hodiny fpl [nahfshtyevnyee ho-dyini] visiting hours
navštívenka [nuf-shtyeevenka] business card
navštěvovat/navštívit [nuf-shtyevovut/nuf-shtyeevit] to visit
nazdar [nuzdur] hello; goodbye
na zdraví! [zdruvee] cheers!
názor [nahzor] opinion
ne [neh] no; not
ně* [nyeh] it; them
nebezpečí [nebespetchee] danger
nebezpečí lavin danger of avalanches
nebezpečí smyku danger of skidding
nebezpečná zatáčka dangerous bend
nebezpečný [nebespetch-nee] dangerous
nebo or
nebyl [nebil] he/it wasn't
nebyla she/it wasn't
nebyli they weren't
nebyl jsem [sem] I wasn't
nebyl jsi [si] you weren't
nebyli jsme [smeh] we weren't

nebyli jste [steh] you weren't
necelý [netselee] almost whole
něco [nyetso] something
nedaleko f [neduleko] not far
neděle f [nedyeleh] Sunday
nedorozumění [nedorozoo-mnyenyee] misunderstanding
nedotýkat se do not touch
nehet fingernail
něho* [nyeho] (of) him/it
nehoda accident
nechutný [neHootnee] disgusting
nějací [nyayutsee] some; any
nějaká [nyayukah], **nějaké** [nyayukeh], **nějaký** [nyayukee] a; some; any
nejasný [nayusnee] unclear
nejbližší [nay-blishee] the nearest
nejede v ... does not run on ...
nejhorší [nay-horshee] the worst
nejistý [nay-istee] uncertain
nejlepší [nay-lepshee] the best
nejmenší [nay-menshee] the smallest
nejsem [naysem] I am not
někde [nyegdeh] somewhere
někdo [nyegdo] somebody
někdy [nyegdi] sometimes
několik [nyekolik] a few
nekonečný [nekonetchnee] never-ending
některá [nyekuterah], **některé** [nyekutereh] some (of them); others
některý some (of them); one (of them)
někteří [nyekuterJee] some (of them); others
nekuřáci mpl [nekoorJahtsi] non-smokers
nekuřte, prosím please do not smoke
nelíbit se [neleebit seh] to dislike
něm* [nyem] him; it
nemám ... [nemahm] I don't have ...
nemáte: nemáte ...? [nemahteh] have you got ...?
němčina [nyemtchina] German (language)
Němec m [nyemets] German (man)
Německo [nyemetsko] Germany
německý [nyemetskee] German (adj)
Němka f [nyemka] German (woman)
nemluvte za jízdy s řidičem do not speak to the driver when the vehicle is in motion
nemoc [nemots] disease
nemocnice f [nemots-nyitseh] hospital
nemocný [nemotsnee] ill
nemorální [nemorahl-nyee] immoral
nemožný [nemoJnee] impossible
nemrznoucí směs f [nehmurz-nohtsee smnyes] antifreeze
němu* [nyemoo] (to) him/it
nenahýbejte se z oken do not lean out of the windows
nenávidět [nenahvidyet] to hate
není [nenyee] he/she/it is not; there is not

není tady [nenyee tudi] he's not in
není zač [zutch] you're welcome; don't mention it
neobsazovat dětmi do 12 let not for children under 12
neobvyklý [neh-obviklee] unusual
neočekávaný [neh-otchekahvunee] unexpected
neochotný [neh-oHotnee] unwilling
neomezený [neh-omezenee] unlimited
neotravuj! [nehotruvoo-i] stop bothering me!
neparkovat no parking
nepohodlný [nepo-hodulnee] uncomfortable
nepochopitelný [nepoHopitelnee] incomprehensible
nepopulární [nepopoolar-nyee] unpopular
nepořádný [neporJahdnee] disorderly
nepřesný [neprJesnee] imprecise
nepřetržitý provoz [neprJeturJitee provos] 24-hour service
nepříjemný [neprJee-yemnee] annoying; unpleasant
nepřístojný [neprJees-toynee] obnoxious
nepřístupný [neprJeestoopnee] inaccessible
nerost mineral
nerovný [nerovnee] unequal
nerozumím [nerozoomeem] I don't understand
nervózní [nervawznyee] nervous
neslaný nemastný [neslunee nemustnee] unexciting
nesmělý [nesmnyelee] shy
nést [nest] to carry
nestaví v ... does not stop in ...
neškodný [neshkodnee] harmless
neteř f [neterJ] niece
neúspěšný [neh-OOspyeshnee] unsuccessful
neustálý [neh-oostahlee] constant
neuvěřitelný [neh-oovyerJitelnee] incredible
nevhodný [nevhodnee] unsuitable
nevím [neveem] I don't know
nevinný [nevinee] innocent
nevkusný [nefkoosnee] tasteless
nevstupovat do not enter
nevyklánějte se z okna do not lean out of the window
nevystupovat! do not get off
nezajímavý [nezī-eemuvee] uninteresting
nezákonný [nezahkonee] illegal
nezaměstnaný [nezum-nyestnunee] unemployed
nezávislý [nezahvislee] independent
nezbytný [nezbitnee] necessary
nezpevněná krajnice soft verges
nezvěstný f [nezvyestnee] missing
nezvyklý [nezviklee] unusual
než [nesh] than

nežádoucí [neJahdohtsee] undesirable
ni* [nyi] her
ní* [nyee] her; of her; to her; by her
nic [nyits] nothing
nich* [nyiH] (to) them
nikde [nyigdeh] nowhere
nikdo [nyigdo] nobody
nikdy [nyigdi] never
nim* [nyim] of them
ním* [nyeem] (by) him/it
nimi* [nyimi] (by) them
nit f [nyit] thread
nízký [nyeeskee] low
Nizozemí n [nyizozemee] the Netherlands
noc [nots] night
nocleh se snídaní [notsleH seh snyeedunyee] bed and breakfast
noční klub [notchnyee] nightclub
noční košile [koshileh] nightgown
noční krém night cream
noční teplota night temperature
noční vinárna wine bar open at night
noha [noha] leg
Nor m Norwegian (man)
Norka f Norwegian (woman)
normální [normahlnyee] normal
Norsko Norway
norský [norskee] Norwegian (adj)
norština [norsh-tyina] Norwegian (language)
nos nose
nosič [nositch] porter
nosit/nést to carry
nosnost capacity
nouzový východ [nohzovee veeHot] emergency exit
novinář m [novinarJ], **novinářka f** journalist
noviny fpl [novini] newspaper
noviny-časopisy newspapers and magazines
Novozéland'an m [novozelun-dyun], **Novozéland'anka f** New Zealander
nový [novee] new
Nový rok New Year
Nový Zéland [novee zelund] New Zealand
nudný [noodnee] boring
nula [noola] zero
nůž [nOOsh] knife
nůžky fpl [nOOshki] scissors
nyní [ninyee] now

O

oba both
obálka [obahlkah] envelope
obarvit vlasy [oburvit vlusi] to dye one's hair
občan m [optchun], **občanka f** citizen
občanský [optchunskee] civic
občanský průkaz [optchunskee prOOkus] ID card
občerstvení [optcherstvenyee] refreshments, snacks
období [obdobee] period
oběd [obyet] lunch

obědvat [obyedvut] to have lunch
obědy mpl [obyedi] lunches
oběť f [obyet^{yeh}] victim
obchod [opHot] business; shop
obchodní [opHodnyee] business
obchodní cesta [tsesta] business trip
obchodní dům [dOOm] department store
obchodní zástupce m [opHodnyee zahstooptseh] agent
objasňovat/objasnit [obyusnyovut/obyusnyit] to make clear; to explain
objektiv [obyektif] lens
objížďka [obyeeshd^{yeh}ka] diversion
oblečený [obletchenee] dressed
oblek suit
oblékat/obléknout [oblekut/obleknoht] to dress (someone)
oblékat se/obléknout se [seh] to get dressed
obleva thaw
oblíbený [obleebenee] favourite
obloha sky
oblý [oblee] round
obnošený [obnoshenee] worn out
obočí [obotchee] eyebrow
obraz [obrus] painting, picture
obrázkový [obrahskohvee] pictorial
obrovský [obrofskee] tremendous
obsah [opsuH] contents
obsahovat [opsuhovut] to include
obsahuje [opsuhoo-yeh] it contains
obsazeno [opsuzeno] no vacancies; engaged; occupied; full up
obsloužit [opslohJit] to serve
obsluha [opslooHa] service
obsluhovat/obsloužit [opsloohovut/opslohJit] to serve
obtížný [op-tyeeJnee] difficult
obuv f [oboof] footwear
obvaz [obvus] bandage
obviněný [obvi-nyenee] accused
obvod [obvot] district
obvykle [obvikleh] usually
obvyklý [obviklee] usual
obyčejné poštovné inland postage
obyčejný [obitchaynee] ordinary, usual
obytný automobil [obitnee owtomobil] camper van
obytný přívěs [prJee-vyes] caravan, (US) trailer
obývací pokoj [obeevutsee pokoy] living room
ocas [otsus] tail
ocel [otsel] steel
očkování [otchkovah-nyee] vaccination
oční lékař [otchnyee lekurJ] eye specialist
oční stín [styeen] eye shadow
oční víčko [veetchko] eyelid
od [ot] since
odbarvovač [odburvovutch] bleach (for cleaning)
odbavení [odbuvenyee] check-in

oddělené [od-dyelenyeh] separately
oddělení [od-dyelenyee] compartment; department
oddělený [od-dyelenee] separate
oddíl [od-dyeel] club (sport)
odejít [odeh-yeet] to leave (on foot)
odešel [odeshel] he left (on foot)
odesílatel [odeseelutel] sender
oděvy mpl [odyevi] garments
odjet [odyet] to leave
odjezd [odyest] departure
odjíždět/odjet [odyeeJdyet/odyet] to leave
odlakovač [odlukovutch] nail polish remover
odlety departures
odlišný [odlishnee] different
odměřený [od-mnyerenee] measured
odnášet/odnést [odnahshet] to take away, to remove
odpadky mpl [otputki] rubbish, garbage
odpočatý [otpotchutee] rested
odpočinek [otpotchinek] rest (sleep)
odpočívat si/odpočinout si [otpotcheevut si/otpotchinoht] to take a rest
odpoledne [otpoledneh] afternoon
odporný [otpornee] disgusting
odpověď f [otpovyet^yeh] answer
odpovědět/odpovídat [otpovyedyet/otpoveedut] to answer
odpovědný [otpovyednee] responsible
odpovídat [otpoveedut] to answer
odstartovat [otsturtovut] to take off
odstín [otstyeen] shade
odstraňte z dosahu dětí keep out of reach of children
odtáhnout [ot-tah-hnoht] to pull away (remove)
odtahová služba [ot-tuhovah slOOJba] towing service
odvážit se [odvahJit seh] to dare
ofina fringe
oheň [ohen^yeh] fire
(ne)máte oheň? [(ne)mahteh] have you got a light?
ohlašovna poruch faults service
ohnutý [oHnootee] bent
ohňostroj [oHnyostroy] fireworks
oholení [oholenyee] shave
ohrožovat/ohrozit [oHroJovut] to threaten
ochutnávat/ochutnat [oHootnahvut/oHootnut] to taste, to try
okamžitě [okumJityeh] immediately
okenice f [okenitseh] shutter
okno window
oko eye
okresní [okresnyee] regional; district
okresní silnice f [okresnyee silnitseh] country lane
olej [olay] oil

olej na opalování [opulovah-nyee] suntan oil
omlívat/omdlít [omdleevut/omdleet] to faint
omezení rychlosti speed limit
omluvit/omlouvat [omloovit/omlohvut] to apologize
omluvte mě [omloofteh mnyeh] excuse me
omyl [omil] wrong number
to je omyl [omil] you've got the wrong number
on he; it
ona she; it; they
oni [onyi] they
ono it
ony they
opakovat/zopakovat [opukovut] to repeat
opálený [opahlenee] suntanned
opalovat se/opálit se [opahlovut seh/opahlit] to sunbathe; to get a tan
opatrný [oputurnee] careful
opékač topinek [opekutch] toaster
operace f [operutseh] operation
opěrka hlavy [opyerka] headrest
opilec [opilets] drunkard
opilý [opilee] drunk
opouštět/opustit [opohshtyet/opoostyit] to leave
opozdit se [opozdyit seh] to be late
opravdový [opruvdovee] true
opravdu? [opruvdoo] really?, is that so?
opravený [opruvenee] repaired
opravit [opruvit] to mend; to repair
opravna [opruvna] repair shop
opravna automobilů [owtomobiloo] garage, service station
opravovat/opravit [opruvovut/opruvit] to mend; to repair
opravy [opruvi] repairs
optik optician
opuchlý [opooHlee] swollen
opustit [opoostyit] to leave
opuštěný [opoosh-tyenee] left behind
oranžový [orunJovee] orange (colour)
organizace f [orgunizutseh] organization
organizovat [orgunizovut] to organize
orloj [orloy] clock; town clock
osamělý [osumnyelee] lonely
oslava [osluva] party (celebration)
osm [osum] eight
osmdesát [osumdesaht] eighty
osmnáct [osumnahtst] eighteen
osmnáctý [osumnahtstee] eighteenth
osmý [osmee] eighth
osoba person
osobní vlak [osobnyee] local train
osobní výtah customer lift/elevator; passenger lift/elevator
ospalý [ospulee] sleepy
ostrov island
ostrý [ostree] sharp
ostří [ostrJee] edge

ostříhání [ostrJeehah-nyee] haircut
ostřikovač skla [ostrJikovutch] windscreen washer
ostýchavý [osteeHuvee] shy
osuška [osooshka] bath towel
osvobození liberation
ošklivý [oshklivee] ugly
otáčet/otočit [otahtchet/ototchit] to turn
otázka [otahska] question
otec [otets] father
oteklý [oteklee] swollen
otevírací doba [oteveerutsee] opening times
otevřeno [otevrJeno] open
otevřený [otevrJenee] open
otevřít [otevrJeet] to open
otočit [ototchit] to turn
otok swelling
otrava [otruva] poisoning
otrava jídlem [yeedlem] food poisoning
otvírák konzerv [otveerahk konzerf] tin-opener
otvírák lahví [luhvee] bottle-opener
otvírat/otevřít [otveerut/otevrJeet] to open
ovce f [oftseh] sheep
ovoce-zelenina [ovotseh-zelenyina] fruit and vegetables
ozářený [ozahrJenee] lit, lighted
oznamovací tón [oznumovutsee tawn] dialling tone

P

padák [pudahk] parachute
padat/upadnout [pudut/oopudnoht] to fall
padělek [pudyelek] forgery
padesát [pudesaht] fifty
padesátikoruna [pudesah-tyikoroona] 50-crown coin or banknote/bill
pádlo [pahdlo] paddle
pahorek [puhorek] hill
páchnoucí [pahHnohtsee] smelly
páka [pahka] lever
palác [pulahts] palace
palec [pulets] toe
pálit [pahlit] to burn
pálivý [pahlivee] hot (spicy)
paluba [pulooba] deck
palubní vstupenka [paloob-nyee fstoopenka] boarding pass
památník [pumahtnyeek] monument
pamatovat si/zapamatovat si [zupumutovut si] to remember
pan [pun] Mr
pán [pahn] gentleman
pane [puneh] Mr; sir
panelák [punelahk] apartment block
panenka [punenka] doll
pánev f [pahnef] frying pan
paní [punyee] Mrs; married; madam
páni mpl [pahnyi] gents' toilet, men's room
pánské oděvy mpl [pahnskeh odyevi] menswear

pantofle **mpl** [puntofleh] slippers
papír [pupeer] paper
papírnictví [pupeer-nyitstvee] stationer's
papírový kapesník [pupeerovee kupesnyeek] tissue, Kleenex®
pár pair
paragon [purugon] receipt
parfém [purfem] perfume
parkovat/zaparkovat [zupurkovut] to park
parkoviště [purkovishtyeh] car park, parking lot
parný [purnee] hot, sultry
pas [pus] passport
pás [pahs] waist
pasáž [pusahsh] archway
pasažér **m** [pusuJair]/**pasažérka** **f** passenger
pásek [pahsek] belt; cassette
pasová kontrola passport control
pasta na zuby [pusta na zoobi] toothpaste
pastelky **fpl** [pustelki] crayons
pastilky **fpl** [pustilki] throat pastilles
pata [puta] heel
pátek [pahtek] Friday
patnáct [putnahtst] fifteen
patnáctý [putnahtstee] fifteenth
patřit [putrJit] to belong
patro [putro] floor
patrové postele **fpl** [putroveh posteleh] bunk beds
pátý [pahtee] fifth
pavouk [puvohk] spider
paže **f** [paJeh] arm
péct* [petst] to bake; to roast; to grill
pečlivý [petchlivee] neat
pekař [pekarJ] baker
pekařství [pekurJ-stvee] baker's shop
pěkně oblečený [pyeknyeh obletchenee] well-dressed
pěkný [pyeknee] beautiful; pretty; fine (weather)
pěna do koupele [pyena do kohpeleh] bath foam
pěna na holení [holenyee] shaving foam
peněženka [penyeJenka] purse
peněžní poukázka [penyeJnyee pohkahska] money order
peníze **mpl** [penyeezeh] money
penzión [penzi-awn] boarding house
perfektní [perfektnyee] perfect
perla pearl
pero pen
peří [perJee] feather
peřina [perJina] duvet
pes dog
pěšina [pyeshina] path
pěšinka [pyeshinka] parting
pěší zóna pedestrian precinct
pěšky [pyeshki] on foot
pět [pyet] five
pětisetkoruna [pyetiset-koroona] 500-crown banknote/bill
píchat/píchnout [peeHut/peeHnoht] to sting; to prick
píchnutí [peeHnootyee] puncture
pikantní [pikuntnyee] savoury
pila seesaw
pilník na nehty [pilnyeek na neHti] nailfile

pilný [pilnee] fast
pilulka [piloolka] pill
pinzeta tweezers
písek [peesek] sand
píseň [peesen^{yeh}] song
pistole [pistoleh] gun
pít/napít se [peet/nupeet seh] to drink
pitná voda [pitnah] drinking water
pitomec [pitomets] idiot
pitomče! f [pitomtcheh] you idiot!
pivnice f [pivnyitseh] pub
placené parkoviště paying car park/parking lot
plachetnice f [pluHet-nyitseh] sailing boat
plachta [pluHta] sail
plakat [plukut] to cry
plakát [plukaht] poster
plánovaný let [plahnovunee] scheduled flight
plášť [plahsht^{yeh}] overcoat
plášť do deště [deshtyeh] raincoat
pláštěnka [plahshtyenka] raincoat
platební karta [plutebnyee kurta] credit card
platit/zaplatit [zuplutyit] to pay
platit v hotovosti [vhotovostyi] to pay cash
platnost 35 minut od označení valid for 35 minutes after the ticket has been validated
platný [plutnee] valid
plavání [pluvahnyee] swimming
plavat [pluvut] to swim
plavčík [plufcheek] lifeguard
plavecký bazén [pluvetskee buzen] swimming pool
plavky fpl [plufki] swimming costume; swimming trunks
plavky vcelku [ftselkoo] one-piece swimsuit
plenka nappy, diaper
ples ball, dance
plešatý [pleshutee] bald
plést/uplést [oopletst] to knit
pleť f [plet^{yeh}] complexion
pleťová voda toilet water
pleťové mléko [pletyoveh] skin lotion
pleťový čisticí krém [pletyovee chis-tyitsee] cleansing cream
pleťový krém cold cream
plíce fpl [pleetseh] lungs
plná penze [pulnah penzeh] full board
plnovous [pulnovohs] beard
plný [pulnee] full
plochý [ploHee] flat (level)
plomba filling (in tooth)
plot fence
plyn [plin] accelerator; gas
plynulý [plinoolee] fluent
pneumatika [puneh-oohmutika] tyre
PNS Mail and Newspaper Service
po after
pocit [potsit] feeling
počasí [potchusee] weather
počáteční [potchahtetch-nyee] initial
počítač [potcheetutch] computer

počkat [potchkut] to wait
počkejte! [potchkayteh] wait!
počkejte na mě! [mnyeh] wait for me!
pod [pot] below; under
podací lístek [podutsee leestek] postal receipt
podávejte chlazené serve chilled
poděkovat [podyekovut] to thank
podělit se [podyelit seh] to share
podepsat [podepsut] to sign
podchod [potHot] pedestrian underpass
podívaná [podyeevunah] show
podívat se [podyeevut seh] to look
podivný [podyivnee] strange, peculiar, weird
podjezd [podyest] pedestrian underpass
podkladový krém [potkludovee] foundation cream
podkroví [potkrovee] attic
podlaha [podluha] floor (of room)
podloubí [podlohbee] arcade
podnebí [podnebee] climate
podnik [podnyik] enterprise
podnos tray
podobný [podobnee] similar
podpis signature
podprsenka [potpursenka] bra
podrážka [podrahshka] sole (of shoe)
podrobný [podrobnee] detailed
podzim autumn, (US) fall
pohádat se [pohahdut seh] to argue
pohlaví [po-Hluvee] sex; sexual
pohlavní choroby fpl [Horobi] VD
pohled [po-hlet] view
pohlednice f [po-hlednyitseh] postcard
pohnout [po-hnoht] to move a little
pohodlný [po-hodulnee] comfortable
pohoří [po-horJee] mountain range
pohostinnost f [po-hostyinost] hospitality
pohostinství [po-hostyinstvee] pub
pohotovostní služba emergencies
pohraničí [po-hrunyitchee] border region
pohřeb [po-hrJep] funeral
pochopitelný [po-Hopitelnee] understandable
pojd'te dál! [poyt[yeh]teh dahl] come in!
pojistka [po-yistka] fuse
pojištění [po-yishtyenyee] insurance
pokaždé [pokuJdeh] every time
pokažený [pokuJenee] faulty; broken
pokládat/položit [poklahdut/poloJit] to put
pokladna [pokludna] till, cash desk; cashier; ticket office
poklička [poklitchka] lid
pokoj [pokoy] room
pokoj pro dvě osoby [dvyeh osobi] double room

pokojská [pokoyskah] chambermaid
pokrývka [pokreefka] quilt; blanket
Polák m [polahk] Pole (man)
pole n [poleh] field
poledne n [poledneh] midday
políbit [poleebit] to kiss
police f [politseh] shelf
policejní ředitelství [politsaynyee rJeh-dyitelstvee] police headquarters
policejní stanice f [stunyitseh] police station
policie f [politsi-eh] police
policista m [politsista] policeman
policistka policewoman
politická strana [polititskah struna] political party
politický [polititskee] political
politika politics
politý [politee] wet
Polka f Pole (woman)
polknout [pol-knoht] to swallow
polní cesta [polnyee tsesta] dirt road
polo- half-
polodrahokam [polodruhokum] semi-precious stone
pololetí [pololetyee] half-year
polopenze f [polopenzeh] half board
položit [poloJit] to put
Polsko Poland
polský [polskee] Polish (adj)
polštář [polshtarJ] pillow
polština [polsh-tyina] Polish (language)

polykat/polknout [polikut/pol-knoht] to swallow
pomáhat/pomoci [pomah-hut/pomotsi] to help
pomalu [pomuloo] slowly
pomalý [pomulee] slow
pomník [pomnyeek] memorial
pomoc [pomots] help
pomoc! help!
pomoci [pomotsi] to help
pondělí [pondyelee] Monday
ponožky fpl [ponoshki] socks
popelnice f [popelnyitseh] dustbin, trashcan
popelník [popelnyeek] ashtray
popisovat/popsat [popisovut/popsut] to describe
poplach [popluH] alarm
poplatek [poplutek] fee; charge
popsat [popsut] to describe
poptávka [poptahfka] demand
populární [popoolarnyee] popular
populární hudba [hoodba] pop music
poradit [porudyit] to advise
porazit [poruzit] to knock down
porce [portseh] portion
porcelán [portselahn] china
porucha [poroOHa] breakdown (car); out of order
pořad [porJut] feature
pořádek [porJahdek] order
v pořádku [fporJahtkoo] OK, all right
posadit se [posudyit seh] to sit down
posádka [posahtka] crew

poschodí [posHodyee] floor (storey)
posílat/poslat [poseelut/poslut] to send
poslanec [poslunets] deputy
poslanecký [poslunetskee] deputy (adj)
poslat [poslut] to send
poslat poštou [poshtoh] to post, to mail
poslat za adresátem [udresahtem] to forward (mail)
poslední [poslednyee] last
poslouchat [poslohHut] to listen to
poslušný [poslooshnee] obedient
postel f bed
poškozovat/poškodit [poshkozovut/poshkodyit] to damage
pošta [poshta] post office; mail
pošťák [poshtyahk] postman
poštovní schránka [poshtovnyee sHrahnka] letterbox, mailbox
poštovní směrovací číslo [smnyerovutsee cheeslo] postcode, zip code
potápět se/potopit se [potahpyet seh] to dive; to sink
potěšení [potyeshenyee] pleasure
potěšený [potyeshenee] pleased
potěšit [potyeshit] to please
potit se [potyit seh] to sweat
potkávat/potkat [potkahvut/potkut] to meet
potok brook
potom then
potopit se [seh] to dive; to sink
potraviny fpl [potruvini] groceries
potřebovat [potrJebovut] to need
potvrdit [potvurdyit] to confirm
pouť f [poht[yeh]] funfair
pouze pro dopravní obsluhu for authorized vehicles only
pouze pro personál staff only
pouze v doprovodu rodičů must be accompanied by parents
použití a dávkování usage and dosage
povlečení [povletchenyee] bedding
pozdě [pozdyeh] late
pozdrav Pánbůh! [pozdruf pahnbOOH] bless you!
pozítří [pozeetrJee] the day after tomorrow
poznávat/poznat [poznahvut/poznut] to recognize
pozor! attention!; look out!; caution!
pozor, děti! caution, children (crossing)!
pozor! na cestě se pracuje caution! roadworks
pozorovat/zpozorovat [spozorovut] to watch; to notice
pozvání [pozvahnyee] invitation
pozvat/zvát [pozvut/zvaht] to invite
požádat/žádat [poJahdut] to ask for; to demand
požár [poJar] fire (emergency)
požární útvar [poJarnyee OOtvur] fire brigade

požehnání [poJehnahnyee] blessing
práce f [prahtseh] work
práce na silnici f roadworks
pracný [prutsnee] laborious
pracovat [prutsovut] to work
pracovitý [prutsovitee] hard-working, diligent
pracovní den [prutsovnyee] working day
pračka [prutchka] washing machine
prádelna [prahdelna] laundry (place)
prádlo [prahdlo] laundry, washing; underwear
Praha [pruha] Prague
prachovka [pruHofka] duster
praktický [pruktitskee] practical
pramen [prumen] spring (water)
prapor [prupor] flag
prase n [pruseh] pig
prášek [prahshek] pill; powder
prášek na praní [prunyee] washing powder
prášek na spaní [spunyee] sleeping pill
prát [praht] to do the washing
prát se [seh] to fight
pravdivý [pruvdyivee] true
pravidelný [pruvidelnee] regular
pravidla silničního provozu [pruvidla silnyitch-nyeeho provozoo] highway code
pravidlo [pruvidlo] rule
právnička f [prahv-nyitchka]/ **právník m** [prahvnyeek] lawyer
pravý [pruvee] genuine
prázdná pneumatika [prahzdnah puneh-oomutika] flat tyre
prázdninový [prahzdnyinovee] holiday (adj)
prázdniny fpl [prahz-dnyini] holidays, vacation
prázdný [prahzdnee] empty; vacant
pražský [prushskee] Prague (adj)
preferovat [–ovut] to prefer
prezervativ [prezervutif] condom
princ m [prints] prince
princezna f [printsezna] princess
pro for
pro mě [mnyeh] for me
pro tebe [tebeh] for you
procento [protsento] per cent
proč? [protch] why?
prodaný [produnee] sold
prodat [produt] to sell
prodavač m [produvutch], **prodavačka f** shop assistant
prodavač květin [kvyetyin] florist
prodávat/prodat [prohdahvut] to sell
prodej [proday] sale
prodejna [prodayna] shop
prodejní kurs [prodaynyee koors] selling rate
prodloužený [prodlohJenee] prolonged
prodlužovačka [prodlooJovutchka] extension lead
procházet se/projít se [proHahzet seh/pro-yeet] to walk around
procházka [proHahska] walk
projímadlo [pro-yeemudlo] laxative

projít se [pro-yeet] to walk around
proměnlivý [pro-mnyenlivee] changeable
promiňte [prominʸᵉʰteh] sorry
pronájem [pronī-em] hire; letting
pronájem automobilů [owtomobilOO] car rental
pronájimat/pronajmout [pronī-imut/pronīmoht] to hire, to rent; to let
pronajmutí: k pronajmutí [pronīmoo-tyee] for hire, to rent
prosím [proseem] please; here you are; you're welcome, don't mention it
prosím? pardon (me)?
prosím vás excuse me
prosinec [prosinets] December
prostěradlo [prostyerudlo] sheet
prostředek [prostrJedek] means
prostřední [prostrJed-nyee] middle
prošlý [proshlee] expired; overdue
proti [protyi] opposite; against
protože [protoJeh] as, since; because
proud [proht] stream
provaz [provus] rope
provázek [provahzek] string
provoz [provos] traffic
provozní doba [provoznyee] opening hours
pro zásobování for delivery only
prs [purs] breast
pršet [purshet] to rain
prší [purshee] it's raining
prst [purst] finger
prsten [pursten] ring (on finger)
prudký [prootkee] steep
průhledny [prOO-hlednee] transparent
průchod zakázán no thoroughfare
průjem [prOO-yem] diarrhoea
průjezd zakázán no thoroughfare (on foot)
průkaz [prOOkus] card; certificate; licence
průměrný [prOO-mnyernee] average
průmyslový [prOOmislovee] industrial
průsmyk [prOOsmik] mountain pass
průvan [prOOvun] draught
průvodce m [prOOvotseh] guide (man); guidebook
průvodčí m/f [prOOvotchee] conductor (on train)
průvodkyně f [prOOvotki-nyeh] guide (woman)
pružina [prOOJina] spring (in seat etc)
pružný [prooJnee] elastic
první [purvnyee] first
první pomoc [pomots] first aid
první poschodí [pos-Hodyee] first floor, (US) second floor
první třídou [purvnyee trJeedoh] first class (travel etc)
první třídu! [trJeedoo] first class!
přání [prJahnyee] wish; congratulations

před [prJet] before; in front of
předčíslí [prJet-cheeslee] dialling code
předek [prJedek] ancestor; front (part)
předeprat prádlo [prJedeprut prahdlo] to prewash
předevčírem [prJedef-cheerem] the day before yesterday
předchozí [prJetHozee] preceding
předjíždět/předjet [prJedyeeJ-dyet/prJedyet] to overtake
předloni [prJedlonyi] the year before last
předložit [prJedloJit] to show; to submit
předložte jízdenky! tickets please!
předměstí [prJed-mnyestyee] suburbs
přední [prJednyee] front (adj)
přední světla [svyetla] headlights
přednost [prJednost] preference; priority
přednost v jízdě right of way
předpověď f [prJetpovyet^yeh] forecast
předpověď počasí [potchusee] weather forecast
předprodej [prJetproday] advance booking
předseda vlády [prJetseda vlahdi] prime minister
představovat/představit [prJedstuvovut/prJetstuvit] to introduce
přehánět/přehnat [prJehah-nyet/prJehnut] to exaggerate
přeháňka [prJehahn^yeh ka] shower (rain)
přehnat [prJehnut] to exaggerate
přecházet/přejít [prheHahzet/prJeh-yeet] to cross
přechod [prJeHot] crossing
přechod pro chodce [Hotseh] pedestrian crossing
přejet [prJeh-yet] to run over; to miss
přejímka zboží closed for deliveries
přejít [prJeh-yeet] to cross
překládat/přeložit [prJeklahdut/prJeloJit] to translate; to reload
překvapení [prJekvupenyee] surprise
překvapený [prJekvupenyee] surprised
překvapivý [prJekvupivee] surprising
přeliv [prJelif] tint (hair)
přeložit [prJeloJit] to translate; to reload
přenos [prJenos] transmission, broadcast
přenosná kamínka npl [prJehosnah kumeenka] heater; portable stove
přepadení f [prJepudenyee] hold-up
přepojím [prJepo-yeem] I will transfer you
přes [prJes] over; across; through
přesedat/přesednout [prJesedut/

prJesednoht] to change (trains)
přesnídávka [prJes-nyeedahfka] mid-morning snack
převléknout se [prJevleknoht seh] to change (clothes), to get changed
převodovka [prJevodofka] gearbox
přezdívka [prJezdeefka] nickname
při [prJi] during, close at
přibarveno contains artificial colouring
příběh [prJeebyeH] story
příbory mpl [prJeebori] cutlery
příbuzní mpl [prJeebooznyee] relatives
příčina [prJeetchina] cause
přihodit se [prJi-hodyit seh] to happen
přicházet/přijít [prJi-Hahzet/prJi-yeet] to come
přijdu hned [prJeedoo hnet] back in a moment
příjem [prJee-yem] receiving
příjemce m [prJee-yemtseh] addressee
příjemný [prJee-yemnee] pleasant
přijet [prJi-yet] to arrive
příjezd [prJee-yest] arrival
přijímat/přijmout [prJi-yeemut/prJeemoht] to receive
přijít [prJi-yeet] to come
přijíždět/přijet [prJi-yeeJdyet/prJi-yet] to arrive
příjmení [prJee-menyee] surname
přijmout [prJeemoht] to receive
příklad [prJeeklut] example
přílety mpl arrivals
příliš [prJeelish] too
příliš časně [chusnyeh] too early
příliš mnoho too much
přímá volba [prJeemah] direct dialling
přímo [prJeemo] straight ahead, straight on; directly
přímý [prJeemee] direct
přímý let direct flight
přinášet/přinést [prJinahshet/prJinest] to bring
přinejmenším [prJinaymensheem] at least
přinést [prJinest] to bring
připravený [prJipruvenee] ready
připravovat/připravit [prJipruvovut/prJipruvit] to prepare
příroda [prJeeroda] nature
přirozený [prJirozenee] natural
příruční zavazadlo [prJeerootchnyee zuvuzudlo] hand luggage/baggage
přistávat/přistát [prJistahvut/prJistaht] to land
přístroj [prJeestroy] device
přišel [prJishel] he came
příští [prJeeshtyee] next
přitažlivý [prJituJlivee] attractive
přítel [prJeetel] friend; boyfriend
přítelkyně f [prJeetelkinyeh] friend; girlfriend
přívěs [prJeevyes] trailer
přívoz [prJeevos] ferry

přízemí [prJeezemee] ground floor, (US) first floor; downstairs
přízvuk [prJeezvook] accent
psací papír [psutsee pupeer] writing paper
psací stroj [stroy] typewriter
psát/napsat [psaht/nupsut] to write
PSČ postcode, zipcode
pták [ptahk] bird
publikum n [pooblikoom] audience
pudr [poodr] talcum powder
puchýř [pooHeerJ] blister
půjčit [pOO-itchit] to lend
půjčká [pOO-itchka] loan
půjčovat/půjčit [pOO-itchovut/pOO-itchit] to lend
půjčovna aut [pOO-itchovna owt] car rental
půjčovna loděk [lodyek] rowing boats for hire/to rent
půjčovna lyží [liJee] skis for hire/to rent
půl [pOOl] half
půl hodiny [pOOl ho-dyini] half an hour
půlka [pOOlka] half
půlnoc [pOOlnots] midnight
pulovr [poolovur] sweater
pult [poolt] counter
pumpa [poompa] pump
punčocháče fpl [poontcho-Hahtcheh] tights, pantyhose
punčochy fpl [poontchoHi] stockings
pupínek [poopeenek] spot (pimple)
puška [pooshka] gun (rifle)
pyj [pi-i] penis
pyšný [pishnee] proud
pyžamo [piJumo] pyjamas

R

rád [raht] glad
radit/poradit [rudyit] to advise
radnice f [rudnyitseh] town hall
Rakousko [rukohsko] Austria
rakouský [rukohskee] Austrian
Rakušan m [rukooshun], **Rakušanka f** Austrian
rameno [rumeno] shoulder
ramínko na šaty [rumeenko na shuti] coathanger
ranní [runyee] morning (adj)
ráno [rahno] morning
recepce f [retseptseh] reception
recepční m/f [retseptchnyee] receptionist
recept [retsept] prescription; recipe
reflektor light (on car)
refundovat [–dovut] to refund
regál [regahl] shelf
rentgen X-ray
repelent insect repellent
restaurace f [restowrutseh] restaurant
ret lip
revizor ticket inspector
revmatismus [refmutizmoos] rheumatism
revoluce f [revolootseh] revolution

rezavý [rezuvee] rusty
rezervace f [rezervutseh] reservation
rezervní pneumatika [rezervnyee puneh-oomulika] spare tyre
rezervovat [rezervovut] to book; to reserve
riziko risk
roční doba [rotchnyee] season
rodiče mpl [ro-dyitcheh] parents
rodina [ro-dyina] family
rodinné balení family-size pack
rodné jméno [rodneh yumeno] maiden name
roh [roH] corner
rohy mpl [rohi] horns
rok year
roleta blind, shutter
Róm m [rawm] Romany (man)
román [romahn] novel
Rómka f [rawmka] Romany (woman)
rosa dew
rostlina plant
rovně [rovnyeh] straight on
rovný [rovnee] straight
rozcestí [rostses-tyee] fork (in road)
rozdělovač [roz-dyelovutch] distributor
rozhlas [roz-hlus] broadcasting, radio
rozhodovat se/rozhodnout se [roz-hodovut seh/roz-hodnoht] to decide
rozkošný [roskoshnee] lovely
rozkousejte je chew them
rozmazlený [rozmuzlenee] spoiled
rozsvěcovat/rozsvítit [rosvyetsovut/rosveetyit] to switch on (light)
rozsvícený [rosveetsenee] lit, lighted
rozsvítit [rosveetyit] to switch on (light)
roztrpčený [rosturptchenee] annoyed
rozumět [rozoomnyet] to understand
rozumný [rozoomnee] sensible
rozvážný [rozvahJnee] deliberate
rozvedený [rozvedenee] divorced
rozvinout/rozvíjet [rozvinoht/rozvee-yet] to develop
rozlobený [rozlobenee] angry
rtěnka [rutyenka] lipstick
rty [ruti] lips
ruční brzda [rootchnyee burzda] handbrake
ručník [rootchnyeek] (hand) towel
rudovlasý [roodovlusee] red-headed
ruka [rooka] hand
rukavice fpl [rookavitseh] gloves
rukopis [rookopis] manuscript
ruksak [rooksuk] rucksack
Rumunsko [roomoonsko] Romania
rumunský [roomoonskee] Romanian (adj)
rumunština [roomoonsh-tyina] Romanian (language)
Rus m [roos], Ruska f Russian

Rusko Russia
ruský [rooskee] Russian (adj)
rušit/zrušit [rooshit] to cancel
rušný [rooshnee] busy
ruština [roosh-tyina] Russian (language)
různý [rOOznee] various
růže f [rOOJeh] rose
růžový [rOOJovee] pink
rvačka [ruvutchka] fight
rybaření [riburJenyee] fishing
rybářský lístek [ribarJskee leestek] fishing permit
rybářský prut [proot] fishing rod
rybí speciality fpl [ribee] fishmonger's; fish dishes
rybník [ribnyeek] pond; fishpond
rýč [reetch] spade
rychlík [riHleek] fast train
rychlost f [riHlost] gear; speed
rychlý [riHlee] quick
ryzí [rizee] genuine

Ř

řadicí páka [rJuh-dyitsee pahka] gear lever
řasenka [rJusenka] eyeliner
Řecko [rJetsko] Greece
řecký [rJetskee] Greek (adj)
řečtina [rJetch-tyina] Greek (language)
ředitel m [rJedyitel], ředitelka f manager; director
Řek [rJek] Greek (man)
řeka [rJeka] river
řekl [rJekul] he said
Řekyně f [rJekinyeh] Greek (woman)
řemen [rJemen] belt
řemen ventilátoru [–lahtoroo] fan belt
řemesla npl [rJemesla] crafts
řetěz [rJetyes] chain
řetízek [rJetyeezek] small chain
řeznictví [rJeznits-tvee] butcher's
řezník [rJeznyeek] butcher
říct* [rJeetst] to say; to tell
můžete mi říct ...? [mooJeteh] can you tell me ...?
řidič m [rjidyitch], řidička f driver
řidičský průkaz [rJidyitchskee prOOkus] driving licence
řídit [rJeedyit] to drive
řídký [rJeetkee] sparse
říjen [rJee-yen] October
říkat/říct [rJeekut/rJeetst] to say; to tell
řízení [rJeezenyee] steering
říznout se [rJeeznoht seh] to cut oneself

S

s* with
sáček [sahtchek] paper bag
sádra [sahdra] plaster
sako [suko] jacket
sakra! [sukra] damn!
salónek [sulawnek] function room
sám m [sahm] myself; yourself; himself; alone; on my/your/his own; on one's own

sama f [suma] myself; yourself; herself; alone; on my/your/her/their own; on one's own
samet [sumet] velvet
sami [sumi] on their own; themselves
samo [sumo] itself; on its own
samoobsluha [sumo-opslooha] self-service
samostatný [sumostutnee] independent
samozřejmě [sumozrJay-mnyeh] of course
samy [sumi] themselves; on their own
sandály mpl [sundahli] sandals
saně fpl [sunyeh] sledge
sanitka [sunitka] ambulance
sáňkování [sahn^yeh^kovahnyee] sledging
saponát [suponaht] detergent
sazba [suzba] charges
sbírat/sebrat [zbeerut/sebrut] to collect
sbírka [zbeerka] collection (stamps etc)
sbohem [zbo-hem] goodbye
scenérie [stseneri-eh] scenery
se oneself; myself; yourself; himself; herself; itself; ourselves; yourselves; themselves; one another
sedačka [sedutchka] pushchair
sedačkový výtah [sedutchkohvee veetuH] chairlift
sedadlo [sedudlo] seat
sedm [sedum] seven
sedmdesát [sedumdesaht] seventy
sedmnáct [sedumnahtst] seventeen
sedmnáctý [sedumnahtstee] seventeenth
sedmý [sedmee] seventh
sedněte si! [sednyeteh si] sit down!
sejít se [seh-yeet seh] to come together
sekat [sekut] to cut
sekretářka f [sekretarJka] secretary
sekunda [sekoonda] second (in time)
sem pull
semafor [semufor] traffic lights
sen dream
senná rýma [senah reema] hayfever
seno hay
seřídit [sehrJeedyit] to adjust; to tune
sestra sister
sestřenice f [sestrJeh-nyitseh] cousin (female)
sešit [seshit] notebook
set*: pět set [pyet] five hundred
setkávat se/setkat se [setkahvut/setkut seh] to meet
sever north
severní [severnyee] northern
Severní Irsko [severnyee] Northern Ireland
seznam [seznum] list
sezónní [sezawnyee] seasonal
shnilý [sHunyilee] rotten
scházet/sejít [sHahzet/say-eet] to

go down, to walk down
schody mpl [sHodi] stairs
schovávat/schovat [sHovahvut/sHovut] to hide
schránka [sHrahnka] letterbox, mailbox
schránku vybírá [sHrahnkoo vibeerah] collection times
schůze f [sHOOzeh] meeting
schůzka [sHOOska] appointment
si (for) oneself; each other, one another
sídliště [seedlish-tyeh] housing estate
silnice se v zimě neudržuje road not cleared in winter
silný [silnee] thick; strong
Silvestr New Year's Eve
sirky fpl [sirki] matches
sít' f [seetyeh] net
sjezdovka [syezdofka] downhill course
sjízdné pouze se sněhovými řetězy passable with snow chains only
sjízdný [syeezdnee] passable (slope)
skákat/skočit [skahkut/skotchit] to jump
skála [skahla] rock
skalnatý f [skulnutee] rocky
skanzen [skunzen] open air museum
skladatel [skludutel] composer
skladujte v chladu a suchu store in cool and dry place
sklenice f [sklenyitseh] glass
sklep basement
sklo glass
skočit [skotchit] to jump
skoky do vody [skoki do vodi] diving
skoky na lyžích [liJeeH] ski jump
skončit [skonchit] to finish
skoro [skoro] almost
Skot m, Skotka f Scot
Skotsko [skotsko] Scotland
skotský [skotskee] Scottish (adj)
skromný [skromnee] modest
skrz* [skurs] through
skříň f [skrJeenyeh] cupboard
skupina [skoopina] group
skutečný [skootetchnee] real
skvělý [skvyelee] excellent
skvrna [skvurna] stain
slabý [slubee] weak
sladký [slutkee] sweet (to taste)
sláma [slahma] straw
slavnost [sluvnost] celebration
slavnostní [sluvnost-nyee] festive
slavný [sluvnee] famous
slečna [sletchna] Miss; single woman
slečno! Miss!
sledovat [–ovut] to follow
slepá ulice f blind alley
slepý [slepee] blind
sleva discount
slibovat/slíbit [sleebovut/sleebit] to promise
slipy [slipi] briefs
slonovina [slonovina] ivory
Slovák m [slovahk], **Slovenka f** Slovak
Slovensko Slovakia

slovenský [slovenskee] Slovak (adj)
slovenština [slovensh-tyina] Slovak (language)
slovník [slovnyeek] dictionary
slovo word
složitý [sloJitee] complex
slunce [sloontseh] sun
sluneční brýle [sloonetch-nyee breeleh] sunglasses
slunečný [sloonetchnee] sunny
slušný [slooshnee] fair; decent
slyšet [slishet] to hear
smát se [smaht seh] to laugh
smažit [smuJit] to fry
směnárenský kurs [smnyenarenskee koors] exchange rate
směnárna [smnyenarna] bureau de change
směr [smnyer] direction, way
směrové číslo [smnyeroveh cheeslo] dialling code
směr prodeje queue this way
směšný [smnyeshnee] ridiculous
smetanový [smetunovee] creamy; cream-coloured
smíchat [smeeHut] to mix together
smlouva [smlohva] agreement
smluvit [smloovit] to arrange (something)
smokink dinner jacket
smrt f [smurt] death
smutný [smootnee] sad
smyk [smik] skid
snadný [snudnee] easy
snědý [snyedee] tanned
sněhové řetězy [snyehoveh rJetyezi] snow chains
sněžit [snyeJit] to snow
sněží [snyeJee] it is snowing
snídaně f [snyeedunyeh] breakfast
snídat [snyeedut] to have breakfast
sníh [snyeeH] snow
sníh s blátem [zblahtem] slush
snoubenec [snohbenets] fiancé
snoubenka fiancée
sobecký [sobetskee] selfish
sobota Saturday
socha [soHa] statue
sochař m [soHurJ], **sochařka f** sculptor
součástka [sohchahstka] part
soudce m [soht-tseh], **soudkyně** [sohtkinyeh] judge
souhlasit [soh-hlusit] to agree
soukromá společnost f [sohkromah spoletchnost] private company
soukromý [sohkromee] private
soukromý majetek private property
soused m [sohset], **sousedka f** neighbour
spací pytel [sputsee pitel] sleeping bag
spadnout [spudnoht] to fall
spáchat f [spah-Hut] to commit
spálenina [spahlenyina] burn
spálení sluncem [spahlenyee sloontsem] sunburn
spalničky fpl [spulnyitchki] measles
spát [spaht] to sleep

speciál [spetsi-ahl] lower-grade petrol/gas; charter flight
spěchat [spyeHut] to hurry
spěchej! [spyeh-Hay] hurry up!
spěšnina [spyesh-nyina] express parcel (delivered and collected at the station)
spěšniny fpl express parcels
spisovatel m [spisovutel], **spisovatelka f** writer
spíše [speesheh] rather
spodky mpl [spotki] underpants
spoj [spoy] connection
Spojené státy americké mpl [spo-yeneh stahti umeritskeh] United States of America
spojka [spoyka] clutch
spojovatel m [spoyovutel], **spojovatelka f** operator
spokojený [spoko-yenee] content; satisfied
společně [spoletch-nyeh] together
společnost f [spoletchnost] company; society
spolknout [spol-knoht] to swallow
sporák [sporahk] cooker
sportovec [sportovets] sportsman
sportovkyně f [sportofki-nyeh] sportswoman
sportovní potřeby fpl [–nyee potrJebi] sporting facilities
spořitelna [sporJitelna] savings bank
spotřebovat do use before
spotřebujte do use before
spousta [spohsta] a lot (of)
spravedlivý [spruvedlivee] fair, just
spravit [spruvit] to repair
správně [sprahvnyeh] right, that's right; OK
správný [sprahvnee] correct
spravovat/spravit [spruvovut/spruvit] to repair
sprcha [spurHa] shower
sprchovat se [spur-Hovut seh] to take a shower
sprchy fpl [spurHi] showers
spropitné n [spropitneh] tip
SPZ [es peh zet] number plate
srážka [srahshka] crash
srdce n [surdtseh] heart
srdečný [surdetchnee] cordial
srpen [surpen] August
srub [sroop] log cabin
sta*: tři sta [trJi] three hundred
stačit: to bude stačit [stutchit] that'll do nicely
stadión [studi-awn] stadium
stan [stun] tent
stánek [stahnek] kiosk
stanice f [stunyitseh] station; stop
stanice první pomoci f [puhrvnyee pomotsi] first aid post
stanoviště taxi n [stunovishtyeh tuksi] taxi rank
starat se [sturut seh] to take care of
starobní důchodce m [sturobnyee dOOHotseh], **starobní důchodkyně f** [dOOHotki-nyeh] old-age pensioner
starost f [sturost] worry

starověký [sturovyekee] ancient
starožitnictví [sturoJitnits-tvee] antique shop
starožitnost f [sturoJitnost] antique
start [sturt] take-off
starý [sturee] old
starý mládenec [sturee mlahdenets] bachelor
stáří [stahrJee] old age
stát [staht] to cost; to stand
statečný [stutetchnee] brave
státní [stahtnyee] state (adj)
státní poznávací značka [poznahvutsee znutchka] number plate
státní příslušnost f [prJeeslooshenost] citizenship
státní svátek [svahtek] public holiday
státní škola [shkola] state school
stav [stuf] marital status
stávat se/stát se [stahvut seh/ staht] to become
stě*: dvě stě [dvyeh styeh] two hundred
stehno [stehno] thigh
stejně [stay-nyeh] anyway
stejný [staynee] same
stěrač [styerutch] windscreen wiper
stevard [stevurd] steward
stevardka [stevurtka] stewardess
stezka [steska] path
stezka pro cyklisty cycle path
stěžovat si [styeJovut] to complain
stín [styeen] shadow; shade
sto* hundred
stojí to ... korun [sto-yee to ... koroon] it costs ... crowns
stokoruna [stokoroona] 100-crown banknote/bill
století [stoletyee] century
stostupňový [stostoopnyovee] centigrade/Celsius
strach [struH] fear
strašný [strushnee] horrible; terrible
strava [struva] diet
strom tree
strop ceiling
stručný [strootchnee] brief
struna [stroona] wire
strýc [streets] uncle
střed [strJet] centre; middle
střed města [mnyesta] city centre
středa [strJeda] Wednesday
střední [strJednyee] middle
střední škola [shkola] secondary school
střecha [strJeHa] roof
střelba [strJelba] shooting
stříbro [strJeebro] silver
střídavý [strJeeduvee] alternate
střízlivý [strJeezlivee] sober
studentka f [stoodentka] student (female)
studený [stoodenee] cold
stůj! [stOO-i] stop!
stůl f [stOOl] table
stupeň [stoopenyeh] degree
stýkat se [steekut seh] to be in touch
stýská: stýská se mi ... [steeska seh] I miss ...

sudý [soodee] even (number)
suchý [sooHee] dry
sukně f [sooknyeh] skirt
sůl do koupele [sOOl do kohpeleh] bath salts
super [sooper] four-star petrol, premium gas
surf [soorf] sailboard
sušák na prádlo [sooshahk na prahdlo] clothes horse
sušička [sooshitchka] dryer
suvenýry mpl souvenirs
svá* [svah] my; your; his/her/its; our; their; one's
svačina [svutchina] mid-morning snack
svačit [svutchit] to eat snacks
svah [svuH] slope
sval [svul] muscle
svatba [svudba] wedding
svátek [svahtek] public holiday; name day
své* [sveh] my; your; his/her/its; our; their; one's
svědit [svyedyit] to itch
svět [svyet] world
světlo [svyetlo] light
světlý [svyetlee] light (adj: colour)
 světle modrý [svyetleh modree] light blue
svetr [svetur] jumper
svíčka [sveetchka] candle
svislý [svislee] vertical
svobodný [svobodnee] free; unmarried
svůj* [svOO-i] my; your; his/her/its; our; their; one's
syn [sin] son
synovec [sinovets] nephew
sytič [sityitch] choke (in car)
sytý [sitee] rich (food)

Š

šachy mpl [shuHi] chess
šála [shahla] scarf
šálek [shahlek] cup
 šálek čaje [chī-eh] a cup of tea
šampón [shumpawn] shampoo
šátek [shahtek] wrapper
šatna [shutna] cloakroom, (US) checkroom
šaty mpl [shuti] clothes; dress
šedesát [shedesaht] sixty
šedý [shedee] grey
šéf m [shef], **šéfová f** [shefovah] boss
šek [shek] cheque
šeková knížka [shekovah kunyeeshka] cheque book
šel [shel] he went
šest [shest] six
šestnáct [shestnahtst] sixteen
šestnáctý [shestnahtstee] sixteenth
šestý [shestee] sixth
šílený [sheelenee] crazy
široký [shirokee] wide
šít [sheet] to sew
škoda [shkoda] pity
 to je škoda [yeh] it's a pity
škodlivý [shkodlivee] harmful
škola [shkola] school
školačka [shkolutchka] schoolgirl
školák [shkolahk] schoolboy

školní hřiště [shkolnyee hurJishtyeh] school playground
šla [shla] she went
šlechta [shleHta] nobility
šlo [shlo] it went
šňůra na prádlo [shnyOOra na prahdlo] clothes line
šok [shok] shock
šokující [shokoo-yeetsee] shocking
šortky fpl [shortki] shorts
španěl m [shpunyel], **španělka f** Spaniard
španělsko Spain
španělský [shpunyelskee] Spanish (adj)
španělština [shpunyel-shtyina] Spanish (language)
špatné číslo [shputneh cheeslo] wrong number
špatné trávení [trahvenyee] indigestion
špatný [shputnee] bad
je mi špatně [shputnyeh] I feel sick
špendlík [shpendleek] pin
špinavý [shpinuvee] dirty
šroub [shrohp] screw
šroubovák [shrohbovahk] screwdriver
šťastnou cestu [shtyustnoh tsestoo] have a good journey!
šťastný [shtyustnee] happy
šťastný Nový rok! [novee] happy New Year!
štíhlý [shtyeeHlee] slim
štípnutí [shtyeepnootyee] insect bite
šváb [shvahp] cockroach
švadlena [shvudlena] dressmaker
Švýcar m [shveetsur], **Švýcarka f** Swiss
Švýcarsko [shveetsursko] Switzerland
švýcarský [shveetsurskee] Swiss (adj)

T

ta* this (one); that (one); these; those
tabák [tubahk] tobacco
tableta [tubleta] tablet
táboření [tahborJenyee] camping
tábořiště [tahborJishtyeh] campsite
tady [tudi] here
tady je [yeh] here is
tady jsou [soh] here are
je tady ...? is there ...?
jsou tady ...? are there ...?
tahat/táhnout [tah-Hnoht] to pull
tahle [tuhleh] this (one)
tachometr [tuHometur] speedometer
tajný [tīnee] secret
tak [tuk] so
také [tukeh] also, too, as well
taková [tukovah], **takové** [tukoveh], **takoví** [tukovee], **takový** [tukovee] such
talíř [tuleerJ] dish; plate
talířek [tuleerJek] saucer
tam [tum] there; push
tam dole [doleh] down there
tamhle [tum-hleh] over there

tampóny mpl [tumpawni] tampons
tamta [tumta] those; that (one)
tamten [tumten] that (one)
tamti [tumtyi] those
tamto [tumto] that (one)
tamty [tumti] those
tancovat [tuntsovut] to dance
taška [tushka] bag
tát [taht] to thaw
tatínek [tutyeenek] dad
tato [tuto] this (one); these
taxametr [tuksumetur] taxi meter
taxikář [tuksikarJ] taxi-driver
té* [teh] this, that; of this, of that; to
tě* [tyeh] (of) you
tebe* [tebeh] you; of you; to you
tebou* [teboh] (by) you
teď [tet[yeh]] now
těhotná [tyeh-hotnah] pregnant
těch* [tyeH] (of) these; (of) those
tekutý [tekootee] liquid
telefonní budka [telefonyee bootka] phone box
telefonní číslo [cheeslo] phone number
telefonní informace fpl [informutseh] directory enquiries, information
telefonní kabina [kubina] phone box (at post office)
telefonní karta [kurta] phone card
telefonní seznam [seznum] phone directory
telefonovat [telefonovut] to phone
telegramy telegrams
televize f [televizeh] television
tělo [tyelo] body
tělocvična [tyelotsvitchna] gym
těm* [tyem] (to) these; (to) those
téměř [teh-mnyerJ] nearly
těmi* (by) these; (by) those
ten* this (one); that (one)
tenhle* [ten-hleh] this (one)
tenisky fpl [teniski] trainers
tenisový kurt [–ovee koort] tennis court
tenký [tenkee] thin
tepláková souprava [teplahkovah sohpruva] tracksuit
teplo warmth
je teplo [yeh] it's warm
teploměr [teplo-mnyer] thermometer
teplota temperature
terénní vůz [terenyee voos] off-the-road vehicle
termální prameny mpl [termahlnyee prumeni] thermal springs
termofor hot-water bottle
termoska Thermos flask®
těší mě! [tyeshee mnyeh] pleased to meet you!
těsný [tyesnee] tight
teta aunt
těžkopádný [tyeshkopahdnee] cumbersome
těžký [tyeshkee] heavy
ti* [tyi] (to) you; these; those
ticho [tyiHo] silence

ticho! quiet!
tichý **[tyiHee]** quiet
tím* **[tyeem]** (by) this; (by) that
tisíc **[tyiseets]** thousand
tisíce: dva tisíce **[tyiseetseh]** two thousand
tisícikoruna **[tyiseetsi-koroona]** 1000-crown banknote/bill
tiskárna **[tyiskarna]** printer's
tiskoviny **fpl** **[tyiskovini]** printed matter
tísňové volání **[tyeesnyoveh volahnyee]** emergency call
tito* these
tkaničky (do bot) **fpl** **[tkunyitchki]** shoelaces
tlačit **[tlutchit]** to push
tlak v pneumatikách tyre pressure
tlak vzduchu air pressure
tlustý **[tloostee]** fat
tmavý **[tmuvee]** dark
to* it; that (one); this (one)
to je ... **[yeh]** it is ...
toaleta **[to-uleta]** toilet, restroom
toaletní papír **[to-uletnyee pupeer]** toilet paper
tobě* **[tobyeh]** (to) you
tohle* **[to-hleh]** this (one)
toho*, tom* this; that
tomu* **[tomoo]** (to) him; (to) it
topení **[topenyee]** heating
toto* this (one)
tou* **[toh]** (by) this; (by) that
továrna factory
tradice f **[truditseh]** tradition
tradiční **[truditchnyee]** traditional
trafika **[trufika]** tobacconist's
trajekt **[truh-yekt]** ferry
tramvaj f **[trumvī]** tram
trápit se **[trahpit seh]** to worry
trapný **[trupnee]** embarrassing
trasa **[trusa]** route
tráva **[trahva]** grass
trávení **[trahvenyee]** digestion
trenýrky **fpl** **[treneerki]** running shorts; boxer shorts
trestný **[trestnee]** criminal (adj)
tričko **[tritchko]** T-shirt
trochu **[troHOO]** a little bit (of); some
trosky **fpl** **[troski]** ruins
trpělivý **[turpyelivee]** patient (adj)
trpět **[turpyet]** to suffer
trpký **[turpkee]** bitter
trvalá **[turvulah]** perm
trvalé bydliště permanent residence
třetí **[trJetyee]** third
tři **[trJi]** three
třicátý **[trJitsahtee]** thirtieth
třicet **[trJitset]** thirty
třída **[trJeeda]** class; avenue; main street
třikrát denně three times a day
třikrát denně před jídlem three times a day before meals
třináct **[trJinahtst]** thirteen
třináctý **[trJinahtstee]** thirteenth
tu* **[too]** this; that
turista m **[toorista]** tourist (man)
turistická stezka tourist path
turistickou třídou **[tooristitskoh trJeedoh]** tourist class
turistka f tourist (woman)

turnaj [toornī] tournament
tužidlo na vlasy [tooJidlo na vlusi] styling mousse
tužka [tooshka] pencil
tužka na rty [ruti] lipliner
tvá* [tvah] your(s)
tvář [tvarJ] face
tvé* [tveh] your(s)
tvého* (of) your(s)
tvém* your(s)
tvému* [tvemoo] (to) your(s)
tví* [tvee] your(s)
tvoje [tvo-yeh], **tvoji*** [tvo-yi] your(s)
tvou* [tvoh] (by) your(s)
tvrdý [tvurdee] hard
tvůj* [tvOO-i] your(s)
tvých* [tveeH] (of) your(s)
tvým* [tveem] (by) your(s); (to) your(s)
tvými* (by) your(s)
ty* [ti] you; these; those
týden [teeden] week
týdeník [teedenyeek] weekly
tyto* [tito] these

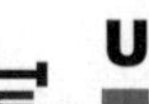

U

u* [oo] by; at
ubohý [oobo-hee] poor
ubrousek [oo-brohsek] napkin
ubrus [oobroos] tablecloth
ubytovací řád [oobytovutsee rJaht] hotel rules
ubytování [oobitovah-nyee] accommodation
ubytování v soukromí [fsohkromee] accommodation in a private house or apartment
ubytovna [oobitovna] hostel
ubytovna mládeže [mlah-deJeh] youth hostel
ucpaný [ootspunee] blocked
učebnice f [ootcheb-nyitseh] textbook
učební osnovy fpl [ootcheb-nyee osnovi] curriculum
učesat [ootchesut] to comb
učesat se [oochesut seh] to comb one's hair
účet [OOchet] bill, (US) check; account
učit [oochit] to teach
učitel m [ootchitel], **učitelka f** teacher
učit se/naučit se [ootchit seh/ nowchit] to learn
ucítit/cítit [ootsee-tyit] to smell
udělat [oo-dyelut] to make; to do
udeřit [ooderJit] to hit, to strike a blow
udivující [oo-dyivoo-yeetsee] astonishing
údolí [OOdolee] valley
uhasit/hasit [oo-husit] to extinguish
uhlí [ooh-lee] coal
ucho [ooHo] ear
uchovejte v chladu keep in a cool place
uchovejte v suchu keep in a dry place
ukázat [ookahzut] to show
můžete mi ukázat ...?

[mOOJeteh] can you show me ...?
uklidnit se [ooklidnyit seh] to calm down
uklizený [ooklizenee] tidied up, tidy
ukončete výstup a nástup, dveře se zavírají! stand back please, the doors are closing!
Ukrajina [ookrī-eena] Ukraine
Ukrajinec m [ookrī-inets], **Ukrajinka f** Ukrainian
ukrajinský [ookrī-inskee] Ukrainian (adj)
ulice f [oolitseh] street
uložit [ooloJit] to deposit
umělá hmota [oo-mnyelah humota] plastic
umělec m [oo-mynelets], **umělkyně f** [oo-mnyelki-nyeh] artist
umělecká škola [oo-mnyeletskah shkola] art school
umělý [oo-mnyelee] artificial
umění [oo-mnyenyee] art
umýt [oomeet] to wash (up)
umýt a natočit [nutotchit] wash and set
umyvadlo [oomivudlo] washbasin
umývárna automobilu [oomeevarna owtomobiloo] car wash
unavený [oonuvenee] tired
únik [OOnyik] escape; leak
univerzita [ooniverzita] university
únor [OOnor] February
upadnout [oopudnoht] to fall
úpal [OOpul] sunstroke
upevněte si bezpečnostní pás fasten seat belt
úplně [OOpulnyeh] quite
upřímný [ooprJeemnee] sincere
úraz [OOrus] injury
urazit [ooruzit] to offend
úrok [OOrok] interest
urostlý [oohrostlee] well-built
úroveň [OOroven^yeh] level
úrovňová křižovatka level crossing, (US) grade crossing
úřad [OOrJut] office
úřednice f [OOrJed-nyitseh] clerk (woman)
úřední hodiny office hours; opening times
úředník m [OOrJed-nyeek] clerk (man)
úschovna zavazadel [OOsHovna] left luggage, (US) baggage check
úsek častých nehod accident blackspot
úsměv [OOs-mnyef] smile
usmívat se [oosmeevut seh] to smile
usnout/usínat [oosnoht] to fall asleep
úspěch [OOspyeH] success
úspěšný [OOspyeshnee] successful
ústa npl [OOsta] mouth
ústní voda [OOstnyee] mouthwash
ústředna [OOstryedna] operator
ústřední [OOstryednyee] central
ústřední topení [topenyee] central heating

ušní, nosní a krční [ooshnyee nosnyee a krutchnyee] ear, nose and throat
úterý n [OOteree] Tuesday
útes [OOtes] cliff
utěrka [ootyerka] tea towel
útok [OOtok] attack
utrácet/utratit [ootrahtset/ootrutyit] to spend
úvěr [OOvyer] credit
uvidět [oovidyet] to catch sight of
území [OOzemee] area
úzký [OOskee] narrow
už [oosh] already
užitečný [ooJitetchnee] useful
užít/užívat [ooJeet/ooJeevut] to use
užívejte při hlavním jídle take with the main meal

V

v* in; at
vadit [vudyit] to mind
vadilo by vám, kdybych ...? [vudyilo bi vahm gudibiH] do you you mind if I ...?
vagón [vugawn] carriage
váha [vah-ha] weight
válka [vahlka] war
valuty fpl [valooti] foreign currency
vám* [vahm] (to) you
vámi* (by) you
vana [vuna] bathtub
vánice f [vahnyitseh] blizzard, snowstorm
Vánoce mpl [vahnotseh] Christmas
Varšava [vurshuva] Warsaw
vařič [vurJitch] cooker
vařit [vurJit] to cook; to boil
vás* [vahs] (of) you
váš* [vahsh] your; yours
vaše [vusheh], **vašeho** [vusheho], **vašem*** [vushem] your(s)
vašemu* [vushemoo] (to) your(s)
vaši* [vushi] your(s)
vašich* [vushiH] (of) your(s)
vašim* [vushim] (to) your(s)
vaším [vusheem], **vašimi*** [vushimi] (by) your(s)
vata [vuta] cotton wool, absorbent cotton
váza [vahza] vase
vážný [vahJnee] serious
včas [ftchus] on time
včela [ftchela] bee
včera [ftchera] yesterday
včetně [fchetnyeh] inclusive of
včetně všeho [fsheho] all-inclusive
vdaná [vdunah] married (of woman)
vděčný [vdyetchnee] grateful
vdova widow
vdovec [vdovets] widower
ve* [veh] in; at
věc f [vyets] thing; matter
večer [vetcher] evening
večeře [vetcherJeh] supper; dinner (evening meal)
večeřet [vetcherJet] to have supper
večerka [vetcherka] grocer's open in the afternoons and

late evenings
večírek [vetcheerek] party
věda [vyeda] science
vědec [vyedets] scientist (man)
vědět* [vyedyet] to know
vědí [vyedyee] they know
vědkyně f [vyetki-nyeh] scientist
vedl [vedul] he lead
vedle* [vedleh] next to, beside
vedoucí m/f [vedohtsee] manager; manageress
vědro [vyedro] bucket
věk [vyek] age
velehory fpl [velehori] high mountains
Velikonoce mpl [velikonotseh] Easter
velikost f [velikost] size
Velká Británie [velkah britahni-eh] Great Britain
velký [velkee] big; large
velmi mnoho very much
Velšan [velshun] Welshman
Velšanka Welshwoman
velšský [velshskee] Welsh
velvyslanectví [velvislunetstvee] embassy
ven out
venkovský [venkofskee] rural
venku [venkoo] outside
ventil valve
ventilátor [ventilahtor] fan
veřejný [verJaynee] public
věřit [vyerJit] to believe
veselé Vánoce! [veseleh vahnotseh] Merry Christmas!
veselý [veselee] merry
veslice f [veslitseh] rowing boat
veslo oar
vesnice f [vesnyitseh] village
vést to lead
věšák [vyeshahk] hanger
veterinář m [veterinarJ], **veterinářka f** vet
větev f [vyetef] branch
větší [vyetshee] bigger
většina [vyetshina] (the) most (of); the majority (of)
vevnitř [vev-nyiturJ] inside
vězení [vyezenyee] prison
věž f [vyesh] tower
vhodný [vuhodnee] suitable
vhod'te minci insert money
vcházet/vejít [fHahzet/vay-yeet] to enter
vchod [fHot] way in, entrance
vchod vedle entry next door
ví [vee] he/she/it knows
více [veetseh] more
Vídeň f [veeden^yeh] Vienna
vidět [vidyet] to see
vidlička [vidlitchka] fork
víkend [veekend] weekend
víko [veeko] lid
vila villa
vilová čtvrt' f [vilovah chutvurt^yeh] suburb
vím [veem] I know
víme [veemeh] we know
vinárna wine bar
vinice [vinyitseh] vineyard
vinná réva grapevine
vinný sklep [vinee sklep] wine cellar
víš [veesh] you know
vítáme vás! [veetahmeh vahs] welcome!

vítat [veetut] to welcome
víte [veeteh] you know
vítr [veetur] wind
vízum [veezoom] visa
vjezd zakázán no entry
vklad [fklut] deposit, money paid into account
vláda [vlahda] government
vlajka [vlīka] flag
vlak [vluk] train
k vlakům to the trains
vlasy **mpl** [vlusi] hair
vlažný [vluJnee] lukewarm
vlhký [vul-Hkee] damp
vlna [vulna] wool; wave (in sea)
vloni [vulonyi] last year
vloupání [vlohpahnyee] break-in
vložky **fpl** [vloshki] sanitary towels/napkins
vnitrostátní linky **fpl** domestic flights
vnitrozemí [vnyitrozemi] inland
vnitřní [vnyiturJ-nyee] inner
voda water
voda po holení [holenyee] aftershave
vodní lyže **fpl** [vodnyee liJeh] waterski
vodní lyžování [liJovahnyee] waterskiing
vodopád [vodopaht] waterfall
vojenský [vo-yenskee] military
volant [volunt] steering wheel
volat [volut] to call
kdo volá? [gudo volah] who's calling?
volá meziměsto [mezi-mnyesto] there is a long-distance call for you
volby **fpl** [volbi] elections
volič [volitch] voter
volno vacancy; free time
volný [volnee] free; vacant
vonět/zavonět [vonyet] to smell (nice)
vosa wasp
vosk na vlasy [vlusi] wax (for hair)
vozidlo vehicle
vpravo [fpruvo] right
vracet se/vrátit se [vrutset seh/vrahtyit] to come back
vracet/vrátit to give back
vrátnice **f** [vrahtnyitseh] reception
vrchol [vurHol] top; peak
vstávat/vstát [fstahvut/fstaht] to get up
vstupenka [fstoopenka] ticket
vstup jen ve společenském oděvu jacket and tie required
vstupné [fstoopneh] entrance fee
vstup pouze s košíkem customers must use a basket
vstupte! [fstoopteh] come in!
vstup volný admission free
vstup zakázán no admittance, no entry
všední den [fshednyee] weekday
všechno [fsheHno] everything; all
všechno nejlepší! [naylepshee] best wishes!
všechno nejlepší k narozeninám! [nahrozenyinahm] happy birthday!
všichni [fshiHnyi] all

všude [fshoodeh] everywhere
vteřina [fterJina] second (in time)
vůl [vOOl] stupid man
vůně f [vOOnyeh] nice smell
vy* [vi] you
vybalit [vibulit] to unpack
výběr [veebyer] withdrawal
vybírat/vybrat [vibeerut/vibrut] to choose
výborně! [veebornyeh] well done!
vyčistit/čistit [vichis-tyit] to clean up
výdej [veeday] issue
výdejna jízdenek [veedayna yeezdenek] ticket office
výdej zavazadel [veeday zuvuzudel] baggage claim
vydělávat/vydělat [vidyelahvut] to earn
vydržet [vidurJet] to endure; to hold out
vyfotografovat [vifotogrufovut] to photograph
vyfoukat [vifohkut] to blow-dry
výfuk [veefook] exhaust
vyhledat [vihledut] to look up
vyhodit [vihodyit] to throw away
vyhrávat/vyhrát [vihrahvut] to win
vyhublý [vihooblee] thin
východ [veeHot] exit; gate; east
východní [veeHodnyee] eastern
východ slunce [sloontseh] sunrise
výklad [veeklut] shop window
vykoupat se [vikohput seh] to take a bath
výkup purchase
výlet [veelet] trip
vyluxovat [vilooksovut] to vacuum-clean
vyměnit/vyměňovat [vi-mnyenyit/vi-mnyen^yeh^ovut] to exchange; to change
vypadat [vipudut] to look, to seem
vypadat jako [yuko] to look like
výpadek elektřiny [veepudek elektrJini] power cut
vypadněte! [vipud-nyeteh] get out!
vypínač [vipeenutch] switch
vypít [vipeet] to drink up
vyplnit/vyplňovat [vipulnyit/vipuln^yeh^ovut] to fill; to fill in
vypnout [vipnoht] to switch off (engine)
vypracovat [viprutsovut] to work out
vyprat [viprut] to do the washing
vyprodáno [viprodahno] sold out
výprodej [veeproday] sale
výroba klíčů [veeroba kleetchOO] locksmith's
výročí [veerotchee] anniversary
výron [veeron] sprain
mám výron v kotníku [mahm – fkotnyeekoo] I've sprained my ankle
vyrušovat/vyrušit [virooshovut/virooshit] to disturb
vysavač [visuvutch] vacuum cleaner

vysilujicí [visiloo-yeetsee] exhausting
vyslovit [vislovit] to pronounce
vysoké napětí high voltage
vysoký [visokee] high
vysoušeč vlasů [visohshetch] hair dryer
vysoušet/vysušit [visohshet/ visooshit] to dry
výstava [veestuva] exhibition
výstup [veestoop] exit
vystupovat/vystoupit [vistoopovut/vistohpit] to get off
vysušit [visooshit] to dry
vysvětlit/vysvětlovat [vi-svyetlit] to explain
vyšetření [vishet-rJenyee] check-up
vyšetřovat [vishet-rJovut] to investigate
vyšívaný [visheevunee] embroidered
výšivka [veeshifka] embroidery
výtah [veetuH] lift, elevator
vytahovat/vytáhnout [vituhovut/ vitahHnoht] to pull up; to lift
výtah pro ... osob lift/elevator for ... persons
vytočte číslo dial number
vyučovací hodina [vi-ootchovutsee ho-dyina] lesson
vyučovat [vi-ootchovat] to teach
vyvolat film [vivolut] to develop a film
vývrtka [veevurtka] corkscrew
vyzkoušet [viskohshet] to try on
významný [veeznumnee] important
vzal [vuzul] I took; you took; he took
vzbudit [vuzboodyit] to wake up
vzdálenost f [vuzdahlenost] distance
vzdělání [vuzdyelahnyee] education
vzdělaný [vuzdyelunee] educated
vzduch [vuzdooH] air
vzhůru [vuzhOOroo] awake
vzít* [vuzeet] to take
vzkaz [fskus] message
nechat vzkaz [neHut] to leave a message
vzlétnout [vuzletnoht] to take off
vzrušující [vuzrooshoo-yeetsee] exciting
vždy [vuJdi] always

W

WC muži gents' toilet, men's room
WC ženy ladies' toilet, ladies' room

Z

z of; from
za behind; in; after, past the; per
zabalit [zubulit] to wrap; to pack
zábava [zahbuva] fun; dance, party
zábavný [zahbuvnee] amusing
zabít [zubeet] to kill

zabočte ... [zubotchteh] turn ...
záclona [zahtslona] curtain
zácpa [zahtspa] constipation
začal [zutchul] I began; you began; he began
začátečnice f [zutchahtetchnitseh], začátečník [zutchahtetch-nyeek] beginner
začátek [zutchahtek] beginning
začínat/začít* [zutcheenut/zutcheet] to begin, to start
záda npl [zahda] back (of body)
zadáno [zudahno] reservation
zadek [zudek] bottom (of body)
zadní [zudnyee] back (adj)
zadní kolo back wheel
zadní sedadlo [sedudlo] back seat
zadní sklo rear window
zadní světla [svyetla] rear lights
zahanbený [zuhunbenee] ashamed
zahněte ... [zaHnyeteh] turn ...
zahodit [zuhodyit] to throw away
zahrada [zuhruda] garden
zahrádka na automobil [zuhrahtka na owtomobil] roof rack
zahraniční [zuhrunyitchnyee] foreign; international; overseas
zahraniční linky fpl international flights
záchod [zahHot] toilet, restroom
záchody mpl [zahHodi] toilets, restroom
zachránit [zuHrahnyit] to save
záchranná brzda [zahHrunah burzda] emergency cord
záchranná služba [slooJba] ambulance
záchranná vesta life jacket
záchranný pás [zahHrunee pahs] lifebelt
zajímavý [zī-eemuvee] interesting
zakašlat [zukushlut] to cough
zákaz [zahkus] prohibition, bar
zakázaný [zukahzunee] forbidden; prohibited
zákaz koupání no swimming
zakazovat/zakázat [zukuzovut/zukahzut] to forbid
zákaz parkování no parking
zákaz prodeje sale forbidden
zákaz předjíždění no overtaking
zákaz rybaření no fishing
zákaz vstupu no trespassing
základní škola [zahkludnyee shkola] primary school
zákon [zahkon] law
záležet [zahleJet] to depend
záliv [zahlif] bay
záloha [zahloha] deposit; advance payment
zámek [zahmek] castle; lock
zamést [zumest] to sweep
zaměstnání [zuh-mnyestnahnyee] job; employment
zaměstnat [zuh-mnyestnut] to employ
zamíchat [zumeeHut] to mix
zamračeno [zumrutcheno] cloudy

zaneprázdněný [zuneprahz-dnyenee] busy
zánět [zahnyet] inflammation
zánět mandlí [mundlee] tonsillitis
zánět slepého střeva [strJeva] appendicitis
západ [zahput] west
západně od [zahpud-nyeh ot] west of
západní [zahpud-nyee] western
západ slunce [sloontseh] sunset
zápach [zahpuH] bad smell
zapálit [zupahlit] light
zápalky fpl [zahpulki] matches
zapalovací svíčka [sveetchka] spark plug
zapalovač [zupulovutch] lighter
zapalování [zupulovahnyee] ignition
zápal plic [zahpul plits] pneumonia
zapamatovat si [zupumutovut] to remember
zaparkovat [zupurkovut] to park
zápas [zahpus] match (sport)
zápasení [zahpusenyee] wrestling
zápěstí [zahpyestyee] wrist
zapínat/zapnout [zupeenut/zupnoht] to switch on
zápisník [zahpis-nyeek] notebook
zaplatit [zuplutyit] to pay
záplavy fpl [zahpluvi] floods
zapomínat/zapomenout [zupomeenut/zupomenoht] to forget; to leave behind
zapomnětlivý [zupo-mnyetlivee] forgetful
za prvé [purveh] firstly
zarděnky fpl [zardyenki] German measles
záruční lhůta best before; guarantee period
záruka [zahrooka] guarantee
září [zahrJee] September
zařízený [zarJeezenee] furnished
zařízený byt [bit] furnished flat/apartment
zasmát se [zusmaht seh] to have a laugh
zastavárna [zustuvarna] pawnshop
zastávka [zustahfka] bus stop
zastávka na znamení request stop
zastavovat/zastavit [zustuvit] to stop
zástrčka [zahsturtchka] plug (electrical)
zástrčka zámku [zahmkoo] bolt
zástupce m [zahstooptseh], **zástupkyně f** [zahstoopki-nyeh] agent
zásuvka [zahsoofka] socket
zatáčka [zutahtchka] bend
zatancovat si [zutuntsovut] to have a dance
zatčení [zutchenyee] arrest
zatímco [zutyeemtso] while
zátka [zahtka] plug (in sink)
zatknout [zutknoht] to arrest
zátoka [zahtoka] inlet
za týden [teeden] per week; this time next week
zavazadla npl [zuvuzudla] luggage, baggage

závěj f [zahvyay] snowdrift
závěrka [zahvyerka] shutter (in camera)
závěsné létání [zahvyesneh lehtahnyee] hang-gliding
závěsy mpl [zahvyesi] curtains, drapes
zavírací špendlík [zuveerutsee shpendleek] safety pin
zavírat/zavřít [zuveerut/zuvurJeet] to close
zavolat [zuvolut] to call
zavolejte později [zuvolayteh pozdyayi] call later
zavřeno [zuvrJeno] closed
zavřený [zuvrJenee] closed
zazpívat si [zuspeevut] to sing
zbraně f [zbranyeh] arms, weapons
zbytek [zbitek] rest, remainder
zde [zdeh] here
zde je [yeh] here is
zde jsou [soh] here are
zde otevřít open here
zdraví [zdruvee] health
zdravotní sestra [zdruvotnyee sestra] nurse
zdravý [zdruvee] healthy
z druhé ruky [zdrooheh rooki] secondhand
zdvořilý [zdvorJilee] polite
zeď f [zet^{yeh}] wall
zejména [zaymena] especially
zelený [zelenee] green
země [zeh-mnyeh] earth
zemědělec [zeh-mnyedyelets] farmer
zemřít [zem-rJeet] to die
zeť [zet^{yeh}] son-in-law
zhasínat/zhasnout [zuhuseenut/zuhusnoht] to switch off
zhasni! [zuhusnyi] switch it off!
zima winter
je zima [ych] it's cold
zítra [zeetra] tomorrow
zjevný [zyevnee] obvious
zklamaný [sklumunee] disappointed
zkontrolovat [–lovut] to check
zkouřit [zukohrJit] to smoke
zkoušet/zkusit [skohshet/skoosit] to try
zkratka [skrutka] shortcut
zkusit/zkoušet na sebe [skoosit/skohshet na sebeh] to try on
zkušený [skooshenee] experienced
zlaté stránky [zluteh strahnki] yellow pages
zlato [zluto] gold
zlepšovat/zlepšit [zlepshovut/zlepshit] to improve
zlobit se [seh] to be angry
zloděj m [zlodyay], **zlodějka f** thief
zlomenina [zlomenyina] fracture
zlomený [zlomenee] broken
zlomit si ... to break one's ...
zlý [zlee] bad
zmatek [zmutek] mix-up
zmatený [zmutenee] confused
zmeškat [zmeshkut] to miss (bus, train etc)
změna přednosti v jízdě traffic priority changes
změnit [zmnyenyit] to change
zmizet [zmizet] to disappear
známka [znahmka] stamp

známky fpl stamps
znát [znaht] to know (person)
znečištěný [znetchish-tyenee] polluted
zneužití se trestá penalty for misuse
znovu [znovoo] again
zoologická zahrada [zo-ologitskah zuhruda] zoo
zopakovat [zopukovut] to repeat
zoufalý [zohfulee] desperate
zpátečka [spahtetchka] reverse (gear)
zpáteční jízdenka [spahtetchnyee yeezdenka] return ticket, round-trip ticket
zpětné zrcátko [spyetneh zurtsahtko] rearview mirror
zpěvačka f [spyevutchka], **zpěvák m** [spyevahk] singer
zpívat [speevut] to sing
zpozdit se [spozdyit seh] to be late
zpozorovat [spozorovut] to notice; to watch
zpoždění [spoJdyenyee] delay
zpráva [sprahva] message
zprávy fpl [sprahvi] news
zralý [zrulee] ripe
zranění [zrunyenyee] wound
zraněný [zrunyenee] injured; wounded
zrcadlo [zurtsudlo] mirror
zrušit [zrooshit] to cancel
ztrácet/ztratit [strahtset/strutyit] to lose
ztráta [strahta] loss
ztráty a nálezy [strahti a nahlezi] lost property office
zub [zoop] tooth
zubař [zooburJ] dentist
zubní lékař m [zoobnyee lekurJ], **zubní lékařka f** dentist
zubní protéza dentures
zuřivý [zoorJivee] furious
zůstávat/zůstat [zOOstahvut/zOOstut] to stay, to remain
zvát [zvaht] to invite
zvedák [zvedahk] jack
zvědavý [zvyeduvee] curious
zvedněte sluchátko lift receiver
zvětšení [zvyetshenyee] enlargement
zvíře n [zveerJeh] animal
zvon bell (in church)
zvonek bell (on door)
zvonit [zvonyit] to ring
zvracet [zvrutset] to vomit

Ž

žába [Jahba] frog
žádat [Jahdut] to ask; to demand
žádná [Jahdnah], **žádné** [Jahdneh], **žádní** [Jahdnyee], **žádný** [Jahdnee] no ...; none
žádné další [dulshee] no more
žádost f [Jahdost] application form
žák [Jahk] schoolboy
žákyně f [Jahki-nyeh] schoolgirl
žaludek [Juloodek] stomach
žaluzie [Juloozi-eh] Venetian blind
žárlivý [Jarlivee] jealous

žárovka [Jarofka] light bulb
žebro [Jebro] rib
žebřík [JebrJeek] ladder
žehlicí prkno [Jehlitsee purkno] ironing board
žehlička [Jehlitchka] iron (for ironing)
žehnat [Jehnut] to bless
železářství [JelezarJstvee] hardware store
železnice f [Jeleznyitseh] railway
železniční přejezd railway crossing
železo [Jelezo] iron (metal)
žena [Jena] woman
ženatý [Jenutee] married (of man)
ženský [Jenskee] female; women's
žert [Jert] joke
židle [Jidleh] chair
židovský [Jidofskee] Jewish
žiletky fpl [Jiletki] razor blades
žít [Jeet] to live
život [Jivot] life
živý [Jivee] alive
žízeň [Jeezen[yeh]] thirst
žíznivý [Jeeznyivee] thirsty
Žlutí andělé [Jlootyee undyeleh] Yellow Angels (breakdown recovery organization)
žlutý [Jlootee] yellow
župan [Joopun] dressing gown
žvýkačka [Jveekutchka] chewing gum

Menu Reader: Food

Essential Terms

bread chléb [Hlep]
butter máslo [mahslo]
cup tálek [shahlek]
dessert dezert
fish ryba [riba]
fork vidlička [vidlitchka]
glass: a glass of ... sklenice ... [sklenyitseh]
knife nůž [nOOsh]
main course hlavní chod [hluv-nyee Hot]
meat maso [muso]
menu jídelní lístek [yeedelnyee leestek]
pepper pepř [pepurJ]
plate talíř [tuleerJ]
salad salát [salaht]
salt sůl **f** [sOOl]
set menu menu [meni]
soup polévka [polefka]
spoon lžíce **f** [luJeetseh]
starter předkrm [prJetkurm]
table stůl [stOOl]

another ..., please ještě jedno ... [yeshtyeh yedno]
excuse me! promiňte! [prominyehteh]
could I have the bill, please? mohu dostat účet, prosím? [mohoo dostut proseem]

ananas [ununus] pineapple
anglická slanina [unglitskah slunyina] bacon
anglická telecí játra [unglitskah teletsee yahtra] fried calves' liver with streaky bacon
anglický rostbíf [unglitskee rostbeef] English-style roast beef
angrešt [ungresht] gooseberry
arašídy [urusheedi] peanuts

bábovka [bahbofka] light sponge cake
baklažán [bukluJahn] aubergine/eggplant
baklažány s česnekovou omáčkou [bukluJahni s chesnekovoh omahtchkoh] aubergines/eggplants with garlic sauce
banán [bunahn] banana
banán v čokoládě [chokolahdyeh] banana in chocolate sauce
bavorské vdolečky [buvorskeh vudoletchki] doughnuts with jam, cottage cheese or cream
bažant [buJunt] pheasant
bažant dušený na žampionech [dooshenee na Jumpi-awneH] pheasant casserole with mushrooms
bažant na slanině [slunyinyeh] roast pheasant with bacon
bezmasá jídla [bezmusah yeedla] meatless dishes
biftek s vejcem [vaytsem] steak with an egg
bílý rybíz [beelee ribees] white currants
bochník [boH-nyeek] loaf
bomba Malakov [mulukof] sponge cake soaked in milk and rum and filled with butter cream
boršč [borshtch] Russian-style beetroot and cabbage soup
borůvky [boroOfki] bilberries, blueberries
bramborák [brumborahk] potato pancake, usually containing small pieces of salami
bramborová kaše [brumborovah kasheh] mashed potatoes
bramborová polévka [polefka] potato soup
bramborové hranolky [brumboroveh hrunolki] chips, French fries
bramborové knedlíky [kunedleeki] potato dumplings
bramborové knedlíky plněné uzeným [pulnyeneh oozeneem] potato dumplings filled with smoked meat
bramborové knedlíky s cibulkou [tsiboolkoh] potato dumplings with onions
bramborové lupínky [loopeenki] crisps, potato chips
bramborové placky [plutski] potato pancake
bramborové šišky [shishki] small flour and potato dumplings
bramborový guláš [brumborovee goolahsh] potato goulash

bramborový salát [sulaht] potato salad
brambory [brumbori] potatoes
brokolice [brokolitseh] broccoli
brokolice s vejci [vaytsi] broccoli with eggs
broskev [broskef] peach
broskev plněná kuřecím salátem [pulnyenah koorJetseem sulahtem] peach stuffed with chicken salad
brukev na paprice [brookef na pupritseh] kohlrabi with red peppers
brynza [brinza] sheeps' cheese
brynzové halušky [brinzoveh hulooshki] small flour and potato dumplings with sheeps' cheese
buchty [booHti] baked yeast dumpling filled with cottage cheese, jam, apples or plums
burské oříšky [burskeh orJeeshki] peanuts
byliny [bilini] herbs

celer [tseler] celery
celerová polévka [tselerovah polefka] celery soup
celerový salát [tselerovee sulaht] celery salad
celozrnný chléb [tselozurnee Hlep] wholemeal bread
cibule [tsibooleh] onion
cibulová omáčka [tsiboolovah omahtchka] onion sauce
cikánská hovězí pečeně [tsikahnskah hovyezee petchenyeh] gypsy-style beef stew, with onions, mushrooms, peppers, smoked sausage and tomatoes
citrón [tsitrawn] lemon
citrónový [tsitrawnovee] lemon (adj)
cukína [tsookina] courgettes, zucchini
cukr [tsukur] sugar
cukroví [tsookrovee] biscuits, cookies

čajové pečivo [chī-oveh petchivo] tea biscuits/cookies
černý rybíz [chernee ribees] blackcurrants
čerstvý [cherstvee] fresh
červená řepa [chervenah rJepa] beetroot
červený rybíz [chervenee] redcurrants
český chléb bread with rye, wheat and whey
česnek [chesnek] garlic
česneková omáčka [chesnekovah omahtchka] garlic sauce
česneková polévka [polefka] garlic soup
čevapčiči [chevuptchitchi] spicy meatballs
čínské zelí [cheenskeh zelee] Chinese cabbage, Chinese leaf
čočka [chotchka] lentils
čočka s vejcem [vaytsem] boiled lentils with a fried egg
čočka vařená [vurJenah] boiled lentils

čočková polévka [polefka] lentil soup
čočková polévka s párkem lentil soup with sausage
čočkový salát [chotchkovee sulaht] lentil salad
čokoládový krém se šlehačkou [chokolahdovee krem seh shlehutchkoh] chocolate custard dessert with whipped cream

daněk [dunyek] venison
daňčí hřbet na smetaně [dun^yeh^tchee hurJbet na smetunyeh] saddle of venison with cream sauce
daňčí roštěná [roshtyenah] sirloin of venison
datle [dutleh] dates
dezert dessert
divoký kanec [dyivokee kunets] wild boar
divoký králík na česneku [krahleek na chesnekoo] wild rabbit with garlic
divoký králík na smetaně [smetunyeh] wild rabbit with cream sauce
do krvava [kurvuva] rare
domácí [domahtsee] homemade
domácí pečená klobása [petchenah klobahsa] homemade grilled smoked sausage
dort cake; gâteau
dortík [dortyeek] tart
dršt'ková polévka [dursht^yeh^kovah polefka] tripe soup with paprika
dršt'ky [dursht^yeh^ki] tripe
dršt'ky na paprice [pupritseh] tripe in paprika sauce
drůbež [drOObesh] poultry
drůbeží salát [drOObeJee sulaht] chicken salad
drůbková polévka [drOOpkovah polefka] giblet soup
drůbky [drOOpki] giblets
dukátové buchtičky s vanilkovým krémem [dookahtoveh booHtyitchki svunilkoveem] small doughnuts in hot vanilla custard
dušená brokolice [dooshenah brokolitseh] stewed broccoli
dušená brukev [brookef] stewed kohlrabi
dušená kapusta [kupoosta] stewed curly kale
dušené hovězí maso [doosheneh hovyezee] beef stew
dušené telecí [teletsee] veal stew
dušené vepřové [veprJoveh] pork stew
dušené zelí [zelee] stewed sauerkraut
dušený [dooshenee] stewed
dušený špenát [shpenaht] stewed spinach
dýňová semena [deenyovah] pumpkin seeds
džem [jem] jam
fazole [fuzoleh] beans
fazole na kyselo [kiselo] sour bean stew
fazolkový salát [fuzolkovee sulaht] French bean salad

fazolky [fuzolki] green beans
fazolová polévka [fuzolovah polefka] bean soup
fazolový salát [fuzolovee sulaht] bean salad
feferonkový salát [feferonkovee sulaht] hot pepper and pea salad
fíky [feeki] figs
filé [fileh] fillet
francouzské brambory [fruntsohskeh brumbori] boiled potatoes baked with eggs, peas and onions
francouzský salát [fruntsohskee sulaht] salad of potatoes, vegetables and mayonnaise
fritovaný [fritovunee] deep-fried

gaskoňský kotlet [guskon^yeh^skee] pork chop with cream and mushrooms
graham [gruhum] wholemeal bread
grilované kuře [grilovuneh koorJeh] grilled chicken
grilovaný [grilovunee] grilled
guláš [goolahsh] goulash, meat stew with paprika
gulášová omáčka [goolahshovah omahtchka] goulash sauce
gulášová polévka [polefka] goulash soup
guláš z daňčího masa [dun^yeh^tcheeho muso] venison goulash
guláš z husích žaludků [hooseeH JulootkOO] goulash made with goose's stomach

hašé [husheh] minced meat
hašé z telecího masa [teletseeho musa] minced veal
hermelín [hermeleen] Camembert-type cheese
hlávkové zelí [hlahfkoveh zelee] cabbage
hlávkový salát [hlahfkovee sulaht] lettuce
hlávkový salát se slaninou [seh slunyinoh] lettuce with vinegar dressing and small pieces of fried bacon
hlávkový salát s kyselou smetanou [smetunoh] lettuce with sour cream
hlávkový salát s kyselým mlékem [kiseleem] lettuce with sour milk dressing
hodně vypečený [hodnyeh vipetchenee] well-done
holub [holoop] pigeon
horký [horkee] hot
hořčice [horJtchitseh] mustard
hotová jídla [hotovah yeedla] ready-made meals
houbová omáčka [hohbovah omahtchka] mushroom sauce
houbová polévka [polefka] mushroom soup
houbový guláš [goolahsh] mushroom goulash
houby [hohbi] mushrooms
houska [hohska] roll
houskové knedlíky [hohskoveh kunedleeki] bread dumplings
hovězí [hovyezee] beef
hovězí dušené na hříbkách [doosheneh na hrJeebkaH] beef

stew with mushrooms
hovězí dušené v mrkvi [murkvi] beef stew with carrots
hovězí guláš [goolahsh] beef goulash
hovězí játra na slanině [yahtra na slunyinyeh] calves' liver stewed with onions and bacon
hovězí maso [muso] beef
hovězí maso s houbovou omáčkou [hohbovoh omahtchkoh] boiled beef with mushroom sauce
hovězí maso s koprovou omáčkou [koprovoh] boiled beef with dill sauce
hovězí maso s rajskou omáčkou [rīskoh] boiled beef with tomato sauce
hovězí pečeně na houbách [petchenyeh na hohbahH] stewed beef with mushrooms
hovězí pečeně na paprice [pupritseh] stewed beef with paprika
hovězí pečeně na víně [veenyeh] stewed beef in wine sauce
hovězí polévka [polefka] beef broth
hovězí polévka se žemlovým svítkem [Jemloveem sveetkem] beef broth with bread omelette
hovězí polévka s knedlíčky [kunedleetchki] beef broth with dumplings
hovězí polévka s masem a nudlemi [musem a noodlemi] beef broth with meat and vermicelli
hovězí polévka s masovými knedlíčky [musoveemi kunedleetchki] beef broth with meatballs
hovězí polévka s noky [noki] beef broth with small flour and potato dumplings
hovězí polévka s rýží [sreeJee] beef broth with rice
hovězí tokáň [tokahnyeh] beef stewed in wine and tomato purée
hovězí vývar s nudlemi [veevahr snoodlemi] beef broth with vermicelli
hrách [hrahH] (dried) peas
hrachová kaše [hruHovah kusheh] boiled peas with pieces of bacon
hrachová kaše s cibulkou [tsiboolkoh] peas with fried onions
hrachová polévka s uzeným masem [polefka soozeneem musem] pea soup with smoked meat
hrách s kyselým zelím [hrahH skiseleem zeleem] peas and sauerkraut
hranolky [hrunolki] chips, French fries
hrášek [hrahshek] peas
hrášek s mrkví [murkvee] peas and carrots
hráškový krém [hrahshkovee] cream of pea soup

hroznové víno [hroznovee veeno] grapes
hrozny [hrozni] grapes
hruška [hrooshka] pear
hříbky s vejci [hrJeepki svaytsi] baked mushrooms with eggs
humr [humur] lobster
husa [hoosa] goose
husí játra pečená na cibuli [hoosee yahtra petchenah na tsibooli] fried goose liver with onions
husí játra s jablky [syubulki] fried goose liver with apples
husí játra smažená [smuJenah] goose liver fried in breadcrumbs
husí prsa nebo stehýnka na česneku [hoosee pursa steheenka na chesnekoo] breast or leg of goose with garlic
husí žaludky zadělávané [Julootki zudyelahvuneh] goose stomach in white sauce

chléb [Hlep] bread
chlebíčky [Hlebeetchkee] open sandwiches
chlupaté knedlíky se zelím [Hlooputeh kunedleeki seh zeleem] Bohemian potato dumplings with cabbage
chřest [HrJest] asparagus
chut'ovky [Hootyofki] savouries

jablka v županu [yubulka vJoopunoo] apples baked in puff pastry with nuts and jam
jablko [yubulko] apple
jablková žemlovka [yubulkovah Jemlofka] apple charlotte made from baked apples, white bread soaked in milk, cottage cheese and raisins
jablkový závin [yubulkovee zahvin] apple strudel
jahodový [yuhodovee] strawberry (adj)
jahody [yuhodi] strawberries
jarní míchaný salát [yurnyee meeHunee sulaht] mixed vegetable salad
jaternicová polévka [yuternyitsovah polefka] soup with black pudding and 'jitrnice' sausage
játra [yahtra] liver
játrová omáčka [yahtrovah omahtchka] liver sauce
jazýček [yuzeetchek] tongue
jazyk [yuzik] tongue
ječmen [yetchmen] barley
jedlý kaštan [yedlee kushtun] chestnut
jednotlivá jídla [yednotlivah yeedla] à la carte
jehně [yehnyeh] lamb
jehněčí maso [yehnyehtchee muso] lamb
jehněčí maso dušené na kmíně [doosheneh na kumeenyeh] lamb stewed with caraway seeds
jelení hřbet přírodní [yelenyee hurJbet prJeerodnyee] saddle of venison

jelení maso [yelenyee muso] venison
jelito [yelito] black pudding
jídelní lístek [yeedelnyee leestek] menu
jídla na objednávku meals made to order
jitrnice [yiturnyitseh] sausage made from minced meat and breadcrumbs
jogurt [yogoort] yoghurt

kadeřávek [kuderJahvek] savoy cabbage
kachna [kuHna] duck
kachna pečená [petchenah] roast duck
kachna s pomerančem dušená v papilotě [seh pomeruntchem dooshenah v pupilotyeh] duck in orange sauce en papillote
kachna v šouletu [fshohletoo] duck in a pea and pearl barley purée
kančí [kuntchee] wild boar
kančí filé [fileh] roast fillet of wild boar
kančí kýta s brusinkovou omáčkou [keetah s broosinkovoh omahtchkoh] boiled leg of wild boar with cranberry sauce
kapr [kupur] carp
kapr dušený na paprice [dooshenee na pupritseh] stewed carp with paprika
kapr na kmíně [kumeenyeh] carp baked with caraway seeds
kapr na modro carp cooked in fish stock with wine and spices
kapr na rožni [roJnyi] carp on a skewer
kapr pečený [petchenee] baked carp
kapr smažený [smuJenee] fried carp
kapusta [kupoosta] curly kale
kapustové karbanátky [kupoostoveh kurbunahtki] fried curly kale rissoles
karbanátky minced meat rissoles
karotka [kurotka] carrots
kaše [kusheh] buckwheat cereal; purée
kaviár [kuvi-ar] caviar
kaviárové vejce [kuvi-aroveh vaytseh] hard-boiled egg with caviar
kedluben [kedlooben] kohlrabi
klobása [klobahsa] smoked sausage
klopsy na smetaně [klopsi na smetunyeh] stewed meatballs with cream sauce
kmín [kumeen] caraway seed
kmínová polévka s vejcem [kumeenovah polefka svaytsem] caraway seed soup with egg
kmínový chléb bread with caraway seeds
knedlíky [kunedleeki] dumplings
knedlíky s vejci [vaytsi] dumplings and egg
kobliha doughnut
kokos coconut
koláč [kolahtch] small cake with marmalade or cottage cheese

koláček [kolahtchek] small sweet pie or tart
kompot stewed fruit
kopr [kopur] dill
koprová omáčka [koprovah omahtchka] dill sauce
koroptev pečená na slanině [koroptef petchenah na slunyinyeh] roast partridge with bacon
koření [korJenyee] spice
kotleta chop
krabí maso na másle [krubee muso na mahsleh] crab meat with butter
krajíc [krī-yeets] slice of bread
králík [krahleek] rabbit
krevety [kreveti] shrimps
krocan [krotsun] turkey
krocan pečený na slanině [petchenee na slunyinyeh] roast turkey with bacon
krocan s kaštanovou nádivkou [kushtunovoh nahdyifkoh] roast turkey stuffed with chestnuts
krokety [kroketi] croquettes
krupice [kroopitseh] semolina
krupicová kaše [kroopitsovah kusheh] semolina purée
krupicové noky [kroopitsoveh noki] semolina dumplings
krupicový nákyp [kroopitsovee nahkip] semolina pudding
krvavý [kurvuvee] rare
křehký koláč s jablky [krJeHkee kolahtch s yubulki] apple pie
křen [krJen] horseradish
křenová šlehačka [krJenovah shlehutchka] horseradish sauce
křepelčí hnízdo [krJepeltchee hunyeezdo] quail's eggs with ham
křepelčí vajíčka [krJepeltchee vī-eetchka] quail's eggs
křídlo [krJeedlo] wing
kukuřice [kookoorJitseh] maize; sweet corn; corn on the cob
kuře [koorJeh] chicken
kuřecí polévka [koorJetsee polefka] thin chicken soup
kuřecí prsa s broskví a sýrem [koorJetsee prusa sbroskvee a seerem] fried chicken breast with peaches and cheese
kuřecí prsíčka s masitou náplní [pruseetchka smusitoh nahpulnyee] roast chicken breast stuffed with veal and ham
kuřecí vývar s masem a nudlemi [kurJetsee veevur smusem a noodlemi] chicken broth with meat and vermicelli
kuře na paprice [kurJeh na pupritseh] chicken in paprika, onion and cream sauce
kuře na rožni [roJnyi] chicken on a skewer
kuře na způsob bažanta [spOOsop buJunta] roast chicken with bacon and spices
kůzle pečené [kOOzleh petcheneh] roast kid
květák [kvyetahk] cauliflower
květáková polévka [kvyetahkovah polefka] cauliflower soup
květák s vejci [kvyetahk svaytsi]

cauliflower with eggs
kynuté knedlíky [kinooteh kunedleeki] dumplings filled with jam or fruit
kyselé zelí [kiseleh zelee] sauerkraut
kyselý [kiselee] sour
kýta [keeta] thigh; joint; haunch

langoše [lungosheh] deep-fried dough, covered in garlic
lečo s klobásou [letcho sklobahsoh] green or red peppers stewed with onions, tomatoes and smoked sausage
lečo s vejci [svaytsi] green or red peppers stewed with onions, tomatoes and eggs
ledvinky [ledvinki] kidneys
lískové ořechy [leeskoveh orJeHi] hazelnuts
lívance [leevuntseh] pancakes with jam
losos salmon
losos na másle [mahsleh] salmon with butter
loupáky [lohpahki] similar to croissants
luštěninová jídla [looshtyenyinovah yeedla] dishes containing beans or pulses

majonéza [mī-oneza] mayonnaise
majoránka [mī-orahnka] marjoram
mák [mahk] poppy seeds
makrela [mukrela] mackerel
makrela na žampionech [na Jumpi-awneH] stewed mackerel with mushrooms
maliny [mulini] raspberries
mandarinka [mundurinka] tangerine
mandle [mundleh] almond
máslo [mahslo] butter
maso [muso] meat
masová směs na roštu [musovah smnyes na roshtoo] mixed grill of beef, veal, pork, calves' or pigs' kidney, smoked sausage and ham
máta peprná [mahta pepurnah] peppermint
med [met] honey
meloun [melohn] melon
menu [meni] table d'hôte, set menu
meruňka [meroon^yeh^ka] apricot
míchaná vejce [meeHanah vaytseh] scrambled eggs
míchaná vejce na cibulce [tsibooltseh] scrambled eggs with onions
míchaná zelenina [zelenyina] boiled mixed vegetables
minutky fast meals to order
moravský vrabec [morufskee vrubets] 'Moravian Sparrows' – pieces of pork sprinkled with caraway seeds and roasted
mořské ryby [morJskeh ribi] saltwater fish
moučník [mohtchnyeek] dessert
moučníky [mohtchnyeeki] desserts

mouka [mohka] flour
mražený [mruJenee] frozen
mrkev [murkef] carrot
mrkvový salát [murkuvovee sulaht] carrot salad
mušle [mooshleh] mussels

nadívané holoubě [nudyeevuneh holohbyeh] stuffed young pigeon
nadívaný [nudyeevunee] stuffed
na jehle [yehleh] on a skewer
nakládaný [nuklahdunee] pickled
na kmíně [kumeenyeh] with caraway seeds
nanukový dort [nunookovee] ice cream gâteau
na roštu [roshtoo] grilled
ne moc vypečený [neh mots vipetchenee] medium-rare
niva soft, crumbly blue cheese
noky [noki] small flour and potato dumplings
nudle [noodleh] noodles
nudle s mákem [mahkem] noodles with poppy seeds
nudle s tvarohem a cukrem [tvuro-hem a tsookrem] noodles with cottage cheese and sugar
nudlový nákyp s tvarohem [noodlovee nahkip] noodle pudding with cottage cheese

obilí [obilee] corn
obložené vejce [obloJeneh vaytseh] hard-boiled egg, mayonnaise, ham and pickles
obložený biftek se smaženým vejcem [obloJenee – seh smuJeneem vaytsem] beef steak with an egg and garnish
obložený chléb [Hlep] sandwich
obložený chlebíček [Hlebeetchek] open sandwich, canapé
ocet [otset] vinegar
okurka [okoorka] cucumber
okurková omáčka [okoorkovah omahtchka] cucumber sauce
okurkový salát [okoorkovee sulaht] cucumber salad
okurkový salát se smetanou [seh smetunoh] cucumber salad with cream
olej [olay] oil
olejovky s cibulí [olay-ofki sutsiboolee] sardines with onions
olivový olej [olivovee olay] olive oil
omáčka [omahtchka] sauce
omeleta s drůbežími játry [drOObeJeemi yahtri] omelette with poultry liver
omeleta se šunkou [shoonkoh] ham omelette
omeleta se zavařeninou [seh zuvurJenyinoh] jam omelette
omeleta s hráškem [hrahshkem] pea omelette
opékané brambory [opekuneh brumbori] fried potatoes
oplatky [oplutki] waffles
ořech [orJeH] nut

ostružiny [ostrooJini] blackberries
ovarové vepřové koleno [ovuroveh veprJoveh] boiled pig's knuckles
oves oats
ovoce [ovotseh] fruit
ovocné knedlíky [ovotsneh kunedleeky] fruit dumplings
ovocný [ovotsnee] fruit (adj)
ovocný talíř [tuleerJ] fruit bowl

palačinka [pulutchinka] pancake
palačinky se šlehčkou [pulutchinki seh shlehutchkoh] pancakes with jam and whipped cream
palačinky se zavařeninou [zuvurJenyinoh] pancakes with jam
pálivá paprika [pahlivah puprika] hot red pepper
paprika green or red pepper
paprikový lusk pepper, capsicum
paprikový salát [puprikovee sulaht] green or red pepper salad
párek sausage, frankfurter
párek s hořčicí [horJtchitsee] sausage with mustard
párek smažený v těstíčku [smuJenee ftyestyeetchkoo] fried sausage in batter
párek v rohlíku [rohleekoo] hot dog
pařížský krém [purJeeshskee] whipped cream and chocolate custard dessert
paštika [pahshtyika] pâté
paštika z bažantů [buJuntoo] pheasant pâté
paštika z husích jater [hooseeH yuter] goose liver pâté
pažitka [puJitka] chives
pečená husa [petchenah hoosa] roast goose
pečená šunka s vejci [petchenah shoonka svaytsi] ham and eggs
pečené hovězí maso [petcheneh hovyezee muso] roast beef
pečené kuře s nádivkou [koorJeh s nahdyifkoh] stuffed roast chicken
pečený [petchenee] roast; baked; grilled
pečivo [petchivo] bread; pastries
pepř [pepurJ] pepper (spice)
perlička pečená na slanině [perlitchka petchenah na slunyinyeh] roast guinea fowl with bacon
perník [pernyeek] gingerbread; crackers
petržel [petruJel] parsley
pivní sýr [pivnyee seer] cheese flavoured with beer
plátek [plahtek] slice
platýs na roštu [plutees na roshtoo] grilled flounder
plněná kapusta [pulnyenah kupoosta] curly kale leaves stuffed with minced meat and stewed
plněná paprika [puprika] stewed stuffed green or red peppers

plněné rajče zapečené [pulnyeneh rïtcheh zupetcheneh] stuffed tomato au gratin
plněné žampiony [Jumpi-awni] stuffed mushrooms au gratin
plněný telecí řízek [teletsee rJeezek] stuffed veal steak
plzeňská pivní polévka [pulzen^{yeh}skah pivnyee polefka] Pilsen-style beer soup
poháry [pohari] sundae
pochoutky k vínu [poHohtki k veenoo] snacks eaten with wine
polévka [polefka] soup
pomazánka [pomuzahnka] spread
pomeranč [pomeruntch] orange
pomerančový [pomeruntchovee] orange (adj)
porcovaný chléb [portsovunee Hlep] sliced bread
pórek leek
pórková polévka s vejcem [porkovah polefka svaytsem] leek soup with egg
poulard dušený v rýži [pohlurd dooshenee vreeJi] stewed chicken with rice
povidla homemade thick plum jam
povidlové taštičky [povidloveh tushtyitchki] small potato and cottage cheese dough parcels filled with plum jam
pražské telecí hrudí [prushskeh teletsee hroodyee] Prague-style breast of veal stuffed with a mixture of scrambled eggs and ham, green peas, whipped cream and roasted with butter
předkrmy [prJedkurmi] starters, appetizers
přesnídávka [prJes-nyeedahfka] mid-morning snack
přesnídávková polévka [prJes-nyeedahfkovah polefka] thick soup, eaten as a meal in itself
příliš propečený [prJeelish propetchenee] overdone
přílohy [prJeelohi] side dishes
přírodní hovězí pečeně [prJeerodnyee hovyezee petchenyeh] beef spread with bacon fat and stewed with onions
přírodní roštěná [roshtyenah] sirloin stewed with onions
přírodní vepřové žebírko [veprJoveh Jebeerko] grilled pork chop
pstruh [pustrooH] trout
pstruh na roštu [roshtoo] grilled trout
pstruh na rozmarýnu [rozmureenoo] trout with rosemary
pstruh na smetaně [smetunyeh] poached trout with cream
pstruh s máslem [smahslem] grilled trout with herb butter
pšenice [pshenyitseh] wheat
pšeničný chléb [pushenyitchnyee Hlep] white bread

ragú [rugOO] stew

rajčatový salát [rītchutovee sulaht] tomato salad
rajče [rītcheh] tomato
rajská omáčka [rīskah omahtchka] tomato sauce
rajská polévka [polefka] tomato soup
rajské jablko [rīskeh yubulko] tomato
rak [ruk] crayfish
ražniči z kuřecího masa [ruJnyitchi skoorJetseeho musa] pieces of chicken with onion and bacon grilled on a skewer or fried
restovaná telecí játra [restovunah teletsee yahtra] roast calves' liver with onion and spices
rizoto ze žampinů [zeh Jumpi-awnOO] stewed rice with mushrooms
rohlík [rohleek] roll
roláda [rolahda] Swiss roll
rostlinný tuk [rostlinee took] vegetable fat
roštěná na česneku [roshtyenah na chesnekoo] sirloin with garlic
roštěná na paprice [pupritseh] stewed sirloin with paprika
roštěná přírodní na roštu [prJeerodnyee na roshtoo] grilled sirloin steak
roštěná se šunkou a vejcem [seh shoonkoh a vaytsem] stewed sirloin with ham and egg
rozinky [rozinki] raisins
rožeň [roJenyeh] spit; skewer
ruská polévka [rooskah polefka] Russian-style beetroot and cabbage soup
růžičková kapusta [rOOJitchkovah kupoosta] Brussels sprouts
ryba [riba] fish
rybí filé na másle [ribee fileh na mahsleh] fillet of fish in butter
rybí filé na roštu [roshtoo] grilled fillet of fish
rybí kost fishbone
rybí polévka z kapra [polefka skupra] carp soup
rybí salát [sulaht] fish salad
rybí speciality [ribee] fish dishes
rybíz [ribees] currants
ryby [ribi] fish
rychlé občerstvení [riHleh optcher-stvenyee] snack
rýže [reeJeh] rice
rýže dušená [dooshenah] stewed rice
rýžová kaše [reeJovah kusheh] sweet or savoury rice purée
rýžový nákyp s jablky [reeJovee nahkip syubulki] rice pudding with apples

ředkev [rJetkef] type of radish
ředkvička [rJetkvitchka] radish
řez [rJes] lighter, square cakes, usually containing fruit
řízek [rJeezek] fillet

salám [sulahm] salami
salát [sulaht] lettuce; salad
saláty [sulahti] salads

salát z červeného zelí [cherveneho zelee] red cabbage salad
salát z červené řepy [cherveneh rJepi] beetroot salad
salát z čínského zelí [cheenskeho zelee] Chinese cabbage salad
salát z fazolových lusků [fuzoloveeH looskOO] French bean salad
salát z kyselého zelí [kiseleho zelee] sauerkraut salad
salát z těstovin [tyestovin] pasta salad
sardinka [surdinka] sardine
segedínský guláš [segedeenskee goolahsh] pork goulash with sauerkraut
sekaná [sekunah] minced meat
sekaná pečeně [petchenyeh] meatloaf
sekaná svíčková [sveetchkovah] meatloaf with cream sauce
sekaný [sekunee] chopped
selská pečeně [selskah petchenyeh] peasant-style saddle of pork roasted with garlic, salt and onions
selská polévka [polefka] peasant-style soup with noodles and mushrooms
selské jaternice [yuternyitseh] peasant-style white pudding
skopová kýta na česneku [skopovah keeta na chesnekoo] leg of mutton with garlic
skopová kýta na divoko [dyivoko] leg of mutton spread with bacon fat and stewed with onions and root vegetables in red wine
skopová kýta na smetaně [smetunyeh] leg of mutton in cream sauce
skopové maso [skopoveh muso] mutton
skopové maso na rožni [roJnyi] grilled mutton
skopové na majoránce [mī-orahntseh] mutton with marjoram
skopové ragú [rugOO] mutton stew
sladká paprika [slutkah puprika] sweet red pepper
sladkovodní ryby [slutkovodnyee ribi] freshwater fish
sladký [slutkee] sweet
slanina [slunyina] bacon
slaný [slunee] salty
sleď [slet[yeh]] herring
sleď vařený s křenovou omáčkou [vurJenee skrJenovoh omahtchkoh] herring in horseradish sauce
slepice [slepitseh] chicken
slepice na paprice [pupritseh] chicken with paprika and cream sauce
slepice na slanině [slunyinyeh] chicken with bacon
slepice v nudlové polévce [noodloveh poleftseh] chicken noodle soup
slepičí vývar s nudlemi [slepitchee veevur snoodlemi]

chicken broth with vermicelli

sluka [slooka] snipe

slunečnicová semena [slooncteinyitsovah] sunflower seeds

slunečnicový olej [sloonetchnyitsovee olay] sunflower oil

smažená roštěnka s vejcem [smuJenah roshtyenka svaytsem] fried sirloin with an egg

smažená telecí játra [teletsee yahtra] fried calves' liver in breadcrumbs

smažená vejce [vaytseh] fried eggs

smažené baklažány [smuJeneh bukluJahni] fried aubergines/eggplants

smažené bramborové hranolky [brumboroveh hrunolki] chips, French fries

smažené bramborové lupínky [loopeenki] crisps, potato chips

smažené jehně [yehnyeh] fried lamb in breadcrumbs

smažené kuře [koorJeh] fried chicken

smažené kůzle [koozleh] fried kid in breadcrumbs

smažené rybí filé [ribee fileh] fried fillet of fish

smažené telecí [teletsee] fried veal

smažené telecí hrudí [hroodyee] fried breast of veal

smažené telecí žebírko [Jebeerko] veal chop fried in breadcrumbs

smažené vepřové [veprJoveh] fried pork

smažené žampiony [Jumpi-awni] mushrooms fried in breadcrumbs

smažený [smuJenee] fried (in breadcrumbs)

smažený celer [tseler] fried celery

smažený hermelín [hermeleen] fried Camembert-type cheese

smažený hermelín se šunkou [seh shoonkoh] fried Camembert-type cheese with ham

smažený karbanátek [kurbunahtek] fried meatballs

smažený květák [kvyetahk] fried cauliflower

smažený sýr [seer] fried cheese in breadcrumbs

smažený telecí brzlík [teletsee burzleek] fried calves' sweetbreads

smažený uzený sýr [oozenee seer] fried smoked cheese

smažený vepřový jazýček [veprJovee yuzeetchek] fried pig's tongue

smažený vepřový řízek [rJeezek] pork steak fried in breadcrumbs

smetana [smetuna] cream

sója [saw-ya] soya

sójové oříšky [saw-yoveh orJeeski] soya beans

sójový salát [saw-yovee sulaht] soya bean salad
srnčí [suruntchee] venison
srnčí hřbet přírodní [hurJbet prJeerodnyee] saddle of venison
srnčí kýta na smetaně [keeta na smetunyeh] leg of venison in cream sauce
srnčí ragú na víně [rugOO na veenyeh] venison stew with wine
steak z tuňáka po provensálsku [toonyahka po provensahlskoo] tuna, tomatoes, white wine and garlic
studené předkrmy [stoodeneh prJetkurmi] hors d'oeuvres, starters, appetizers
sůl [sOOl] salt
sušenka [sooshenka] biscuit, cookie
svačina [svutchina] snack between main meals
svíčková [sveetchkovah] sirloin
svíčková omáčka [omahtchka] sour cream sauce, usually served with fillet of beef
svíčková pečeně na smetaně [petchenyeh na smetunyeh] fillet of beef with cream sauce
svíčkové řezy se šunkou a vejcem [sveetchkoveh rJezi seh shoonkoh a vaytsem] fillet steaks with ham and eggs
svíčkové řezy s husími játry [hooseemi yahtri] fillet steaks with goose liver
sýr [seer] cheese
syrečky [siretchki] small cakes of spicy, strong-smelling cheese
syrový [sirovee] raw
sýrový salát [seerovee sulaht] cheese salad

škubánky s mákem [shkoobahnki smahkem] potato dumplings with poppy seeds and sugar
šlehačka [shlehutchka] whipped cream
šlehaný tvaroh [shlehunee tvuroH] whipped cottage cheese
špagety [shpugeti] spaghetti
španělský ptáček [shpunyelskee putahtchek] stewed beef roll with sausage, cucumber, onions and eggs
špekové knedlíky [shpekoveh kunedleeki] bread and bacon dumplings
špenát [shpenaht] spinach
špikovaná telecí kýta [shpikovunah teletsee keeta] fried larded leg of veal
štika na pivě [shtyika na pivyeh] pike in beer
šunka [shoonka] ham
šunka po cikánsku [po tsigahnskoo] gypsy-style ham with bacon, potatoes, onions, mushrooms and paprika
šunka s křenem [skrJenem] ham with horse-radish
šunková rolka [shoonkovah] ham roll
šunkový [shoonkovee] ham (adj)

švestkové knedlíky [shvestkoveh kunedleeki] plum dumplings
švestky [shvestki] plums

tatarská omáčka [tuturskah omahtchka] tartar sauce
telecí [teletsee] veal
telecí droby [drobi] calves' liver, kidneys and tongue
telecí dušené s hráškem [doosheneh shrahshkem] veal stew with peas
telecí filé se šunkou a chřestem [fileh seh shoonkoh a HrJestem] veal fillet with ham and asparagus
telecí filé s husími játry [s hooseemi yahtri] veal fillet with goose liver
telecí hrudí nadívané [hroodyee nudyeevuneh] stuffed breast of veal
telecí kolínko na způsob bažanta [koleenko na spOOsob buJunta] calves' knuckle stewed with spices
telecí kýta na smetaně [keeta na smetunyeh] leg of veal with cream sauce
telecí ledvinka pečená [petchenah] roast calves' kidneys
telecí medailonky [meda-ilonki] veal medallions
telecí mozeček s vejci [mozetchek svaytsi] fried calves' brains with eggs
telecí na houbách [hohbahH] veal stew with mushrooms
telecí na kmíně [kumeenyeh] veal stew with caraway seeds
telecí na paprice [pupritseh] veal in paprika sauce
telecí pečeně [petchenyeh] roast veal
telecí perkelt stewed veal in paprika sauce
telecí plíčky na smetaně [pleetchki na smetunyeh] calves' lungs with cream sauce
telecí řízek přírodní [rJeezek prJeerodnyee] veal steak
telecí řízek smažený [smuJenee] veal steak fried in breadcrumbs
telecí srdce na smetaně [surdtseh na smetunyeh] calves' hearts in cream sauce
telecí žebírko na žampionech [Jebeerko na Jumpi-awneH] veal chop with mushrooms
teplá šunka [teplah shoonka] boiled ham, served hot
teplé předkrmy [tepleh prJetkurmi] entrées
teplý [teplee] hot; warm
těstoviny [tyestovini] noodles; pasta
topinka s česnekem [chesnekem] toasted rye bread rubbed with garlic
topinka s drůbežími játry [sdrOObeJeemi yahtri] toast with chicken liver
topinka se šunkou [seh shoonkoh] ham on toast
tresčí játra [trestchee yahtra] cod's liver

treska na roštu [roshtoo] grilled cod

treska s hořčicovou omáčkou [horJtchitsovoh omahtchkoh] stewed cod in mustard sauce

trhanec s malinovou šťávou [truhunets smulinovoh shtyahvoh] pancakes with raspberry syrup

třešně [trJeshnyeh] cherries

třešňová bublanina [trJeshnyovah booblanyina] sponge biscuit with cherries

tuňák [toonyahk] tuna fish

tvaroh [tvuroH] cottage cheese

tvarohová žemlovka [tvurohovah Jemlofka] sweet pudding made from white bread and cottage cheese

tvarohové knedlíky [tvurohoveh kunedleeki] cottage cheese dumplings

tvarohové palačinky [palutchinki] cottage cheese pancakes

tvarůžky [tvurOOshki] small cakes of spicy, smelly cheese

tykev [tikef] marrow

uherský salám [ooherskee sulahm] Hungarian spicy salami with cucumber

uzené vařené [oozeneh vurJeneh] boiled smoked meat

uzené vepřové [veprJoveh] smoked pork

uzeniny [oozenyini] smoked meats

uzený [oozenee] smoked

uzený hovězí jazyk [hovyezee yuzik] smoked ox tongue

uzený losos smoked salmon

uzený sýr [seer] smoked cheese

uzený úhoř [OOhorJ] smoked eel

vaječná jídla [vī-etchnah yeedla] egg dishes

vajíčkový salát [vī-eetchkovee sulaht] egg salad

vanilková zmrzlina [vunilkovah zmurzlina] vanilla ice cream

vanilkový [vunilkovee] vanilla (adj)

vánočka [vahnotchka] oblong Christmas cake

vařená kukuřice [vurJenah kookoorJitseh] boiled sweetcorn

vařená vejce [vaytseh] boiled eggs

vařené brambory [brumbori] boiled potatoes

vařené fazolky [fuzolki] boiled green beans

vařené hovězí maso [hovyezee muso] boiled beef

vařené telecí [teletsee] boiled veal

vařené vepřové [veprJovee] boiled pork

vařený [vurJenee] boiled

vařený kukuřičný klas [kookoorJitchnee klus] boiled corn on the cob

vejce [vaytseh] egg

vejce naměkko [vaytseh numnyeko] soft-boiled egg

vejce natvrdo [nutvurdo] hard-boiled egg
vejce plněné humří majonézou [pulnyeneh hoomrJee mī-onezoh] hard-boiled egg filled with lobster mayonnaise
vejce plněné šunkovou pěnou [shoonkovoh pyenoh] hard-boiled egg filled with ham
veka white French-style bread
věneček [vyenetchek] chocolate éclair
vepřenky [veprJenki] grilled minced pork with onion and mustard
vepřová játra na cibulce [veprJovah yahtra na tsibooltseh] pigs' liver stewed with onions
vepřová játra pečená na cibulce [petchenah] fried pigs' liver and onions
vepřová krkovička po selsku [kurkovitchka po selskoo] roast neck of pork with onions
vepřová kýta na paprice [keeta na pupritseh] stewed leg of pork with paprika
vepřová kýta na smetaně [smetunyeh] stewed leg of pork in cream sauce
vepřová pečeně [petchenyeh] roast pork
vepřové dušené v kedlubnách [veprJoveh doosheneh v kedloobnahH] pork stewed with kohlrabi
vepřové maso [muso] pork
vepřové na kmíně [kumeenyeh] pork stew with caraway seeds
vepřové plíčky na smetaně [pleetchki na smetunyeh] pigs' lungs in cream sauce
vepřové ražniči [ruJnitchi] pork on skewer with bacon and onions
vepřové žebírko na kmíně [Jebeerko na kumeenyeh] stewed rib of pork with caraway seeds
vepřové žebírko přírodní [prJeerodnyee] stewed rib of pork
vepřový bůček nadívaný [veprJovee bOOtchek nudyeevunee] stuffed side of pork
vepřový guláš [goolahsh] pork goulash
vepřový jazyk na bylinkách [yuzik na bilinkahH] pig's tongue stewed with herbs
vepřový mozeček s vejci [mozetchek svaytsi] fried pigs' brains with eggs
vepřový ovar [ovur] boiled pig's head and liver
vepřový řízek [rJeezek] breaded pork cutlet
větrník [vyeturnyeek] chocolate éclair
vídeňský telecí řízek [veedenyehskee teletsee rJeezek] fried veal fillet in breadcrumbs
višně [vishnyeh] sour cherries; morello
vlašské ořechy [vlushskeh orJeHi] walnut

vlašský salát [vlushkee sulaht] salad of potatoes, ham, salami, vegetables, hard-boiled eggs and mayonnaise

zadělávaná karotka [zudyelahvunah kurotka] carrots in white sauce
zadělávaná slepice [slepitseh] chicken with white sauce
zadělávané dršt'ky [durshtyehki] tripe in white sauce
zadělávané kedlubny [kedloobni] kohlrabi with white sauce
zajíc [zī-eets] hare
zajíc na černo [cherno] stewed hare in thick, dark, sweet and sour sauce
zajíc na divoko [dyivoko] saddle and leg of hare spread with bacon fat and cooked with onions and root vegetables in red wine
zajíc na smetaně [smetunyeh] hare in cream sauce
zákusek [zahkoosek] sweet pastry
zákusky [zahkooski] desserts
zapečená šunka s vejci [zupetchenah shoonka] ham and eggs
zapečený [zupetchenee] roast; baked; grilled
zapékané brambory se sýrem [zupekuneh brumbori seh seerem] potatoes baked with cheese
zapékané nudle [noodleh] baked noodles with cheese and egg
zavařenina [zuvurJenyina] preserves; jam
zavařený [zuvurJenee] preserved; bottled
závin [zahvin] apple strudel
zavináč [zuvinahtch] rollmop herring in vinegar
zelené fazole [zeleneh fuzoleh] green beans
zelenina [zelenyina] vegetables
zeleninová jídla [zelenyinovah yeedla] vegetable dishes
zeleninová polévka [polefka] vegetable soup
zeleninové rizoto [zelenyinoveh] stewed rice with vegetables
zeleninový řízek [zelenyinovee rJeezek] fried vegetable rissole
zelí [zelee] cabbage
zelná polévka [zelnah polefka] cabbage soup
zelná polévka s klobásou [klobahsoh] cabbage soup with smoked sausage
zelný salát [zelnee sulaht] cabbage salad
zmrzlina [zmurzlina] ice cream
zmrzlinový pohár [zmurzlinovee] sundae
znojemská roštěná [znoyemskah roshtyenah] Znojmo-style sirloin
ztracená vejce [ztrutsenah vaytseh] poached egg
zvěřina [zuvyerJina] game

žampionová omáčka [Jumpi-

awnovah omahtchka] mushroom sauce
žampióny [Jumpi-awni] mushrooms
žebírko [Jebeerko] ribs
želví polévka [Jelvee polefka] turtle soup
žemle [Jemleh] white bread roll
žemlovka [Jemlofka] bread pudding with apples and cinnamon
židovská česnečka [Jidofskah chesnetchka] Jewish garlic soup
žitný chléb [Jitnee Hlep] rye bread
žito [Jito] rye
žraločí řízek [zHrulotchee rJeezek] shark fillet

Menu Reader: Drink

Essential Terms

beer pivo
bottle láhev [lah-hef]
brandy koňak [konyuk]
coffee káva [kahva]
cup: a cup of ... šálek ... [shahlek]
fruit juice ovocný džus [ovotsnee joos]
gin gin [jin]
 a gin and tonic gin a tonic
glass: a glass of ... sklenice ... [sklenyitseh]
milk mléko
mineral water minerálka [minerahlka]
orange juice pomerančová šťáva [pomeruntchovah shtyahva]
red wine červené víno [cherveneh veeno]
rosé růžové víno [rOOJoveh veeno]
soda (water) soda
soft drink nealkoholický nápoj [neh-ulkoholitskee nahpoy]
sugar cukr [tsookr]
tea čaj [tchī]
tonic (water) tonik
vodka vodka [votka]
water voda
whisky whisky
white wine bílé víno [beeleh veeno]
wine víno [veeno]
wine list nápojovu lístek [nahpo-yovee leestek]

another ..., please ještě jedno ... [yeshtyeh yedno]

alkoholické nápoje alcoholic drinks

Becherovka® [beHerofka] sweet herbal digestive liqueur
bez kofeinu [bes kofaynoo] decaffeinated
bez ledu [ledoo] without ice
bílá káva [beelah kahva] white coffee
bílé víno [beeleh veeno] white wine
Budvar® [boodvur] Budweiser®
burčák [boortchahk] very young, slightly alcoholic wine

cappuccino espresso with hot milk

čaj [tchī] tea
čaj s citrónem [tsitrawnem] lemon tea
čaj s mlékem tea with milk
černá káva [chernah kahva] black coffee
černé pivo [cherneh] dark beer
červené víno [cherveneh veeno] red wine
čokoláda se šlehačkou [chokolahda seh shlehutchkoh] hot chocolate with whipped cream

destiláty [destilahti] spirits
Dobrá voda® [dobrah] brand of mineral water
dvě deci [dvyeh detsi] two gills (two decilitres)
džus [joos] juice

espresso strong black coffee

Fernet® bitter digestive liqueur
Frankovka® [frunkofka] medium-dry, strong red wine

horké kakao [horkeh kukuh-o] hot chocolate

instantní káva [instuntnyee kahva] instant coffee

kakao [kukuh-o] cocoa; hot chocolate
kapucín [kupootseen] cappuccino
káva [kahva] coffee
káva se smetanou [seh smetunoh] coffee with cream
Kláštorné červené® [klahshtorneh cherveneh] medium-dry red wine
koňak [konyuk] brandy, cognac
kostka ledu [ledoo] ice cube

láhev vína [lah-hef veena] bottle of wine
led [let] ice
ledová káva [ledovah kahva] cold, black coffee, often served with ice cream and whipped cream
ledový čaj [ledovee chī] iced tea
ležák [leJahk] lager

likér liqueur
limonáda [limonahda] soft drink; lemonade
Ludmila® [loodmila] red wine from Bohemia

malé pivo [muleh] small beer
Mattoniho kyselka® [kiselka] brand of mineral water
minerálka [minerahlka] mineral water
minerální voda [minerahlnyee] mineral water
mléko milk
mražená káva [muJenah kahva] iced coffee
Müller Thurgau® [miler thoorgow] medium-dry white wine

nápoj [nahpoy] drink
nápojový lístek [nahpo-yovee leestek] drinks list
nealkoholický [neh-ulkoholitskee] non-alcoholic
nealkoholické nápoje soft drinks
nešumivá minerálka [neshoomivah minerahlka] still mineral water

ovocná šťáva [ovotsnah shtyahva] fruit juice
ovocný čaj [ovotsnee chī] herbal tea

pivo beer
Plzeňské pivo® [pulzen^yeh^skeh] Pilsner beer
pomerančová šťáva [pomeruntchovah shtyahva] orange juice
presso strong, black coffee

Rulandské bílé® [rooluntskeh beeleh] light, slightly sweet white wine

řezané pivo [rJezuneh] mix of light and dark beers

sladké [slutkeh] sweet
s ledem [sledem] with ice
slivovice [slivovitseh] plum brandy
smetana do kávy [smetuna do kahvi] cream for coffee
sodová voda [sodovah] soda water
Stock® type of brandy
suché víno [soOHeh veeno] dry wine
svařené víno [svahrJeneh] mulled wine with lemon and spices
světlé pivo [svyetleh] light, pale beer
s vodou [zvodoh] with water

šampaňské [shumpun^yeh^skeh] champagne
šťáva [shtyahva] juice
šumivá minerálka [shoomivah minerahlka] fizzy mineral water
šumivý [shoomivee] fizzy

turecká káva [tooretskah kahva] Turkish coffee – small, dark, strong coffee with grounds at the bottom

vídeňská káva [veeden^{yeh}skah kahva] Viennese coffee with whipped cream

vinný střik [vinee strJik] wine and soda water

víno [veeno] wine

víno rozlévané [rozlevuneh] wine by the glass

voda water

voda s ledem [sledem] water with ice

How the Language Works

Pronunciation

In this phrasebook, the Czech has been written in a system of imitated pronunciation so that it can be read as though it were English, bearing in mind the notes on pronunciation given below:

ah	long 'a' as in f**a**ther
ay	as in m**ay**
e	as in g**e**t
dyeh	a very slight 'dy' sound as in **de**w
g	always hard as in **g**oat
H	a harsh 'ch' as in the Scottish way of pronouncing lo**ch**
i	as in p**i**t
ī	as the 'i' sound in m**i**ght
J	as the 's' sound in mea**s**ure
nyeh	a very slight 'ny' sound as in **nu**ance
o	as in n**o**t
oo	as in b**oo**k
OO	'oo' as in f**oo**l
ow	as in n**ow**
rJ	a rolled 'r' followed by an 's' sound as in mea**s**ure
ts	as in ha**ts**
tyeh	a very slight 'ty' sound as in s**tu**pid
u, uh	'u' as in b**u**t
y	as in **y**es

Czech Pronunciation

a	'u' as in b**u**t
á	'a' as in f**a**ther
aj	'i' as in m**i**ght
au	'ow' as in n**ow**
c	'ts' as in ha**ts**
č	'ch' as in **ch**ocolate
d'	a very slight 'dy' sound as in **de**w

dž	'j' as in **j**am
é	'e' as in g**e**t but longer
ě	'ye' as in **ye**s
ej	'ay' as in m**ay**
h	as in **h**at, but sometimes pronounced like Czech **ch**
ch	a harsh 'ch' as in the Scottish way of pronouncing lo**ch**
í	'ee' as in s**ee**d
j	'y' in **ye**s
ň	a very slight 'ny' sound as in **nu**ance
o	as in n**o**t
ó	'aw' as in **aw**ful
oj	'oy' as in b**oy**
ou	'oh' as in the exclamation **oh**
q	'qu' as in **qu**ite
ř	a rolled 'r' followed by an 's' sound as in mea**s**ure
š	'sh' as in **sh**op
ť	a very slight 'ty' sound as in s**tu**pid
u	'oo' as in b**oo**k
ú, ů	'oo' as in f**oo**l
w	'v' as in 'vote'
y	'i' as in p**i**t
ý	'ee' as in s**ee**d
ž	's' as in mea**s**ure

In Czech, the stress is always on the first syllable of the word.

When **e** (or **é**) occurs at the end of a Czech word, it is always pronounced, for example **stanice** (station, stop) is pronounced 'stunyitseh'.

The combination **mě** is always pronounced 'mnyeh'.

Abbreviations

acc	accusative	loc	locative
adj	adjective	m	masculine
anim	animate	n	neuter
dat	dative	nom	nominative
f	feminine	pl	plural
fam	familiar	pol	polite
gen	genitive	sing	singular
inan	inanimate	voc	vocative
instr	instrumental		

The Czech Alphabet

The Czech-English section and Menu Reader are in Czech alphabetical order which is as follows:

a, b, c, č, d, e, f, g, h, ch, i, j, k, l, m, n, o, p, q, r, ř, s, š, t, u, v, w, x, y, z, ž

Note

An asterisk (*) next to a word in the English-Czech or Czech-English means that you should refer to the **How the Language Works** section or conversion tables for further information.

Nouns, Articles and Cases

There are no articles (a, an, the) in Czech:

okno	**ručník**
okno	rootch-nyeek
window/a window/ the window	towel/a towel/ the towel

Context clarifies the equivalent English article:

bude vám vadit, když otevřu okno?
boodeh vahm vudyit gudiJ otevrJoo okno
do you mind if I open the window?

mohu dostat ručník?
mohoo dostut rootch-nyeek
can I have a towel?

Czech nouns have one of three genders – masculine, feminine or neuter. Most masculine nouns end in a consonant:

vagón	**otec**	**přítel**
vugawn	otets	prJeetel
carriage	father	friend (male)

Most feminine nouns end in **-a**:

cukrárna	**matka**	**překladatelka**
tsookrarna	mutka	prJekludutelka
cake shop	mother	translator (woman)

Most neuter nouns end in **-o** or **-í**:

jídlo	**oddělení**
yeedlo	od-dyelenyee
food	department
jméno	**poschodí**
yumeno	posHodyee
(first) name	floor, storey

Exceptions to the above rules are shown in the English-Czech section of this book.

Words for human adults are either masculine or feminine:

učitel	učitelka
ootchitel	ootchitelka
teacher (man)	teacher (woman)

Words for children and young animals are usually neuter:

děťátko	dítě	kotě
dyet-yahtko	dyee-tyeh	kotyeh
baby	child	kitten

Cases

Czech has seven cases: nominative, accusative, genitive, dative, locative, instrumental and vocative. In the English-Czech section we have indicated which case needs to be used with certain words and phrases. Usually, words following prepositions change their form according to which case they are in.

Nominative Case

The nominative is the case of the subject of a sentence. In the following examples, **obchod** and **Petr** are in the nominative:

obchod je nyní otevřený	Petr přijel dnes
opHot yeh ninyee otevrJenee	petr prJi-yel dnes
the shop is open now	Peter arrived today

Accusative Case

The object of most verbs takes the accusative. In the following examples the object is in the accusative:

chceme vidět starou Prahu
Hutsemeh vidyet sturoh pruhoo
we want to see the old part of Prague

prodáváte známky?
prodahvahteh znahmki
do you sell stamps?

mohu použít váš telefon?
mohoo pohJeet vahsh telefon
may I use your phone?

Some prepositions indicating motion or direction towards something are followed by the accusative:

na	**skrz**	**přes**
na	skurs	prJes
onto, to	through	across, through

jedeme na hory zítra
yedemeh na hori zeetra
we are going to the mountains tomorrow

přes cestu
prJes tsestoo
across the road

půjdu přes park
poo-iudoo prJes purk
I'll walk through the park

Genitive Case

The genitive is used to indicate possession:

dopis Petra
Peter's letter

There is no word for 'of' in Czech. The genitive is used to translate 'of':

šálek čaje	**tabulka čokolády**
shahlek chī-eh	tuboolka chokolahdi
a cup of tea	a bar of chocolate

The genitive is also used after some prepositions, for example:

do	**u**	**vedle**
do	oo	vedleh
until; to	by; at	beside

jak se dostanu do centra?
yuk seh dostunoo do tsentra
how do I get to the centre?

seděli jsme u stolu
sedyeli smeh oo stoloo
we were sitting at the table

Dative Case

The dative is used for indirect objects with verbs like 'to give' and 'to send'. It often corresponds to 'to' (as in 'to me') in English:

koupil jsem sestře broušené sklo
kohpil sem sestrᴊeh brohsheneh sklo
I've bought my sister some cut glass

dal jsem mu to
dul sem moo to
I gave it to him

See the forms of Personal Pronouns on pages 247-249.

The dative is also used after some prepositions, for example:

k	**proti**
k	protyi
to, towards	opposite

poslali dceru k Heleně
posluli dutseroo k helenyeh
they've sent their daughter to Helena's

je to proti kostelu
yeh to protyi kosteloo
it's opposite the church

Locative Case

The locative is used with most prepositions:

na	**o**	**v, ve***	**po**
na	o	v, veh	po
on	about	in, on	after

v letadle vletudleh on the plane	**ve městě** veh mnyestyeh in the town, downtown
na ulici na oolitsi on the street	**po obědě** po obyedyeh after lunch

hovořili o dětech
hovorJili o dyeteH
they were talking about the children

* **ve** is used before words beginning with **v** or **f** or to ease the running together of two consonants as in **ve městě** above

Instrumental Case

The instrumental is used to show by whom or by what means an action is carried out. It is used to translate 'by' when referring to means of transport:

přijeli jsme vlakem/autem
prJi-yeli smeh vlukem/owtem
we came by train/by car

dopis poslaný leteckou poštou
dopis poslunee letetskoh poshtoh
a letter sent by airmail

The instrumental is also used with some prepositions:

pod pot under	**před** prJet before	**s** s with

piju čaj s mlékem pi-yoo chī smlekem I take tea with milk	**pod kobercem** pot kobertsem under the carpet

před obědem
prJet obyedem
before lunch

Vocative Case

The vocative is used when addressing people directly:

dámy a pánové	Václave!
dahmi a pahnoveh	vahtsluveh
ladies and gentlemen	Václav!

Numbers and Cases

Numbers in Czech also determine the case of the noun. 1 and all numbers ending in 1 (eg 21, 31 and so on) are followed by a noun in the nominative singular; 2, 3, and 4 (and all numbers ending in 2, 3 or 4) take the nominative plural; all other numbers take the genitive plural:

jedno pivo	dvě piva
yedno pivo	dvyeh piva
one beer	two beers
tři dny	**dvacet jeden den**
trJi dni	dvutset yeden den
three days	21 days
třicet sedm korun	**sto korun**
trJitset sedum koroon	sto koroon
37 crowns	100 crowns

Noun Cases

As illustrated above, noun endings change depending on the case. The case endings used depend on the following factors:

- whether the noun is masculine, feminine or neuter
- whether the noun is singular or plural
- whether the nominative singular ending contains a hard or soft consonant

There are three types of consonants in Czech:

hard consonants	soft consonants
d, h, ch, k, r, t, n	c, č, d', j, ň, ř, š, t', ž

either hard or soft consonants*
b, f, l, m, p, s, v, z

* **g, w, x** and **q** in Czech are used mainly in foreign words and do not fall into the above categories.

Masculine Nouns

The case endings of masculine nouns ending in a consonant are also dependent on whether the noun is animate (people or animals) or inanimate (objects):

Masculine Inanimate Nouns

	hard ending		soft ending	
	singular	plural	singular	plural
	dopis letter		**kartáč** brush	
nom	**dopis** dopis	**dopisy** dopisi	**kartáč** kurtahtch	**kartáče** kurtahtcheh
acc	**dopis** dopis	**dopisy** dopisi	**kartáč** kurtahtch	**kartáče** kurtahtcheh
gen	**dopisu** dopisoo	**dopisů** dopisOO	**kartáče** kurtahtcheh	**kartáčů** kurtahtchOO
dat	**dopisu** dopisoo	**dopisům** dopisOOm	**kartáči** kurtahtchi	**kartáčům** kurtahtchOOm
loc	**dopise/dopisu** dopiseh/dopisoo	**dopisech** dopiseH	**kartáči** kurtahtchi	**kartáčích** kurtahtcheeH
instr	**dopisem** dopisem	**dopisy** dopisi	**kartáčem** kurtahtchem	**kartáči** kurtahtchi

Masculine Animate Nouns

	hard ending		soft ending	
	singular	plural	singular	plural
	doktor doctor		**nosič** porter	
nom	**doktor** doktor	**doktoři/** **doktorové** doktorJi/ doktoroveh	**nosič** nositch	**nosiči/** **nosičové** nositchi/ nositchoveh
acc	**doktora** doktora	**doktory** doktori	**nosiče** nositcheh	**nosiče** nositcheh
gen	**doktora** doktora	**doktorů** doktorOO	**nosiče** nositcheh	**nosiču** nositchoo
dat	**doktorovi/** **doktoru** doktorovi/ doktoroo	**doktorům** doktorOOm	**nosičovi/** **nosiči** nositchovi/ nositchi	**nosičům** nositchOOm
loc	**doktorovi/** **doktoru** doktorovi/ doktoroo	**doktorech** doktoreH	**nosičovi/** **nosiči** nositchovi/ nositchi	**nosičích** nositcheeH
instr	**doktorem** doktorem	**doktory** doktori	**nosičem** nositchem	**nosiči** nositchi
voc	**doktore!** doktoreh		**nosiči!** nositchi	

The case endings of masculine nouns ending in **-a** or **-e** are dependent on whether the consonant preceding the final vowel is hard or soft, but there is no distinction for animate and inanimate nouns:

Masculine Animate or Inanimate Nouns

	hard ending		soft ending	
	singular	plural	singular	plural
	cyklista cyclist		**průvodce** guide; guidebook	
nom	**cyklista** tsiklista	**cyklistové** tsiklistoveh	**průvodce** prOOvot-tseh	**průvodci/** **průvodcové** prOOvot-tsi/ prOOvot-tsoveh
acc	**cyklistu** tsiklistoo	**cyklisty** tsiklisti	**průvodce** prOOvot-tseh	**průvodce** prOOvot-tseh
gen	**cyklisty** tsiklisti	**cyklistů** tsiklistOO	**průvodce** prOOvot-tseh	**průvodců** prOOvot-tsOO
dat	**cyklistovi** tsiklistovi	**cyklistům** tsiklistOOm	**průvodci/** **průvodcovi** prOOvot-tsi/ prOOvot-tsovi	**průvodcům** prOOvot-tsOOm
loc	**cyklistovi** tsiklistovi	**cyklistech** tsikliteH	**průvodci/** **průvodcovi** prOOvot-tsi/ prOOvot-tsovi	**průvodcích** prOOvot-tseeH
instr	**cyklistou** tsiklistoh	**cyklisty** tsiklisti	**průvodcem** prOOvot-tsem	**průvodci** prOOvot-tsi
voc	**cyklisto!** tsiklisto			

Feminine Nouns

There are two types of feminine noun endings: those preceded by a hard consonant and those preceded by a soft consonant. Feminine noun endings change as follows:

	hard ending		soft ending	
	singular	plural	singular	plural
	žena woman		**růže** rose	
nom	**žena**	**ženy**	**růže**	**růže**
	Jena	Jeni	rOOJeh	rOOJeh
acc	**ženu**	**ženy**	**růži**	**růže**
	Jenoo	Jeni	rOOJi	rOOJeh
gen	**ženy**	**žen**	**růže**	**růží**
	Jeni	Jen	rOOJeh	rOOJee
dat	**ženě**	**ženám**	**růži**	**růžím**
	Jenyeh	Jenahm	rOOJi	rOOJeem
loc	**ženě**	**ženách**	**růži**	**růžích**
	Jenyeh	JenahH	rOOJi	rOOJeeH
instr	**ženou**	**ženami**	**růží**	**růžemi**
	Jenoh	Jenumi	rOOJee	rOOJemi
voc	**ženo!**	**ženy!**		
	Jeno	Jeni		

Feminine nouns that don't have either of the above endings (e.g. **báseň** or **radost**) are declined according to the ending of the genitive singular (which will have to be learnt) and change as follows:

nom	**báseň**	poem	**radost**	happiness
gen	**básně**		**radosti**	
	genitive ending in **-ě**		genitive ending in **-i**	
	singular	plural	singular	plural
nom	**báseň**	**básně**	**radost**	**radosti**
	bahsen[yeh]	bahsnyeh	rudost	rudostyi
acc	**báseň**	**básně**	**radost**	**radosti**
	bahsen[yeh]	bahsnyeh	rudost	rudostyi
gen	**básně**	**básní**	**radosti**	**radostí**
	bahsnyeh	bahsnyee	rudostyi	rudostyee
dat	**básni**	**básním**	**radosti**	**radostem**
	bahsnyi	bahsnyeem	rudostyi	rudostem
loc	**básni**	**básních**	**radosti**	**radostech**
	bahsnyi	bahsnyeeH	rudostyi	rudosteH
instr	**básní**	**básněmi**	**radostí**	**radostmi**
	bahsnyee	bahsnyemi	rudostyee	rudostmi

Neuter Nouns

Neuter nouns have one of three endings:

the hard ending **-o** (**slovo** word)
the soft ending **-e** (**pole** field)
the ending **-í** (**nádraží** railway station)

	hard ending		soft ending	
	singular	plural	singular	plural
nom	**slovo**	**slova**	**pole**	**pole**
	slovo	slova	poleh	poleh
acc	**slovo**	**slova**	**pole**	**pole**
	slovo	slova	poleh	poleh
gen	**slova**	**slov**	**pole**	**polí**
	slova	slof	poleh	polee
dat	**slovu**	**slovům**	**poli**	**polím**
	slovoo	slovOOm	poli	poleem
loc	**slově/slovu**	**slovech**	**poli**	**polích**
	slovyeh/slovoo	sloveH	poli	poleeH
instr	**slovem**	**slovy**	**polem**	**poli**
	slovem	slovi	polem	poli

the ending **-í**

	singular	plural
nom	**nádraží** nahdruJee	**nádraží** nahdruJee
acc	**nádraží** nahdruJee	**nádraží** nahdruJee
gen	**nádraží** nahdruJee	**nádraží** nahdruJee
dat	**nádraží** nahdruJee	**nádražím** nahdruJeem
loc	**nádraží** nahdruJee	**nádražích** nahdruJeeH
instr	**nádražím** nahdruJeem	**nádražími** nahdruJeemi

Adjectives and Adverbs

Adjectives

There are two types of Czech adjectives: the first type express basic qualities (qualities which aren't derived from nouns, adverbs or verbs):

nový [novee] new **zdravý** [zdravee] healthy

The second type are derived from nouns, adverbs or verbs:

dřevo drJyevo wood — **dřevěný** drJyevyenee wooden

pít [peet] to drink — **pitný** [pitnee] drinkable

Most adjectives have one of the following endings in the nominative case:

-ní, -ný, -ský, -cký or **-ový**

Czech adjectives agree in case, gender and number with the nouns to which they refer. There are two types of adjective endings: hard and soft.

Hard Ending: singular **šťastný** happy

	m animate	f	n
nom	**šťastný** shtyastnee	**šťastná** shtyastnah	**šťastné** shtyastneh
acc	**šťastného*** shtyastneho	**šťastnou** shtyastnoh	**šťastné** shtyastneh
gen	**šťastného** shtyastneho	**šťastné** shtyastneh	**šťastného** shtyastneho
dat	**šťastnému** shtyastnemoo	**šťastné** shtyastneh	**šťastnému** shtyastnemoo
loc	**šťastném** shtyastnem	**šťastné** shtyastneh	**šťastném** shtyastnem
instr	**šťastným** shtyastneem	**šťastnou** shtyastnoh	**šťastným** shtyastneem

* use the nominative when describing a masculine inanimate noun

Hard Ending: plural

	m animate	f/m inanimate	n
nom	**šťastní** shtyast-nyee	**šťastné** shtyastneh	**šťastná** shtyastnah
acc	**šťastné** shtyastneh	**šťastné** shtyastneh	**šťastná** shtyastnah
gen	**šťastných** shtyastneeH	**šťastných** shtyastneeH	**šťastných** shtyastneeH
dat	**šťastným** shtyastneem	**šťastným** shtyastneem	**šťastným** shtyastneem
loc	**šťastných** shtyastneeH	**šťastných** shtyastneeH	**šťastných** shtyastneeH
instr	**šťastnými** shtyastneemi	**šťastnými** shtyastneemi	**šťastnými** shtyastneemi

Soft Ending: **cizí** foreign

	singular		plural
	m/n	f	
nom	**cizí** tsizee	**cizí** tsizee	**cizí** tsizee
acc	**cizího*** tsizeeho	**cizí** tsizee	**cizí** tsizee
gen	**cizího** tsizeeho	**cizí** tsizee	**cizích** tsizeeH
dat	**cizímu** tsizeemoo	**cizí** tsizee	**cizím** tsizeem
loc	**cizím** tsizeem	**cizí** tsizee	**cizích** tsizeeH
instr	**cizím** tsizeem	**cizí** tsizee	**cizími** tsizeemi

* use the nominative form instead of the accusative when the adjective is describing a masculine inanimate or neuter noun

Comparatives

The comparative of adjectives is generally formed by removing the final **-ý** from the adjective and adding either **-ejší** or **-ší**:

rychlý riHlee fast	**rychlejší** riHlayshee faster	**tvrdý** tvurdee hard	**tvrdší** tvurtshee harder

Some common irregular comparative forms:

dlouhý dloh-hee long	**delší** delshee longer	**malý** mulee small	**menší** menshee smaller

velký velkee big	**větší** vyetshee bigger	**dobrý** dobree good	**lepší** lepshee better	**zlý** zlee bad	**horší** horshee worse

Superlatives

To form the superlative add the prefix **nej-** to the comparative:

rychlejší	**nejrychlejší**	**tvrdší**	**nejtvrdší**
riHlayshee	nayriHlayshee	tvurtshee	naytvurtshee
faster	fastest	harder	hardest

Adverbs

To form the adverb, remove the final **ý** of the adjective and replace it with **-e** or **-ě**:

pěkný	**pěkně**	**špatný**	**špatně**
pyeknee	pyeknyeh	shputnee	shput-nyeh
nice	nicely	bad	badly
rychlý	**rychle**	**dobrý**	**dobře**
riHlee	riHleh	dobree	dobrJeh
quick	quickly	good	well

Demonstratives

The Czech demonstrative adjectives and pronouns are:

ten/ta/to

These mean both 'this (one)' and 'that (one)' and the forms change according to gender and case:

	m/n	f		m/n	f
nom	**ten/to**	**ta**	dat	**tomu**	**té**
	ten/to	ta		tomoo	teh
acc	**toho*/to**	**tu**	loc	**tom**	**té**
	toho/to	too		tom	teh
gen	**toho**	**té**	instr	**tím**	**tou**
	toho	teh		tyeem	toh

* use the nominative form instead of the accusative when the adjective is describing a masculine inanimate noun

The plurals 'these (ones)', 'those (ones)' are:

ti/ty/ta

The forms change according to gender, number and case:

	m	f	n		m	f	n
nom	**ty/ti***	**ty**	**ta**	dat	**těm**	**těm**	**těm**
	ti/tyi	ti	ta		tyem	tyem	tyem
acc	**ty**	**ty**	**ta**	loc	**těch**	**těch**	**těch**
	ti	ti	ta		tyeH	tyeH	tyeH
gen	**těch**	**těch**	**těch**	instr	**těmi**	**těmi**	**těmi**
	tyeH	tyeH	tyeH		tyemi	tyemi	tyemi

* the inanimate form is **ty** and the animate form is **ti**

Possessives

Nearly all the forms of possessive pronouns/adjectives change according to gender, case and number. The exceptions are 'his', 'her(s)' and 'their(s)' which always have the same form.

můj/má/mé/mí my, mine

singular

	m	f	n		m	f	n
nom	**můj**	**má**	**mé**	dat	**mému**	**mé**	**mému**
	mOO-i	mah	meh		memoo	meh	memoo
acc	**mého**	**mou**	**mé**	loc	**mém**	**mé**	**mém**
	meho	moh	meh		mem	meh	mem
gen	**mého**	**mé**	**mého**	instr	**mým**	**mou**	**mým**
	meho	meh	meho		meem	moh	meem

plural

	m anim	m inan/f	n		m anim	m inan/f	n
nom	**mí**	**mé**	**má**	dat	**mým**	**mým**	**mým**
	mee	meh	mah		meem	meem	meem
acc	**mé**	**mé**	**má**	loc	**mých**	**mých**	**mých**
	meh	meh	mah		meeH	meeH	meeH
gen	**mých**	**mých**	**mých**	instr	**mými**	**mými**	**mými**
	meeH	meeH	meeH		meemi	meemi	meemi

tvůj/tvá/tvé/tví your(s) follows the same pattern as **můj**
jeho [yeho] his does not change
její [yeh-yi] her(s) does not change

náš/naše/naši/naše our(s)

singular

	m/n	f		m/n	f
nom	**náš/naše**	**naše**	dat	**našemu**	**naši**
	nahsh/nusheh	nusheh		nushemoo	nuhshi
acc	**našeho***	**naši**	loc	**našem**	**naši**
	nusheho	nuhshi		nushem	nuhshi
gen	**našeho**	**naši**	instr	**naším**	**naší**
	nusheho	nuhshi		nusheem	nushee

* the forms **náš/naše** are used when the possessive refers to a masculine inanimate or neuter noun

	plural		
nom	**naši*/naše**	dat	**našim**
	nushi/nusheh		nushim
acc	**naše**	loc	**našich**
	nusheh		nushiH
gen	**našich**	instr	**našimi**
	nushiH		nushimi

* the form **naši** is used when the possessive refers to a masculine animate noun; otherwise the forms for masculine, feminine and neuter plurals are the same

váš/vaše/vaši/vaše your(s) follows the pattern of **náš**
jejich [yeh-yiH] their(s) does not change

jeho pokoj yeho pokoy his room	**jeho peníze** yeho penyeezeh his money
náš pokoj nahsh pokoy our room	**naše peníze** nusheh penyeezeh our money
s mou sestrou smoh sestroh with my sister	**s mými sestrami** smeemi sestrumi with my sisters

There is a possessive pronoun and adjective **svůj** which follows the pattern of **můj** and **tvůj**. It is used as a possessive pronoun or adjective when it refers to something possessed by the subject of the sentence and when the identity of the possessor is clear:

já si beru svoje auto
yah si beroo svo-yeh owto
I'm taking my car

ty si bereš svoje auto?
ti si beresh svo-yeh owto
are you taking your car?

Anna si bere svoje auto
Anna si bereh svo-yeh owto
Anna is taking her car

Pronouns

Personal Pronouns

já [yah] I
ty [ti] you (sing, fam)
on/ona/ono [on/ona/ono] he/she/it
my [mi] we
vy [vi] you (pl or pol)
oni m/ony f/ona n [onyi/oni/ona] they

There are two ways of saying 'you' in Czech: **ty** is the singular, familiar form used when speaking to friends, family and children – it's also used among young people and students; **vy** is the singular, polite form and is used to speak to strangers or older people; **vy** is also the form to use when addressing more than one person.

Personal pronouns are usually omitted when they are the subject of a sentence but may be retained for special emphasis.

co kupuje?	**nevím**
tso koopoo-yeh	neveem
what's she buying?	I don't know

In the following example, the pronouns **ona** and **on** are used to avoid confusion:

ona řídí, ale on spí
ona rJeedyee uleh on spee
she is driving, but he is asleep

The forms of personal pronouns change according to case:

nom	**já**	**ty**	**on**	**ona**	**ono**
	yah	ti	on	ona	ono
acc	**mne/mě**	**tebe/tě**	**jeho/něho***	**ji/ni***	**je/ně***
	mneh/mnyeh	tebeh/tyeh	yeho/nyeho	yi/nyi	yeh/nyeh
gen	**mne/mě**	**tebe/tě**	**jeho/něho***	**jí/ní***	**jeho/něho***
	mneh/mnyeh	tebeh/tyeh	yeho/nyeho	yee/nyee	yeho/nyeho
dat	**mně/mi**	**tobě/ti**	**jemu/němu***	**jí/ní***	**jemu/němu***
	mnyeh/mi	tobyeh/ti	yemoo/ nyemoo	jee/nyee	yemoo/ nyemoo
loc	**mně**	**tobě**	**něm**	**ní**	**něm**
	mnyeh	tobyeh	nyem	nyee	nyem
instr	**mnou**	**tebou**	**jím/ním***	**jí/ní***	**jím/ním***
	mnoh	teboh	yeem/nyeem	yee/nyee	yeem/nyeem

nom	**my**	**vy**	**oni/ony/ona**
	mi	vi	onyi/oni/ona
acc	**nás**	**vás**	**je/ně***
	nahs	vahs	yeh/nyeh
gen	**nás**	**vás**	**jim/nim***
	nahs	vahs	yim/nyim
dat	**nám**	**vám**	**jich/nich***
	nahm	vahm	yiH/niH
loc	**nás**	**vás**	**nich**
	nahs	vahs	niH
instr	**námi**	**vámi**	**jimi/nimi***
	nahmi	vahmi	yimi/nyimi

* forms beginning **ně-**, **ni-** or **ní-** must be used when the pronoun is preceded by a preposition

dal jsem to jemu
dul sem to yemoo
I gave it to him

neviděl jsem ji
nevidyel sem yi
I haven't seen her

s námi
snahmi
with us

pro nás
pro nahs
for us

Note how the following is expressed in Czech:

to je on/ona
yeh on/ona
that's him/her

Some examples of pronouns used with prepositions:

uděláte to pro ně?
oo-dyelahteh to pro nyeh
will you do it for them?

přijela s ním
prJi-yela snyeem
she arrived with him

Verbs

Verb Aspects

The basic form of the verb given in the dictionaries in this book is the infinitive (e.g. to drive, to go etc). Most Czech verbs have two forms known as the imperfective and perfective aspects. In the English-Czech section of this book, where useful, the two aspects of common verbs are given in this order:

imperfective/perfective

For example the verb 'to do' is:

dělat [dyelut]/**udělat** [oodyelut]

In general the imperfective aspect is used to form what in English would be the present and imperfect (continuous) tenses and the future (with the future tense of **být**).

The perfective aspect is used to form what in English would be expressed by the perfect tense.

Czech regular verbs usually have one of three endings:

-at	**hledat** to look for
-it	**řídit** to drive
consonant plus **-t**	**vézt** to take/carry

To form the various tenses, the ending of the verb is removed and appropriate endings are added to the basic stem.

Present Tense

The present tense corresponds to 'I leave' and 'I am leaving' in English. Using the imperfective aspect of the verb, the conjugation patterns for the present tense are as follows:

- **hledat** [hledut] to look for

hledám	[hledahm]	I look for
hledáš	[hledahsh]	you look for (sing, fam)
hledá	[hledah]	he/she/it looks for
hledáme	[hledahmeh]	we look for
hledáte	[hledahteh]	you look for (pl or pol)
hledají	[hledī-ee]	they look for
• řídit	[rJeedyit]	to drive
řídím	[rJee-dyeem]	I drive
řídíš	[rJeedeesh]	you drive (sing, fam)
řídí	[rJee-dyee]	he/she drives
řídíme	[rJee-dyeemeh]	we drive
řídíte	[rJee-dyeeteh]	you drive (pl or pol)
řídí	[rJee-dyee]	they drive
• vézt	[vest]	to take, to carry
vezu	[vezoo]	I take
vezeš	[vezesh]	you take (sing, fam)
veze	[vezeh]	he/she/it takes
vezeme	[vezemeh]	we take
vezete	[vezeteh]	you take (pl or pol)
vezou	[vezoh]	they take

The following verbs are irregular in the present tense:

• být	[beet]	to be
jsem	[sem]	I am
jsi	[si]	you are (sing, fam)
je	[yeh]	he/she/it is
jsme	[smeh]	we are
jste	[steh]	you are (pl or pol)
jsou	[soh]	they are
• chtít	[Hutyeet]	to want
chci	[Hutsi]	I want
chceš	[Hutsesh]	you want (sing, fam)
chce	[Hutseh]	he/she/it wants
chceme	[Hutsemeh]	we want
chcete	[Hutseteh]	you want (pl or pol)
chtějí	[Hutyay-ee]	they want
• jíst	[yeest]	to eat

jím	[yeem]	I eat
jíš	[yeesh]	you eat (sing, fam)
jí	[yee]	he/she/it eats
jíme	[yeemeh]	we eat
jíte	[yeeteh]	you eat (pl or pol)
jedí	[yedyee]	they eat

• **vědět**	[vyedyet]	to know
vím	[veem]	I know
víš	[veesh]	you know (sing, fam)
ví	[vee]	he/she/it knows
víme	[veemeh]	we know
víte	[veeteh]	you know (pl or pol)
vědí	[vyedyee]	they know

The Past Tense: Imperfective and Perfective Forms

The imperfective form describes an action which is seen as continuing:

kupovali dům
koopovuli dOOm
they were buying a house

The perfective form describes an action which is seen as completed:

koupili dům
kohpili dOOm
they bought a house

The perfective verbs can be simple, for example, **vysvětlit** 'to explain', or with a prefix **napsat** 'to write' (to finish writing).

Perfective verbs can sometimes be identified because they look like a simpler form of the imperfective, for example:

vysvětlovat/vysvětlit (imperfective/perfective)
vis-vyetlovut/vis-vyetlit
to explain

In many cases the dropping of the prefix (**napsat** – **psát**) will change the perfective verb into the imperfective:

psát/napsat (imperfective/perfective)
pusaht/napsut
to write

psal svému příteli
pusul svemoo prJeeteli
he was writing to his friend

napsal svému příteli
nupsul svemoo prJeeteli
he wrote to his friend, he has written to his friend

To form the past tense of both the imperfective and perfective forms, use the past participle of the appropriate verb followed by the appropriate person of the present tense of 'to be' **být**. The exceptions to this are the third persons singular and plural, when **být** is omitted.

To form the past participle for the imperfective or perfective aspect, replace the final **-t** of the infinitive with one of the following endings. There are different past tense endings for masculine, feminine and neuter subjects, in the singular and plural:

m	f	n	mpl	fpl	npl
-l	**-la**	**-lo**	**-li**	**-ly**	**-la**

hledat	[hledut]	to look for
hledal jsem m/ **hledala jsem** f	[hledul sem]	I looked for
hledal jsi m/**hledala jsi** f	[hledul si]	you looked for (sing, fam)
hledal/hledala/hledalo	[hledul]	he/she/it looked for
hledali jsme m/ **hledaly jsme** f	[hleduli smeh]	we looked for
hledali jste m/ **hledaly jste** f	[hleduli steh]	you looked for (pl or pol)
hledali m anim/	[hleduli]	they looked for
hledaly f/m inan/	[hleduli]	
hledala n	[hledula]	

řídit	[rJeedyit]	to drive
řídil jsem m/řídila jsem f	[rJeedyil sem]	I drove
řídil jsi m/řídila jsi f	[rJeedyil si]	you drove (sing, fam)
řídil/řídila/řídilo	[rJeedyil]	he/she/it drove
řídili jsme m/řídily jsme f	[rJeedili smeh]	we drove
řídili jste m/řídily jste f	[rJeedili steh]	you drove (pl or pol)
řídili m/řídily f/	[rJeedili]	they drove
řídila n	[rJeedila]	
vézt	[vest]	to take, to carry
vezl jsem m/vezla jsem f	[vezul sem/vezla]	I took
vezl jsi m/vezla jsi f	[vezul si/vezla]	you took (sing, fam)
vezl/vezla/vezlo	[vezul/vezla/vezlo]	he/she/it took
vezli jsme m/vezly jsme f	[vezli smeh]	we took
vezli jste m/vezly jste f	[vezli steh]	you took (pl or pol)
vezli m anim/	[vezli]	they took
vezly f/m inan/	[vezli]	
vezla n	[vezla]	

The verb 'to be' has an irregular past tense:

byl jsem m/byla jsem f	[bil sem/bila sem]	I was
byl jsi m/byla jsi f	[bil si/bila si]	you were (sing, fam)
byl/byla/bylo	[bil/bila/bilo]	he/she/it was
byli jsme m/byly jsme f	[bili smeh/bili smeh]	we were
byli jste m/byly jste f	[bili steh/bili steh]	you were (pl or pol)
byli m anim/byly f/m inan/	[bili/bili]	they were
byla n	[bila]	

The following are common exceptions to the above rules and the stem given should be used to form the past participle:

infinitive			past participle stem	
číst	[cheest]	to read	**četl**	[chetul]
chtít	[Hutyeet]	to want	**chtěl**	[Hutyel]
jíst	[yeest]	to eat	**jedl**	[yedul]
jít	[yeet]	to go	**šel** m/**šla** f/**šlo** n	[shel/shla/shlo]
mít	[meet]	to have	**měl**	[mnyel]
moci	[motsi]	to be able	**mohl**	[mohul]
péct	[petst]	to bake	**pekl**	[pekul]
plést	[plest]	to knit	**pletl**	[pletul]
říct	[rJeetst]	to say	**řekl**	[rJekul]
vést	[vest]	to lead	**vedl**	[vedul]
vzít	[vzeet]	to take	**vzal**	[vuzul]
začít	[zatcheet]	to start	**začal**	[zutchul]

Future Tense

The future tense is formed with the infinitive of the main verb (imperfective aspect) and the future tense of 'to be' **být**:

budu	[boodoo]	I will be
budeš	[boodesh]	you will be (sing, fam)
bude	[boodeh]	he/she/it will be
budeme	[boodemeh]	we will be
budete	[boodeteh]	you will be (pl or pol)
budou	[boodoh]	they will be

chodit [Hodyit]	to go, to walk
budu chodit	I will go
budeš chodit	you will go (sing, fam)
bude chodit	he/she/it will go
budeme chodit	we will go
budete chodit	you will go (pl or pol)
budou chodit	they will go

The future can also be expressed using the 'present' tense of perfective verbs. The conjugation patterns are the same as those for the **Present Tense** on page 250.

dělat/udělat to do

uděláte to pro mě?
[oo-dyelahteh to pro mnyeh]
will you do it for me?

Negatives

To form a negative sentence, add the prefix **ne-** to the verb or to the appropriate form of **být**:

jsem sem	I am	**nejsem** naysem	I am not
jím yeem	I eat	**nejím** nay-yeem	I don't eat
byl jsem bil sem	I was	**nebyl jsem** nebil sem	I was not
bude boodeh	he/she/it will be	**nebude** neboodeh	he/she/it will not be

Double negatives are common:

nic nothing
nyits

nechtěl jsem nic
neHutyel sem nyits
I didn't want anything

nikdy never
nigdi

nikdy jsem tam nebyl/nebyla
(said by man/woman)
nigdi sem tum nebil/nebila
I've never been there

není it is not; there is not
nenyee

nikdo tam není
nigdo tum nenyee
there's nobody there

Imperative

The imperative form of the verb is used to express a command (such as 'come here!', 'let's go' etc). Generally, to form the familiar imperative, take the infinitive and make the following changes, depending on whether the verb ends in **-at**, **-it** or **-t**:

spěchat to hurry	**risknout** to risk	**nést** to carry
spyeHut	risknoht	nest
spěchej!	**riskni to!**	**nes to!**
spyeHay	risknyi to	nes to
hurry up!	risk it!	carry it!

The forms of the plural or polite imperatives are as follows:

spěchejte!	**riskněte to!**	**neste to!**
spyeHayteh	risknyeteh to	nesteh to
hurry up!	risk it!	carry it!

Questions

The word order in questions is often the same as in English:

co je to?	**mohu mluvit s Václavem?**
tso yeh to	mohoo mloovit svahtsluvem
what is it?	may I speak to Václav?

Dates

Use the ordinal numbers on page 262 to express the date; the ordinal number is always in the genitive case and follows the declension patterns of adjectives (see pages 241-244).

prvního dubna [purvnyeeho doobna] the first of April
třetího března [trJetyeeho brJezna] the third of March
dvacátého prvního června [dvutsahteho purvnyeeho chervna] the twenty first of June

Days

Monday pondělí **[pondyelee]**
Tuesday úterý **[OOteree]**
Wednesday středa **[strJeda]**
Thursday čtvrtek **[chutvurtek]**
Friday pátek **[pahtek]**
Saturday sobota
Sunday neděle **[nedyeleh]**

Months

January leden
February únor **[OOnor]**
March březen **[brJezen]**
April duben **[dooben]**
May květen **[kvyeten]**
June červen **[cherven]**
July červenec **[chervenets]**
August srpen **[surpen]**
September září **[zarJee]**
October říjen **[rJee-yen]**
November listopad **[listoput]**
December prosinec **[prosinets]**

Time

what time is it? kolik je hodin? [kolik yeh ho-dyin]
one o'clock jedna hodina [yedna ho-dyina]
two/three/four o'clock dvě/tři/čtyri hodiny [dvyeh/trJi/chutirJi ho-dyini]
five o'clock[1] pět hodin [pyet ho-dyin]
it's one o'clock je jedna hodina [yeh yedna ho-dyina]
it's two/three/four o'clock jsou dvě/tři/čtyři hodiny [soh dvyeh/trJi/chutirJi ho-dyini]
it's five o'clock[1] je pět hodin [yeh pyet ho-dyin]
five past one jedna hodina a pět minut [yedna ho-dyina a pyet minoot]
ten past two dvě hodiny a deset minut [dvyeh ho-dyini a deset minoot]
quarter past one[2] čtvrt na dvě [chutvurt na dv-yeh]
quarter past two čtvrt na tři [chutvurt na trJi]
half past one[3] půl druhé [pOOl drooheh]
half past ten půl jedenácté [pOOl yedenahtsteh]
twenty to ten za dvacet minut deset [za dvutset minoot deset]
quarter to two tři čtvrtě na dvě [trJi chutvurtyeh na dvyeh]
quarter to ten tři čtvrtě na deset [trJi chutvurtyeh na deset]
at one o'clock v jednu hodinu [vyednoo ho-dyinoo]
at two/three/four o'clock ve dvě/tři/čtyři hodiny [veh dvyeh/trJi/chutirJi ho-dyini]
at five o'clock[1] v pět hodin [fpyet ho-dyin]
at half past four v půl páté [fpOOl pahteh]
14.00 čtrnáct hodin [chuturnahtst ho-dyin]
17.30 sedmnáct třicet [sedumnahtst trJitset]
noon poledne [poledneh]
midnight půlnoc [pOOlnots]

a.m. (12 p.m. to 5 a.m.) v noci [vnotsi]
a.m. (5 to 9 a.m.) ráno [rahno]

a.m. (9 to 12 a.m.) dopoledne [dopoledneh]
p.m. (12 to 5 p.m.) odpoledne [otpoledneh]
p.m. (5 to 10 p.m.) večer [vetcher]
p.m. (10 to 12p.m.) v noci [vnotsi]

hour hodina [ho-dyina]
minute minuta [minoota]
second sekunda [sekoonda]
quarter of an hour čtvrt hodiny [chutvurt ho-dyini]
half an hour půl hodiny [pool ho-dyini]
three quarters of an hour tři čtvrtě hodiny [trJi chutvurtyeh ho-dyini]

1 for numbers from five to twelve use **hodin**
2 when expressing time past the hour, always refer to the next hour
3 when expressing 'half past', the neuter form of the ordinal adjective is used, see pages 241 and 262

Numbers

See also page 235.

0	nula [noola]
1	jeden/jedna/jedno[1] [yeden/yedna/yedno]
2	dva/dvě[2] [dva/dvyeh]
3	tři [trJi]
4	čtyři [chutirJi]
5	pět [pyet]
6	šest [shest]
7	sedm [sedum]
8	osm [osum]
9	devět [devyet]
10	deset [deset]
11	jedenáct [yedenahtst]
12	dvanáct [dvunahtst]
13	třináct [trJinahtst]
14	čtrnáct [chuturnahtst]
15	patnáct [putnahtst]
16	šestnáct [shestnahtst]
17	sedmnáct [sedumnahtst]
18	osmnáct [osumnahtst]
19	devatenáct [devutenahtst]
20	dvacet [dvutset]
21	dvacet jeden/jedna/jedno[1] [dvutset yeden/yedna/yedno]
22	dvacet dva/dvě[2] [dvutset dva/dvyeh]
23	dvacet tři [dvutset trJi]
30	třicet [trJitset]
31	třicet jeden/jedna/jedno[1] [trJitset yeden/yedna/yedno]
32	třicet dva/dvě[2] [trJitset dva/dvyeh]
33	třicet tři [trJitset trJi]
40	čtyřicet [chutirJitset]
50	padesát [pudesaht]

60	šedesát [shedesaht]
70	sedmdesát [sedumdesaht]
80	osmdesát [osumdesaht]
90	devadesát [devudesaht]
100	sto [sto]
101	sto jeden/jedna/jedno[1] [sto yeden/yedna/yedno]
102	sto dva/dvě[2] [sto dva/dvyeh]
200	dvě stě [dvyeh styeh]
300	tři sta [trJi sta]
400	čtyři sta [chutirJi stah]
500	pět set [pyet set]
600	šest set [shest set]
700	sedm set [sedum set]
800	osm set [osum set]
900	devět set [devyet set]
1,000	tisíc [tyiseets]
2,000	dva tisíce [dva tyiseetseh]
3,000	tři tisíce [trJi tyiseetseh]
4,000	čtyři tisíce [chutirJi tyiseetseh]
5,000[3]	pět tisíc [pyet tyiseets]
1,000,000	milión [mili-yawn]

[1] masculine, feminine and neuter forms
[2] masculine and feminine/neuter forms
[3] for 5,000 or more use **tisíc**

Ordinals

1st	první [purvnyee]
2nd	druhý [droohee]
3rd	třetí [trJetyee]
4th	čtvrtý [chutuvurtee]
5th	pátý [pahtee]
6th	šestý [shestee]
7th	sedmý [sedmee]

8th osmý [osmee]
9th devátý [devahtee]
10th desátý [desahtee]
11th jedenáctý [yedenahtsutee]
12th dvanáctý [dvunahtsutee]
13th třináctý [trJinahtsutee]
14th čtrnáctý [chuturnahtsutee]
15th patnáctý [putnahtsutee]
16th šestnáctý [shestnahtsutee]
17th sedmnáctý [sedumnahtsutee]
18th osmnáctý [osumnahtsutee]
19th devatenáctý [devutenahtsutee]
20th dvacátý [dvutsahtee]
21st dvacátý první
22nd dvacátý druhý
23rd dvacátý třetí
24th dvacátý čtvrtý
25th dvacátý pátý
26th dvacátý šestý
27th dvacátý sedmý
28th dvacátý osmý
29th dvacátý devátý
30th třicátý [trJitsahtee]
31st třicátý první

Conversion Tables

1 centimetre = 0.39 inches

1 metre = 39.37 inches = 1.09 yards

1 kilometre = 0.62 miles = 5/8 mile

1 inch = 2.54 cm

1 foot = 30.48 cm

1 yard = 0.91 m

1 mile = 1.61 km

km	1	2	3	4	5	10	20	30	40	50	100
miles	0.6	1.2	1.9	2.5	3.1	6.2	12.4	18.6	24.8	31.0	62.1

miles	1	2	3	4	5	10	20	30	40	50	100
km	1.6	3.2	4.8	6.4	8.0	16.1	32.2	48.3	64.4	80.5	161

1 gram = 0.035 ounces

g	100	250	500
oz	3.5	8.75	17.5

1 kilo = 1000 g = 2.2 pounds

1 oz = 28.35 g

1 lb = 0.45 kg

kg	0.5	1	2	3	4	5	6	7	8	9	10
lb	1.1	2.2	4.4	6.6	8.8	11.0	13.2	15.4	17.6	19.8	22.0

kg	20	30	40	50	60	70	80	90	100
lb	44	66	88	110	132	154	176	198	220

lb	0.5	1	2	3	4	5	6	7	8	9	10	20
kg	0.2	0.5	0.9	1.4	1.8	2.3	2.7	3.2	3.6	4.1	4.5	9.0

1 litre = 1.75 UK pints / 2.13 US pints

1 UK pint = 0.57 litre
1 US pint = 0.47 litre

1 UK gallon = 4.55 litre
1 US gallon = 3.79 litre

centigrade / Celsius

°C = (°F - 32) x 5/9

°C	-5	0	5	10	15	18	20	25	30	36.8	38
°F	23	32	41	50	59	64	68	77	86	98.4	100.4

Fahrenheit

°F = (°C x 9/5) + 32

°F	23	32	40	50	60	65	70	80	85	98.4	101
°C	-5	0	4	10	16	18	21	27	29	36.8	38.3